千年文化_的回响

LISTENING TO
THE MILLENNIUM CULTURE

笃学讲堂

主　编　黄晓勇

社会科学文献出版社
SOCIAL SCIENCES ACADEMIC PRESS (CHINA)

陈 来 ▶

◀ 戴志强

◀ 学 诚

刘 蒙 ▶

谢 文 ▶

◀ 宋纪蓉（左）

◄ 陈云英

谷晓红 ►

何满潮 ▶

◀ 方锦龙

◀ 吴为山

与父亲苏民

濮存昕 ▶

摄　影：黄小红

编委会成员

序

　　"文变染乎世情，兴废系乎时序。"文化作品代表着一个时代的风貌，肩负着为世人弘美德、为历史存正气的重任。今天的中国，千帆竞发、百舸争流，催人奋进、顺势有为。书山文海中，如何让读者在铅字里参透人生、在墨迹中茁壮成长，如何为后来者提供有洞见的思考，真正做到开卷有益，"举精神之旗、立精神之柱、建精神家园"，是我们一直思索的问题。已出版的"笃学讲堂"第一、第二辑受到了社会各界的广泛关注，这使我们备受鼓舞，也为我们继续做好这一辑提供了动力。

　　历稽载籍，好书必有三长，谓之：才、学、识。才者，文笔精妙也；学者，学识渊博也；识者，见多识广也。本书共收录了十二讲：在陈来先生的"大学问与大境界——冯友兰先生的治学与人生"中，我们感受了哲学的深邃；在戴志强先生的"钱币鉴赏"中我们了解了钱币的内涵，认识了各个朝代的货币；在学诚法师的"中国佛教对现代文明的省思"中我们探析了古老文明与现代文明的关系以及佛教在此之中所肩负的历史重任；在刘蒙将军的"国际形势与国防"中我们对国际形势与国防发展有了全面的认识；在谢文先生的"大数据时代的社会科学转型"中，我们展望了互联网的未来；在宋纪蓉教授的"故宫博物院的'文物医院'"中我们体味了传统修复技艺的魅力与传承；在陈云英教授的"立志与成才——人生发展心理对话"中，我们明白了人生的意义；在谷晓红教授的"健康理念及养生的有效方法"中，我们领悟了养生的真谛；在何满潮院士的"科学创新与人生"中，我们体会了自然科学与人文科学的碰撞；在方锦龙先生的"国乐零距离——方锦龙带您漫游千年的响声"中，我们领略了中国古典音乐的美妙；在吴为山先生的"刚柔相济，雕塑之魂"中，我们见证了中国艺术家的风骨；在濮存昕先生的

"艺术之路上的体悟"中，我们见识了表演艺术的魅力。

习近平总书记指出："大时代需要大格局，大格局需要大智慧。"在通俗易晓、娓娓可读的十二篇文章中，十二位大家的才情、学养和见识展现得淋漓尽致。他们言有物、行有格、贫贱不移、宠辱不惊；他们深信"读书不是为了雄辩和驳斥，也不是为了轻信和盲从，而是为了思考和权衡"。虽"生也有涯，而知也无涯"，但"好学深思"之士，"心知其意"。希望读者能站在这些巨人的肩膀上，得一分见解，是一分学问，除一分俗见，算一分进步，发前人所未发，道世人所未道。

每一本书，都是一个世界。"以天下之目视，则无不见也；以天下之耳听，则无不闻也；以天下之心虑，则无不知也。"人文社科学者尤其需要常思常新，临海凭风，潜心前行；既要立志高远又要注重实践，通过旁搜博览、兼收并蓄获得大智慧、融入大格局、创造大时代。相信这十二堂人文荟萃的名师讲座，一定能帮助每一位读者遇见更好的世界，成为更好的自己。

黄晓勇

2015 年 6 月 5 日于北京良乡

千年文化的回响

目 录

治学篇

大学问与大境界——冯友兰先生的治学与人生 …………… 陈　来／003
钱币鉴赏 ……………………………………………………… 戴志强／020
中国佛教对现代文明的省思 ………………………………… 学　诚／041

科技篇

国际形势与国防 ……………………………………………… 刘　蒙／063
大数据时代的社会科学转型 ………………………………… 谢　文／079
故宫博物院的"文物医院" ………………………………… 宋纪蓉／093

人生篇

立志与成才——人生发展心理对话 ………………………… 陈云英／125
健康理念及养生的有效方法 ………………………………… 谷晓红／155
科学创新与人生 ……………………………………………… 何满潮／183

艺术篇

国乐零距离——方锦龙带您漫游千年的响声 ……………… 方锦龙／201
刚柔相济，雕塑之魂 ………………………………………… 吴为山／212
艺术之路上的体悟 …………………………………………… 濮存昕／231

后　记 ……………………………………………………………… 245

千年文化的回响

治学篇

大学问与大境界——冯友兰先生的治学与人生

陈 来

主持人 马跃华（中国社会科学院研究生院副院长）：各位同学、各位来宾、尊敬的陈教授，"大学问与大境界——冯友兰先生的治学与人生"，是"笃学讲堂"的第三十四讲，首先我向大家介绍一下今天的主讲嘉宾陈来先生。陈先生1952年出生于北京，祖籍是浙江温州，现任清华大学国学研究院院长，清华大学哲学系教授、博士生导师，校学术委员会副主任，著名哲学史家。学术领域为中国哲学史，主要研究方向为儒家哲学、宋元明清理学和现代儒家哲学。他兼任中国哲学史学会会长、国际中国哲学学会副执行长、全国古籍整理规划小组成员、教育部社会科学委员会委员、教育部学科指导委员会委员、国家社会科学基金学科评委组专家、国家出版基金评审专家、冯友兰研究会会长、朱熹研究会会长，以及首都师范大学特聘讲座教授，香港科技大学、武汉大学、浙江大学、复旦大学等学校的兼职教授，山东师范大学齐鲁文化研究中心学术委员会主任，南昌大学江右文学研究中心学术委员会主任，福建社会科学院—中国社会科学院哲学研究所宋明理学研究中心学术委员会副主任，浙江社会科学院国际阳明学院研究中心顾问，复旦大学儒学文化研究中心学术委员会委员，北京大学儒学研究院学术委员会委员，北京大学高等人文研究院学术委员会委员等。

今天我们非常荣幸能够邀请到陈先生来到我院，下面就让我们以热烈的掌声欢迎陈先生给我们做精彩的讲座！

陈来（清华大学国学研究院院长，著名哲学史家）：各位老师、各位同学，大家好！我先说说这个演讲题目，这个题目其实不是我定的，跟我联系的同志给我出的题目是"大学问与大境界"，这个太高了，不好讲。很少有人

能讲大学问、大境界。如果用"大学问、大境界"来招揽听讲人，我觉得有点不敢当。我想了一下，就讲冯友兰先生的学问与境界吧。为什么选这个题目呢？因为12月5日是冯先生的生日。如果按照中国旧式的算法，2014年是冯先生诞辰120周年纪念；如果按照周岁、公历的算法，2015年是冯先生诞辰120周年纪念。今天很高兴来到中国社会科学院研究生院，我想利用这个机会跟大家谈谈冯先生。

关于学问，我不想具体讲冯先生的学问，而是重点讲他做学问的精神；关于境界，我也不过多谈他学问达到的境界，而是主要讲他精神的境界。"学问的精神与精神的境界"就是今天我要重点和大家介绍的，介绍一些在我看来比较重要的方面。最近中华书局正在出版冯友兰先生的全集，这个全集应该算第三版了。20世纪90年代河南出版社出版了冯先生的全集，2005年人民出版社又出版了冯先生的全集。第二版与第一版比较，收录范围有所扩大。例如，《中国哲学史新编》第六卷、第七卷在第一版中没有收录，第二版将其全部收进来了。另外，对冯先生早年的一些讲义、译稿和单篇的著作，包括诗词，第二版都做了收集。出第二版的时候我还写过一个介绍。最近两年，中华书局有意再出一个新版。我猜想，可能是人民出版社的那个版权到期了。中华书局为出这一版，花费了不少精力，也收集了一些新的资料。这个新版本要出十八卷（人民出版社的是十四卷），十八卷里面到底有什么新的内容，我现在也说不全，因为它现在只出版了一半，还没出全，我收到的一包书只是一半，所以我现在还不能全面介绍。

现在我们言归正传。冯先生1895年出生，1990年故去，寿高95岁。我国近现代很多研究中国历史文化的学者，都是比较长寿的，比他早两年故去的梁漱溟先生也是95岁，2004年去世的我的老师张岱年先生也是95岁，钱穆先生与冯先生同年去世，也是95岁。我不敢说中国哲学史专业是个长寿的专业，但是几位老先生经历的人生坎坷却很多。抗日战争时期，冯先生在西南联大。当时西南联大教授的生活条件都不太好，必须要搞点副业才能维生，如闻一多先生曾替人做篆刻。冯先生也有点副业，就是给人写字、卖字。现在大家到拍卖会上能看到一些冯先生的字，那些字相当一部分就是20世纪40年代冯先生卖字的时候写的，那时候的生活是比较苦的。新中国成立至1978年，冯先生一直受到批判。所以，新中国成立前在物质生活上，新中国成立后在精神生活上，冯先生都不是很顺畅，但是他能活到95岁，这很值得研究。我想讲的一个重要问题就是冯先生一直保有他精神的境界，我们随后要讲他精神的境界。冯先生说过，他自己有自己的体会，说哲学有什么用？哲学并没有实际的用处。哲学的用处就是能够改变、提高，或者转化人的精神境界——这是他对哲学下的一个定义。冯先生在1990年11月底去世，半年多前，也就是1990年3月，他做了一副对联——"三史释今古，六书纪贞元"，这个对联可以说是"预寿"，就是预先做寿。"三史"中的"史"是"历史"的"史"，"释"是"解释"的"释"，就是说写了三部历史书来解释从古到今的历史；"六书"就是指他在抗战时期写的六本书，合起来当时叫"贞元六书"，代表冯先生自己哲学思想的一个体系。"六书纪贞元"，"纪"是"纪律"的"纪"，就是纪实的意思，"贞元"来自《周易》：贞下起元。老先生喜欢写对联。中国社科院哲学所有一位老先生，与冯先生关系十分密切，就是金岳霖先生。金岳霖先生是一个学习西方哲学的人，他一生未婚，因为他只追求一位女士，不过那位女士嫁给了别人。那位女士就是林徽因，林徽因对金岳霖应该是很不错的，因为金岳霖几乎成为梁思成、林徽因这个家庭中的一个成员。抗战前金岳霖几乎就在梁思成家生活，跟梁家住前后院。他跟梁家一起生活非常自在、安逸，离开梁家就不自在、不安逸，所以一开始到西南联大时，梁思成和林徽因都在，后来史语所搬到四川把梁思成带走了，金先生就很不安逸了，所以他休假一年，大概是1940年，他赶快跑到四川，到梁家住了一年。20世纪50年代中期，林徽因去世了，他也就不在梁家住了。到晚年，梁从诫一家跟他住，这是林徽因的儿子，梁从诫管他叫"金爸"。金岳霖说："梁从诫跟我一起生活，就是我以前跟梁家生活的继续。"为什么提金岳霖先生呢？金岳霖先生是一个从思想哲学到生活方式都很西化的人。他家里经常吃西餐，请了一个做西餐的大师傅。他有两个爱好，一个是喜欢中国古代的书画，他对中国书画有相当高的欣赏能力；另一个就是喜欢做对联，例如在毛主席生日时，他借用梁启超的笔法写了副对联给毛主席，毛主席请他吃饭，他本来想把这副对联说出来，结果忘了说了。言归正传，这副"三史释今古，六书纪贞元"的对联，是冯先生1990年3月写的，到了五六月份，他就将他的《中国哲学史新编》最后一册全部交稿，他写《中国哲学史新编》写了10年。我与冯先生晚年写这本书有一点关系，因为在他生命的最后5年里，我给他做助手。冯先生有三级助手，我是第三级助手。第一级助手的任务是记录，因为他眼睛看不见，不能写，只能口述。第二级助手帮助查找资料，找到资料以后，由一级助手念出来。那么我这个第三级助手做什么呢？就是谈话。冯先生在写一个章节之前，会先跟我谈谈他想怎么

写。他在写的过程中，也会跟我谈话。我大概一个月去找冯先生两三次，我去的时候他可能正在写，还没写完，他会跟我谈他遇到什么问题、怎么想，我也会提出一些意见。章节写好了，就交给我看，我一般不做大改动，我会改错字，会按照他的逻辑把有些缺少的环节稍微补充一下。我看完以后再去跟冯先生谈，谈谈我对这章的意见，冯先生听了我的意见可能有所修改，也可能认为不用修改。当然我也可以自吹一下，冯先生写序言，写到他写作过程中谁帮他看稿子、谁提了意见时，在最后一句写道："陈来同志提了重要意见。"

1990 年 3 月他写这副对联时，《中国哲学史新编》已经基本写完了。也就是说，这副对联"三史释今古，六书纪贞元"是在他晚年巨著《中国哲学史新编》即将完成的时候写的，实际上是他对自己一生学问的总结。在座的可能不都是中国哲学专业的，我介绍一下这"三史"是哪三史。就是指他的三部关于中国哲学史的著作。第一部当然就是 20 世纪 30 年代前期出版的《中国哲学史》，分上、下两册，冯先生自己把这个叫作大哲学史。第二本是20 世纪 40 年代后期，他用英文写的《中国哲学简史》，这是他到美国讲学期间写的一本英文的书，于 20 世纪 80 年代前期由北京大学出版社出版，由他的学生涂又光先生翻成中文。凡是看过涂又光先生翻译的中文版的读者，都认为这个翻译很接近冯先生的文笔，那是因为涂又光先生是冯先生的老学生，他在翻译期间，就住在冯先生家里，随时请教冯先生，他使他的文笔尽量靠近冯先生想表达的语义。冯先生自己的文笔有特点，他不做兼声之语，非常明白。所以对于涂又光的翻译，中国哲学界都非常称赞。第三部就是《中国哲学史新编》了，这部书从 1980 年开始写，到 1990 年写完。因此，到 1990年 3 月，可以说他已经是"三史释今古"了。这三部书分别代表他在 20 世纪30 年代、40 年代、80 年代对中国哲学及哲学发展的理解。特别是《中国哲学史新编》与前两部有很大的不同，它不只讲中国古代的哲学，还包括冯先生对现代哲学的理解、分析和思考。《中国哲学史》这部大哲学史只写到了清代，《中国哲学简史》没有涉及中国近代哲学，而《中国哲学史新编》的第六、第七册，对近代、现代哲学都做了叙述。这是"三史"。那么"六书"呢？我想知道的人就更少了。"六书"是他在抗战时期写的几本书：《新理学》《新世训》《新事论》《新原人》《新原道》《新知言》。由于这"六书"是在抗战时期写的，他自称是"贞元之际所著书"，合称为"贞元六书"。"三史"应该说是哲学史的书，"六书"是他的哲学著作，"三史""六书"构成他哲学研究的体系。

截至目前，冯先生的全集出过三版，最早的一版叫《三松堂全集》，这次新版叫《冯友兰先生全集》。这个全集不管编几版、怎么编，"三史"和"六书"都是冯先生全集的主体。这个全集里面其他的部分，可以说是"三史"和"六书"在不同时期的准备、扩大、延展和反思。

就冯先生具体的学问，我来讲几句。从总体上如何评价冯先生的学问？或者说如何介绍他学问的特点？从学术上看，"三史"中的大哲学史，就是《中国哲学史》上、下卷，是冯先生在 20 世纪 30 年代初参照西方哲学史的写法写的，因为中国历史上没有"哲学史"这个名字，也没有哲学史的书，其指导思想是近代西方哲学理念——"新时代论"。"新时代论"特别注重哲学史上的共相和殊相的问题，也就是一般与个别。冯先生是以"新时代论"这种重视共相和殊相的观点来解释、贯通中国哲学史的。《中国哲学简史》有所不同，不同在什么地方呢？就是 20 世纪 40 年代末他在美国写这本书的时候，他自己的"贞元六书"已经完成，新理学的体系已经建立了，所以这本书是他用自己的新理学体系来解释、分析中国哲学历史的一个简明的哲学史。当然，他的这个新理学的体系与"新时代论"的思想也有一致的地方，所以这两个时期不是割裂的。《中国哲学史新编》一共有七册，是冯先生在经历了 20 世纪 50 年代到 70 年代的曲折，并且吸收了马克思主义思想以后，形成的一个系统的对中国哲学的说明和解释。因为这本书写在 20 世纪 80 年代，已经越过了 50 年代到 70 年代这个自我批判的时期，所以里面包含了部分自我回归，也就是回归到了他 30 年代、40 年代的一些思想。所以说，《中国哲学史新编》里面融合了前两部（本）哲学史的一些观点。另外，《中国哲学史新编》还有一个特点，就是以一人之力，把从孔夫子到毛泽东两千多年的中国哲学史做了系统的梳理，这在当时是绝无仅有的。

至于"三史释今古"这个"释"字，它是有着双重含义的。一方面当然是阐释，就是阐释中国哲学对我们今天哲学和民族精神发展有益的东西；另一方面，这个"释"字代表着一种现代思想史和哲学史的方法，就是"释古"。冯先生说："从 19 世纪到 20 世纪 30 年代，可以看到中国史学的一种变化，在 19 世纪的时候我们基本上还是'信古'，不管是哲学史、思想史还是文化史的研究，对史料都是采取'信古'的办法。到了'五四'时期，出现了一种新的史学思潮，那就是'疑古'。到了 20 世纪 20 年代末期，一种超越'疑古'思潮的新史学思想开始出现，这就是'释古'。"冯先生在 1930 年写

的文章以及在国外的演讲中，都提到了中国近代史学的这三种变化。冯先生当然就代表"释古"这一派。中国的史学自身有一个发展的过程，对当时的"疑古"思潮进行分析和反思，并不是仅仅在我们这个时代才有的，在20世纪20年代末其实就已经有了；不仅冯先生是这样，其实胡适、傅斯年基本上也已经告别了"疑古"时代。

我简单介绍一下"六书"的思想。在"六书"里，《新理学》这本书是专门分析共相和殊相，也就是一般和个别的，是一本纯哲学的著作。《新事论》用这种共相和殊相的哲学分析方法，试图解决中西方文化的问题，解决怎么学习西方文化的问题。他强调中国人学习西方是要学它的共相，而不是学它的殊相。因为西方是一个复合体，包含不同的民族、不同的语言和不同的文化，所以我们学习西方是要学习它的共相。共相是什么呢？就是它的现代化。西方语言不同，比如英语和法语不同，法语和意大利语不同，意大利语和俄语也不同。它们的文化、哲学都有不同的地方，甚至人的头发颜色也不一样。我们到底学什么呢？不是学西方那种个别的东西，而是看近代西方变得强盛的主题是什么。《新事论》就是以共相和殊相作为分析方法，点明我们学习西方就是要学习它的现代化。因此，我们没必要把中国人都变成黄头发，那时候冯先生总是讲"中国人的头发也不能变黄"；我们也没必要让每个人都信奉基督教，因为这些对于我们学习西方来讲都不是共相。接下来的一本书叫《新世训》，"世训"是与"家训"相对而言的。从前是"家训"，"家训"是训导家里的子弟怎么做人、到社会上怎么做人的。《新世训》是通过家庭面对整个社会，教给所有的人怎么在现代生活中做人的。它讲的是现代社会中人的生活、行为的基本规律，要实现一个传统的追求圣人的道德向一个以个人为基础的现代社会的道德转化。第四本《新原人》是一本关于人的境界，特别是精神界体系的著作。书中指出人有四种境界，即自然境界、功利境界、道德境界和最高的天地境界。书中指出现代社会的人，在不违反道德生活的基础之上还可以追求更高的精神境界，那就是天地境界。第五本《新原道》论述了冯先生所认识的中国哲学的优良传统，他认为这个优良传统是中国哲学的主流，用一句话概况，就是"极高明而道中庸"。这句话一会儿我们还会讲。它启示我们，对哲学的思考不能脱离具体的生活，特别是中国哲学，它从来没有脱离具体的生活。最后一本是《新知言》，它论述的是中国哲学的方法论。这六本书构成的体系，应该说是一个适应而且谋求中国现代化进程的近代化的中国哲学体系，而不再是一个古代的中国哲学体系。这六本书构成的体系叫"新理学"，它是抗战时期中国哲学家精神活动的一种写照，也可以说是对这个时代的一个鉴证。

以上是我讲的第一个问题，先大概介绍一下他的学问。接下来，我重点讲他做学问的精神。"三史"是史，"六书"是论，"三史""六书"凝结了冯先生一生的学术思想。那么，"三史""六书"中有没有一以贯之的精神？我觉得这个是需要探讨的。我认为，重要的不是介绍"三史""六书"的具体内容，而是要把握大学问家整个体系的基本精神。"三史"和"六书"虽然各为史、论，但其中贯穿着冯先生的一种文化信念。"三史"的跨度是很长的，从20世纪30年代到80年代，差不多50年的时间。这个文化信念也就是他做学问的精神。那么这个信念是什么呢？我们把它归结为四个字——"旧邦新命"。这四个字的影响还是很大的。2014年"五四"的时候，习近平总书记到北大访问，当时去看了汤一介先生，汤先生的房间里面就挂了一个牌子，写着"旧邦新命"。当时习总书记就请汤一介先生解释什么叫"旧邦新命"。怎么解释的我不知道，因为我不在场。但毫无疑问，汤一介先生写这几个字是受了冯先生的影响。

"旧邦新命"对于冯先生来讲，既是一个文化的信念，也是一个政治的信念。文化就是中华文化，政治就是中华民族。所以，冯先生讲"旧邦新命"，讲的就是中华民族的现代复兴。这个主题，应该说是和中国近代历史、中国近代文化的变化相联系的。历史是什么呢？就是中国作为一个民族国家，在过去整个一百年里，从挫折中奋斗、崛起的历史，就是中华文化作为世界最悠久、唯一连续存在的文化，从失落走向振兴的历史。可以说，这个"旧邦新命"就是中华民族生命的特性在哲学家观念中的一种提炼。所以冯先生说，他的哲学跟他的学问并不是不食人间烟火的，是与民族生命和民族文化的兴旺连接在一起的。早在20世纪20年代，冯先生在哥伦比亚大学学习的时候，就写过一篇文章，这篇文章在中国近代史上还经常被人提起，这篇文章的题目是"中国为什么没有科学？"当时他用这篇文章参加了中西文化论争，文章指出，中国古代的科学技术是光辉灿烂的，但是没有发展出近代科学的形态，为什么呢？他说这不是中国人没有能力，主要是因为从价值观上来看，中国人更注重内心的生活。正是因为中国人更关注反映内心生活的文学、哲学等，对于科学的发展就不予以重视了。后来他曾经回顾说他提出这种主张的部分原因可以说是民族主义的，因为在和西方国家接触以后，发现中国人处处受欺负，中国人被视为劣等民族。他说他总想对这种情况做一个探析。这篇文

章是自他 1922 年走上学术道路起所写的第一篇真正意义上的学术论文，应该说他的学术活动从一开始，就受到了这种爱国主义动机的推动。

1933 年，在《中国哲学史》下册完成的时候，他写了一个自序。序中说："此第二篇稿最后校改时，故都正在危急之中。"故都就是北平，时间是在"九·一八"事变之后。"身处其境，乃真知古人铜驼荆棘之语之悲也。值此存亡绝续之交，吾人重思吾先哲之思想，其感觉当如人疾痛时之见父母也。吾先哲之思想，有不必无错误者，然'为天地立心，为生民立命，为往圣继绝学，为万事开太平'，乃吾一切先哲著书立论之宗旨。无论其派别为何，而其言之字里行间，皆有此精神之弥漫，则善读者可觉而知也。'魂兮归来哀江南'，此书能为巫阳之下招欤？是所望也。"这是当时冯先生在《中国哲学史》全部写完时所写的序。意思是说，故都正在危急之中，我们才体会到古人讲的"铜驼荆棘"这个话里面所包含的悲愤，在这个"存亡绝续之交"，我们重新思考我们现在的思想，就好像我们生病的时候看到父母一样。我们古先圣者所讲的话不一定没有错，但是他们为天地立心，为生民立命，这样的精神是一切先哲著书立传的宗旨。古人讲"魂兮归来"，这本书能不能起到一种"巫阳招魂"的作用呢？这是冯先生的希望。"铜驼荆棘"出自《晋书》，是说古人见到天下将要大乱，叹息宫门口的铜驼，铜的骆驼将要流落到民间，体现了其忧国忧民的一种悲情。"巫阳下招"出自《楚辞》，帝哀屈原，所以命令巫阳招魂，招屈原的魂，呼曰魂兮归来。旧注把招魂解释为"冀其复生"，"冀"就是希望。冯先生在"九·一八"事变以后，住在充满危机的北平，应该说也预见到了国难将要来临，对民族前途忧患的那种心情就表达出来了。所以他希望他的书能起到复活民族精神的作用。冯先生后来说："在《中国哲学史》序文里所说的那一段话，确是表示当时的一种情感，当时的愿望是想把中国的哲学恢复起来，激发人们的爱国思想，抵制日本的侵略。"可见，冯先生对中国历史的研究，不仅仅是学术的研究，更注入了他对中华民族、对国家的那种深沉的忧患。

"六书"也是一样。1937 年"七·七"事变以后，清华、北大、南开南迁，合成联合大学。冯友兰先生在南迁途中，在长沙，当时叫长沙联合大学，开始写《新理学》。1938 年他到云南的时候，《新理学》就印行了。他在《新理学》的序中这样写道："怀昔贤之高风，对当世之巨变，心中感发，不能自已。"因为这本书是"贞元六书"的第一本，所以"心中感发，不能自已"，他要说明本书的目的，即"以期对于当前之大时代，有涓埃之贡献"。这里说的"大时代"，就是抗战的大业，广义上当然就是指中华民族的现代复兴。
1940 年《新世训》印行的时候，他在自序中这样写道："承百代之流，而会
乎当今之变，好学深思之士，心知其故。乌能已于言哉！事变以来，已写三
书，曰新理学，讲纯粹哲学也；曰新事论，论文化社会问题；曰新世训，论
生活方法，即此也。书虽三分，义则一贯，所谓'天人之际''内圣外王之
道'也，合名曰'贞元三书'。贞元者，纪时也，当我国家民族复兴之际，所
谓贞下起元之时也。我国家民族方建震古烁今之大业，譬之筑室，此三书者，
或能为其壁间之一砖一石欤？是所望也。"这里所说"纪时"的"纪"就是
"六书纪贞元"的"纪"。就是说他希望他的书能在民族危亡的重要关头起到
积极作用，能够为国家民族复兴的大业添一砖一瓦。1942 年《新原人》写
成，自序中这样写道："为天地立心，为生民立命，为往圣继绝学，为万世开
太平，此哲学家所应自期许者也，况我国家民族值贞元之会，当绝续之交，
通天人之际，达古今之变，明内圣外王之道，岂可不尽所欲言，以为我国家
致太平、我亿兆安心立命之用乎？虽不能至，心向往之。"他这几句话与《中
国哲学史》和《新世训》的自序是相呼应的，这篇序文已经成为中国现代史
上的经典，其中的用语继承了前面《中国哲学史》和《新世训》自序的讲
法，比如"为天地立心"那四句话，以及"通天人之际，达古今之变"。从这
里我们可以看出，"三史"和"六书"是有关联的，冯先生始终自觉地从参
与民族复兴大业这个角度来进行他的哲学著述，他对民族、对国家的关切之
情应该说是非常明显的。那么在"贞元六书"的序文里，最引人注目的关键
词是什么呢？就是"贞元之纪"。"贞元六书"的写作应该是从 1937 年到
1945 年，与抗日战争的八年相始终。为什么用"贞元之纪"呢？这是因为抗
战时期，当时的政府机构和文化单位都南迁到西南地区，中华民族遭遇了有
史以来最大的民族危机。中国历史上曾有过三次南渡，分别在晋、宋、明时
代，抗战时期是第四次南渡。中国历史上的前三次南渡，应该说南渡的人都
未能光复旧土，但是冯先生在第四次南渡的时候写"六书"，是怀着抗日战争
必定胜利的信念的，他坚信中华民族一定能战胜困难复兴起来。在抗日战争
最困难的时候，他把这个情形叫作"贞下起元"，把这六部书称为"贞元之际
所著书"。因为在《周易》中，第一卦是乾卦，乾卦的卦辞是"元亨利贞"，
古代哲学就把这四个字做了一个哲学的解释，认为其代表一种周期发展的循
环。"元"代表初始的发生，"亨"代表成长，"利"代表成熟，"贞"代表消
亡。一切事物皆从"元"发展到"贞"，接下去再从"元"重新开始。正如

从春到冬，再从春开始一样。古人讲"贞下起元"，就是冬尽春来，表示正在经历最大的困难，新的发展即将到来。所以，"贞元之际"这个提法就显示出冯先生是以哲学创作的方式来自觉地参与民族复兴大业，以促进这个"贞下起元"的。所以爱国的民族主义立场是他进行哲学创作和学术工作的根本动力。后来冯先生自己也曾说："抗日战争激发了我的民族主义的情感。"这种情感对于他来讲，就是以总结传统哲学的形式表现出来的，他说"我要对以前的哲学思想做一个同情的总了解"，"我有意发挥我认为是民族思想的优良传统"，他认为这是对民族有利的。他的民族主义色彩在抗日战争时期，在某些方面起到了相当大的鼓动作用。因为"六书"出版以后，社会文化界有很多评论，认为书写得非常好，是符合这个时代要求的。冯先生说："我认为中国过去的正统思想既然能够团结中华民族，使之成为伟大的民族，使中国成为全世界的泱泱大国，居于领先的地位，也必能够帮助中华民族度过大难，恢复旧物，出现中兴。"当然也正是这种爱国精神，促使冯先生在1948年毅然从美国回到中国，在新中国成立后吸收马克思主义，追求社会主义。

刚才我们说，"贞元六书"里面的关键词是"贞元之纪"，它体现了20世纪30年代到40年代冯先生所坚持的一种爱国的民族主义信念。那么，新中国成立以后，这种信念发展为什么呢？发展为我们刚才所讲的"旧邦新命"的提法。冯友兰先生在他生命的最后10年，也就是改革开放的时代，把全部精力都放在七卷《中国哲学史新编》的写作上。1980年，《中国哲学史新编》第一册出版，自序中这样写道："解放以后，我时常想，在世界上中国是文明古国之一，其他古国现在大部分都衰微了，中国还继续存在。不但继续存在，还进入了社会主义社会。中国是古而又新的国家。《诗经》上有句诗说，'周虽旧邦，其命惟新'，旧邦新命，是现代中国的特点，我要把这个特点发扬起来。"刚才我们几次提到"旧邦新命"，但没有说明其来源，冯先生在这里面已经说了，"旧邦新命"出自《诗经》的"周虽旧邦，其命惟新"。1982年他在哥伦比亚大学接受名誉博士学位的时候，在致辞中说："我经常想起儒家经典《诗经》中的两句话：'周虽旧邦，其命惟新'。就现在来说，中国就是旧邦而有新命，新命就是现代化。我的努力是保持旧邦的同一性和个性，而又同时促进实现新命。"所以很明显，什么是"旧邦"？"旧邦"就是古老的历史和文化，"新命"就是在历史的连续中不断地有新的发展。从这个观点来看，古希腊、古罗马、古巴比伦、古埃及都是有旧邦而无新命，这个叫作有古而无今。那么美国呢？其历史只有约

300 年，就是有今而无古。在世界上，只有中国的历史文化一直连续地发展，而且这个发展是不断有新的，这叫有古有今。这个思想冯先生在西南联大的纪念碑碑文里面讲得很清楚。在晚年，冯先生还用一句话来概括他的学术工作的意义，就是"阐旧邦以辅新命"，意思是说，阐释我们古老的文化，是为了辅助我们新的现代化的实现。"阐旧"，就是我们在前面讲的"释古"，即对中国哲学的阐释。"辅新命"，是说他的学术工作追求的是促进中华民族现代化。从"贞下起元"到"旧邦新命"，冯先生的思想是一贯的，也是发展的。发展表现在，"贞下起元"这句话强调民族生命一阳来复的转折点，就是说民族生命不会无限消沉下去，表明了对民族生命的一种信心，因此更着重于当时的现实感，而不是历史感。"旧邦新命"，因为脱胎于《诗经》的"周虽旧邦，其命惟新"，其中充满了大思想家通观古今的历史感。刚才我说了，抗战结束后，冯先生为西南联大撰写的纪念碑碑文里讲"并世列强，虽新而不古；希腊罗马，有古而无今。惟我国家亘古亘今，亦新亦老，斯所谓'周虽旧邦，其命惟新'者也"。1949 年后，特别是"文革"以后，《诗经》这两句话被他概括为"旧邦新命"，成为他全部生命精神之所在，也成为他学术工作的根本动力。"阐旧邦以辅新命"，体现了他把民族生命、民族文化作为自己的一种"终极关怀"。他就是要把中国哲学里面有永久价值的东西阐发出来，把它作为民族文化新发展的营养，为中华民族复兴的新命贡献自己的力量。所以，新中国成立以后他一直要重写中国哲学史，60 年代写、70 年代写，到 1980 年他已经 85 岁了，还要重写中国哲学史，写了 10 年，在他逝世的前 4 个月完成了这部巨著。所以我们说，今天要了解他的学问，就要了解他学问的精神。这是我第一部分要讲的。

接下来我们要讲讲他的境界。刚才提到，冯先生晚年写了一副对联——"三史释今古，六书纪贞元"。1983 年冯先生 88 岁，金岳霖先生也是 88 岁，当时北大举办了一个两位先生从教多少周年的纪念会，我也参加了。冯先生写了一副对联，是给金先生祝寿的。这副对联的上联是"何止于米，相期以茶"，下联是"论高白马，道超青牛"。我不知道金先生有没有写对联回赠，因为金先生也很喜欢写对联，虽然他的生活非常西方化。"何止于米"的"米"，就是"米寿"的意思，因为"米"字可以分解为"八十八"，88 岁被称为"米寿"。"相期以茶"中的"茶"字可以分解，茶字上面是"艹"，意为"二十"，下面可拆为"八十八"，总共 108，所以 108 岁被称为"茶寿"。

"何止于米，相期以茶"，就是向金先生祝寿，88岁了，但是"何止于米"，大家以茶寿相期，希望他能活到108岁。下联"论高白马，道超青牛"，是讲金先生的学问，表示推崇金先生的学问。古代有位哲学家叫公孙龙，公孙龙写了《白马论》，这应该是中国古代逻辑史上一个重要的著作。因为逻辑研究是金先生重要的一面，"论高白马"是说金先生的分析、研究高于公孙龙。"道超青牛"，"青牛"当然就是指老子，"白马"对"青牛"。金先生于20世纪40年代写了一篇论文，叫作《论道》。《论道》应该说是中国现代哲学中一部有名的形而上学著作，"道超青牛"就是称赞金先生的《论道》可以超越老子。"何止于米，相期以茶"也可以说是对两个人讲的，冯先生后来就以"何止于米，相期以茶"作为上联，又做了一个下联，作为对自己的一个鼓舞。那下联是什么呢？是"胸怀四化，意寄三松"。冯先生把这副自己给自己配的寿联挂在他书房的东墙上。现在比较年轻的同志可能不太了解，20世纪80年代初的时候，"四化"是个很响亮的口号，就是四个现代化。可见，冯先生对国家的现代化非常关注。那么"意寄三松"呢？因为冯先生在北大燕南园的居所是57号，前面有三棵松树，于是他把这个居所命名为"三松堂"，这个很多人可能都知道。

1988年，我从美国回来看冯先生，因为好久没见，冯先生跟我说："我近来换了一副对联。"我顺着冯先生的手一看，东墙上对联换了，不是"何止于米，相期以茶；胸怀四化，意寄三松"了，换了什么呢？换的是"阐旧邦以辅新命，极高明而道中庸"，这个我们前面已经提到了。这副对联是冯先生1988年2月亲笔写的，一直到他逝世，这副对联始终挂在他的书房。关于这副对联写作的由来，冯先生也讲过。就是1987年的8月，他当时写了一篇文章，叫《康有为公车上书书后》。在文章的最后他写道："《诗经》有一首诗说，'周虽旧邦，其命惟新'。我把这两句诗概括为'旧邦新命'，这几个字，中国历史发展的现阶段足以当之。'旧邦'指源远流长的文化传统，'新命'指现代化和建设社会主义。阐旧邦以辅新命，余平生志事，盖在斯矣。"两个月后，他在《冯友兰学术精华录》自序里面重申，"《康有为公车上书书后》最后一句'阐旧邦以辅新命'，尤为概括。我又把这一句做了一副对联的上联，下联是'极高明而道中庸'。上联是我的学术活动的方向，下联是我所希望达到的精神境界。我还打算把这副对联亲自写出来，悬于壁上，以为我的座右铭。"另外，冯先生还讲过："这副对联，上联说的是我哲学史工作的意义。什么意义？'阐旧邦以辅新命'。下联说的是我的自我修养。这两句话是我的自勉之词。"冯先生在《中国哲学史新编》第一册的自序里面就讲了，"周虽旧邦"是现代中国的特点，他要把这个特点发扬起来。他还说："对于中国哲学和中国文化，我还自以为有点理解，有点体会，值此'旧邦新命'之际，我应该把我的一点理解和体会写出来。"因此，我们现在看冯先生的"阐旧邦"已经不限于20世纪30年代的那个"释古"，因为这个时候他要写出他对中国文化、中国哲学的体会，来促进新时代中国"新命"的实现。"阐旧邦以辅新命"凸显了冯先生晚年对学术工作的一种自觉。下联不是说冯先生直到1987年才开始追求的境界，而应该说是冯先生一生追求的境界。《中庸》里讲："尊德性而道学问，致广大而尽精微，极高明而道中庸。"这三句话中，冯先生最注重的是"极高明而道中庸"。在他的"六书"的第五本《新原道》中，他就提出："中国哲学主流的传统就是'极高明而道中庸'。"怎么理解"极高明而道中庸"呢？冯先生认为："像西方文化中的基督教文化、东方印度文化中的佛教文化，都讲到了很高的境界，也可以说是'极高明'了，但是这种'极高明'的境界是与一般人的生活境界不兼容的。"冯先生说这样的哲学境界指的都是"出世"，这样的哲学是"极高明而不道中庸"的。境界很高明，但是离开日常生活，它就不中庸了。另外还有一些哲学，特别是近代的，对政治学、对道德、对伦理学都能够进行系统的理论构建，但是达不到那种最高的精神境界，冯先生说这种学问是世间的哲学，是"道中庸而不极高明"。前面是"极高明而不道中庸"，后面这个是"道中庸而不极高明"。他把人的日常生活叫作人文日用，因此中国哲学有一个主要的传统，即它思想的主流，就是要追求最高的境界。这种境界非常高，可是它又不离开人文日用，那么这种境界不是"出世"，是什么呢？是"既世间而出世间"。他说："这种境界及这种哲学，我说它是'极高明而道中庸'。"意思就是说最高的精神境界的追求和实践，绝不能离开人文日用。这个"极高明"和"道中庸"在冯先生的体系里面是有说法的，他说："'极高明'和'道中庸'中的'而'字是很有讲究的，'而'字表示这两个东西连在一起，你如果有'高明'没有'中庸'，那就流于虚；有'中庸'没有'高明'，就失于俗。'极高明而道中庸'两个要结合起来。"那么结合起来是一种什么样的境界呢？到底冯先生追求的一种"高明"境界与基督教、佛教、道教有什么不同呢？冯先生自己追求的精神境界，在"贞元六书"的第四本《新原人》里已经讲到，就是"天地境界"。什么是他所理解的"天地境界"呢？他说："像宋代的大儒程颢讲的'廓然而大公，物来而顺

应'。"所谓"廓然而大公"就是"仁者浑然与物同体",即作为人,要把天地万物都看成是你身体的一部分,要达到这样一个境界。人有不同的精神境界,最低的是自然境界;再上是功利境界,功利境界就是你对自己的追求是有明显的自觉的,你知道自己要追求什么东西;功利境界上面就是道德境界;道德境界之上是天地境界。这副对联"阐旧邦以辅新命,极高明而道中庸",上联是讲学问,下联是讲境界,就是我们今天讲的这个题目——"学问和境界"。那么这个境界能否成为冯先生一生的概括呢?应该说还不能这么说,还要具体分析。

我们刚才讲了,冯先生的哲学工作是与时代密切联系在一起的,与当时民族的命运是相关的,所以不同的时代,冯先生给自己提出的目标是不一样的,他学问的宗旨也就不一样。例如,《新理学》的自序中讲"以期对于当前之大时代,有涓埃之贡献";《新世训》的自序讲"国家民族方建震古烁今之大业,譬之筑室,此三书者,或能为其壁间之一砖一石欤?"哲学家做出的贡献与前线抗战的将士、劳作的工农是不一样的,那么当时冯先生的工作是什么样的性质、什么样的意义呢?他是这么说的:"况我国家民族值贞元之会,当绝续之交,通天人之际,达古今之变,明内圣外王之道,岂可不尽所欲言,以为我国家致太平、我亿兆安心立命之用乎?"所以应该说,冯先生对他 40 年的工作有一种明确的自觉,就是作为哲学家,他要对民族大业有所贡献。到了"贞元六书"的后期,他越来越意识到他的哲学工作自身的性质总体上有一个特点,这个特点被他称作"继开",就是"继往开来",这个在第五本《新原道》里面已经讲了。"继"就是继承中国哲学的传统精神,"开"就是把中国哲学发展到一个新的阶段。所以冯先生在他的第五本书《新原道》里面就把他自己的哲学体系叫作"新统",以和"传统"相对照。他认为自己构建了一个适应当时时代的新的哲学。具体来讲,学问的宗旨就是"继往圣而开新统"。所以 20 世纪 40 年代,冯先生并不是要"阐旧邦以辅新命"。新中国成立以后,他的哲学书被批判了。"文革"以后,冯先生对自己应该说不再像 30 年代、40 年代那样自信和期许了。《新原人》里写道:"'为天地立心,为生民立命,为往圣继绝学,为万世开太平',此哲学家所应自期许者也。""文革"以后,冯先生经历了差不多 30 年的批判,已经不可能再有那样的期许了。那么他这个时候的宗旨是什么呢?就是"阐旧邦以辅新命"。也就是说,当时冯先生给自己布置的任务不是要为现代化的中国提供一套哲学,当然更不是要提供一套政治哲学。他在 40 年代时是要给中国提供一套政治哲学,这次他给他自己提的任务是"准备"。他说:"通观中国历史,每当国家完成统一,建立了强有力的中央政府,各族人民和睦相处的时候,就会出现一个新的、广泛的哲学体系,作为当时社会的理论基础和时代精神的内容。中国今天也需要一个包括各个方面的哲学体系作为国家的指针。"当时冯先生并不认为他自己应该承担为国家建哲学的任务。他只是希望为这个广泛的哲学体系准备材料,铺设道路。所以他说:"我所能做的,不是为中国哲学的发展定基调……也不是为中国哲学的发展预制部件,而是为中国哲学的发展提供营养品……《中国哲学史新编》不仅是过去历史的叙述,而且是未来哲学的营养。……我所能做的事,就是把中国古典哲学中有永久价值的东西阐发出来,作为中国哲学发展的养料,看看它能否成为中国哲学发展的一个来源。"在最后这句话中,他提出了一个问题,就是马克思主义的来源。中国化的马克思主义,或者说中国特色社会主义所需要的哲学应该多一个来源,这个不是马克思主义所讲的欧洲文化的三个来源,而是应该将中国文化自身发展作为一个来源。所以从这些话中,我们可以看出冯先生对他晚年工作的一种自觉、一种理解,以及他对所谓"阐旧邦以辅新命"的一种阐释。习近平总书记一直在讲中华文化和中华民族的关系,中华文化和中国特色社会主义的关系,中华文化和社会主义核心价值观体系的关系,都要求我们把中华传统文化作为基础、作为源泉。我们要重视中国文化,当然包括中国哲学在内。

关于他的具体境界,我还可以再提一件事。刚才我讲了冯先生给金岳霖先生写对联,金岳霖先生故去的那年,冯先生又写了一篇文章纪念金老,在结尾的地方,他说金先生可称是晋人风流。很少人是这么理解金先生的,他们只是觉得金先生是一个很西方的绅士,穿着西服,戴着墨镜,喜欢吃西餐。冯先生之所以有这个说法,是因为他跟金先生认识太久了,20世纪20年代大家就在清华大学,后来在一起工作。我当时看了就觉得这个说法还是挺新奇的,但在当时还不能完全体会,因为我并不认识金先生。当时我就说:"要是比较起来,您如果说金先生是晋人风流,那么我可以概括您为道学气象。"当时冯先生摸着胡子表示认可。冯先生90岁的时候,他请教研室的人吃饭,也不是很多人,当时北大对面有一个全聚德。那天早晨我到冯先生家去,我说为了给您祝寿,我写了两句不成文的对联。冯先生说:"那你念一下。"我念了以后,冯先生说大体上还行,但是下联最后一句"尚显有未工处",就是还有不工整之处。我说那就请先生给改一改,冯先生沉吟半晌,改了几个字,这副对联实际上涉及了冯先生的境界。这副对联是:"极高明别共殊觉解真际

心通天地有形外；道中庸任自然后得混沌意在逍遥无尽中"。上联是讲学问，点出冯先生思想精要在"别共殊"；下联讲境界，就是冯先生一直讲的"极高明而道中庸"，"中庸"就是"任自然"。"道中庸任自然后得混沌"是冯先生在《中国哲学史新编》第四本中讲的。这副对联晚上吃饭的时候就挂在冯先生后面墙的右首，听说冯先生还是表扬我这副对联的。冯先生没有当面表扬我，不等于说没有表示。冯先生还是有表示的，那个礼拜我的自行车丢了，结果开完寿宴，宗璞先生就跟我说，冯先生要给我 200 元钱，买个新车。我说我自己丢车了让冯先生给我钱，哪有这个道理？我作为北大哲学系教员应该说也不缺买自行车的钱，所以我就谢绝了。1987 年，我写过一篇文章，在台湾发表，讲的是冯先生的境界。我说冯先生的境界很像程明道，就是程颢。我认为冯先生是道学气象，他的气象最接近程明道。那么什么是程明道的气象呢？冯先生非常推崇程明道的一首诗，这首诗大家都知道，就是那个《秋日》诗："闲来无事不从容，睡觉东窗日已红。万事静观皆自得，四时佳兴与人同。道通天地有形外，思入风云变态中。富贵不淫贫贱乐，男儿到此是豪雄。"冯先生闲居的时候经常念诵这首诗。冯先生之所以喜欢这首诗，主要是从精神境界上来讲的，这首诗符合他的想法。他对于程明道这首诗里面讲的"从容、自得"，有他自己独特的理解和体悟。所以他的境界，如果我们用古人的讲法，就是"宽裕温平，和易怡悦，从容自得"。所以我说，他晚年所体现的气象，已经与程明道所体现的气象很接近了。

冯先生一生强调精神境界的重要性，强调精神境界对哲学的重要性，强调中国哲学对人生境界的贡献。冯先生晚年因为眼睛看不见，所以很多书都是让别人来念，别人不念的时候他就自己默念很多的古文古诗。另外，如果有人来跟他谈，他总是津津有味地跟大家谈他自己的所思所得。他曾经说："现在很多界限对于我来说都打通了，儒家也好，道家也好，我觉得好东西都是通的。""我现在很像一头老黄牛，把已经吃进去的草，再倒出来细嚼慢咽。虽然是把吃进去的草再倒出来细嚼慢咽，但我还是津津有味，不仅是津津有味，简直是其味无穷，其味无穷，其乐也无穷。"他说："古人所谓'乐道'，大概就是指此吧。"由此可见，冯先生晚年也达到了"乐道"的境界。

我今天就讲到这里，谢谢大家！

主持人：同学们，今天陈先生通过讲述冯友兰先生"三史""六书"的写作过程，以及冯友兰先生对"旧邦新命"的人生追求，给我们上了一堂生动的哲学课。相信对大家会有很大启迪，希望大家也能够学习冯先生的精神，通过学习和研究，不断向自己的学术领域注入新的时代内容，推动学术和中国文化的发展，为伟大的中华民族的复兴做出自己的贡献。下面让我们用热烈的掌声再一次对陈先生的精彩讲座表示感谢！谢谢大家！

（初稿整理：李为人）

钱币鉴赏

戴志强

主持人　王兵（中国社会科学院研究生院副院长）：各位老师、各位同学，大家下午好！我们非常荣幸地请到了中国钱币学界的著名专家、中国钱币学会副理事长、学术委员会副主任委员戴志强先生。戴先生早年毕业于复旦大学历史系，历任河南安阳博物馆副馆长、安阳市文化局副局长，中国人民银行印钞造币总公司处长、货币发行司副司长。从 1994 年起，戴志强先生任中国钱币博物馆首任馆长、研究员。戴先生现在还兼任中国金银纪念币设计图稿及样币评审委员会委员，国际博物馆委员会委员，国际钱币银行博物馆委员会执行委员、亚洲地区主席，《中国钱币》杂志主编、国家文物鉴定委员会委员。戴先生的主要著作有：《中国历代货币》《国际钱币制造者》《中国古钱谱》《戴葆庭集拓中外钱币珍品》《珍泉集拓》《钱币学与冶铸史论丛》《戴志强钱币学文集》《古钱币鉴赏》《机制币鉴藏》《古钱文字》等。非常高兴能够请到戴先生来研究生院做关于钱币鉴赏的讲座。下面，请大家用热烈的掌声欢迎戴先生！

戴志强（中国钱币学会副理事长）：很高兴和大家一起交流有关钱币的一些问题。因为只有两个小时的时间，我想把钱币的大概情况跟大家做一个交流。我主要从两个方面介绍，第一，什么是钱币；第二，钱币包括哪些，中国钱币有哪些内涵。

一　钱币的概念

以大家最直观的理解来说，钱就是货币。实际上，钱币、钱，既是货币，又不是货币。钱币和货币之间，是有区别的。

我先讲与货币有关系的、"钱"字的不同含义。现在上街去买东西，首先会想，带钱了没有。这个钱，当然是指货币，而且是人民币，这是第一个概念。但是在中国钱币史上，中国古代最早的"钱"是什么呢？是钱镈（镈）。春秋战国时期以前，钱镈是铲田的农具（见图1）。

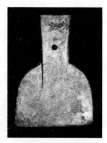

图1　钱镈

钱是铲子，是往前推的；镈，是锄头，是往里拉的。所以，钱和镈，都是农具的名称。因为中原地区是农耕地区，钱和镈是家家户户都需要的东西，所以它后来有了一般等价物的功能。也正是因为这样，后来在钱和镈的基础上，产生了中国的金属铸币，即"布币"。"布币"的"布"，现在写成"布匹"的"布"，实际就是"金"字旁这个"镈"字的谐音。那么在中国古代，钱是什么呢？实际上是种农具的名称。"衡"字，即度量衡中的衡，现在人们一般讲公斤、千克。实际上，像我这个年龄的人在年轻的时候，主要讲"斤底下是两"，开始是小两，1斤等于16两，后来是大两，1斤等于10两。那么"两"下面的重量单位是什么呢？是钱。1两等于10钱，这个"钱"就是度量衡，是一个专用的重量单位的名称。货币制度的变更，是能影响到度量衡制度的，这个在中国货币史上可以找到实例。最初，"两"底下是"铢"，1两等于24铢。唐玄宗年间，使用开元通宝钱，当时要求1两铸10个开元通宝钱。这个制度要求是非常严格的。1两等于10钱，实际上，最初的含义是，1两重等于10个开元通宝钱，也就是10个开元通宝钱重1两。正因为有了这么一个规定，这个"钱"，实际上是开元钱的意思。

"钱"既是货币的名称，又是度量衡重量单位名称，还是农具的名称，所以，我讲这个的意思就是说，"钱"字不单是货币的意思，还有多种含义。

接下来我要讲的是货币和钱币，这是两个领域的专有名词。货币是经济领域的一个专有名词。货币是物物交换的媒介，货币有五大职能。我认为"钱币"是钱币史文化领域的一个专有名词。它要研究的是钱币的材质、钱币的铸造工艺、钱币的颜色和其他锈色、钱币的遗存情况，包括现在收藏界比较关心的钱币的真假，它的文物价值是多少、经济价值是多少。那么我们现在所理解的钱币，我认为，就是货币和货币文化衍生物的总称，简单地讲，可以叫货币＋货币文化衍生物。那么也可以理解为"币"＋"章"。"币"的主体是货币，"章"是西方的一个称呼，在中国历史上有"压胜钱""花钱"

等，就是货币文化的衍生物。但是在西方实际上没有钱币的专有名词，所以西方的钱币博物馆，就叫"币"和"章"的博物馆，它的管理部门就是"币"和"章"的管理部门。所以用现代的话来说，钱币也可以说是"币"＋"章"。现在我们所谓的"纪念章"真的是个舶来货，是由西方的货币文化传来的一个名称。在中国历史上，古钱除了正用品之外，还有非正用品，这个所谓的非正用品就是我们现在所谓的"章"。"币"和"章"的区别，我想最明显的一个就是"币"是货币，"币"是标有面值的；"章"不是货币，是没有面值的，这是最直观的区别。现在的收藏爱好者和金融系统的一些同事，也很少把它们区别得很清楚。比如说今年（2014 年）是马年，明年（2015 年）是羊年，我们现在已经准备做羊年的纪念币了，图稿已经确定了。一般在春节以前，实际在元旦以前，就已经开始发行了。收藏者、爱好者，或者一般老百姓，可以买来作为过年的贺礼。真正有面值的羊年生肖币发行量是有限的，大量发行的是没有面值的，有金的、有银的，还有铜的。人民银行是中央银行，是负责这个事务的，快到过年的时候有的同事就问："今年新年的羊币出来了没有？"他所说的"羊币"的这个"币"，实际上指的并不是真正的纪念币，而是"章"。所以在收藏圈子里，"章"和"币"没有绝对的区别，因为它的原材料、制造工艺和很多文化属性都是类同的，因为真正好的、质量高的纪念章都是造币厂生产的，所以其原材料来源是一样的，技术人员，包括设计人员也都是相同的，它们的制造工艺包括技术也基本上是相同的，所以"币"和"章"基本上是一对孪生兄弟。为什么要讲这个问题呢？直到目前，还有人在争议，说中国钱币博物馆为什么不叫中国货币博物馆？我讲这些的意思就是要说钱币是文化中的一个专有名词，研究钱币的学科就是钱币学。

二　钱币的内涵

中国钱币经历了实物货币到古钱币，再到称量货币和纸币的发展过程。用马克思主义的观点来说就是由实物货币到称量货币，由称量货币到实用货币，再到金属铸币，最后到信用货币，大概就是这样一个过程。中国最早用的实物货币，第一个是海贝，在古文字里，与货币有关系的很多字都有"贝"字，说明这个"贝"在中国古代，特别是中原地区是曾经取得过实物货币地位的。将海贝作为实物货币不仅是中国的做法，世界上很多地方都曾经用"贝"作货币。海贝之所以能够取得实物货币的位置，是因为它有很多属性，其中最主要的两项，一是海贝本身很漂亮，种类非常多，五颜六色；二是也许与当时的信仰有关系，好像海贝在中国古代曾经是一种神器，妇女在生产的时候手里要握一个海贝，以保佑顺产，母子平安。正因为有这么一个特殊的用途，海贝是家家户户都有的东西。也正因如此，它占据了实物货币的地位。当然它成为实物货币有很多原因，刚才说的两个是主要原因。出于这些原因，不仅中国，世界上很多地方都把海贝作为实物货币来用。在中国古代，实物货币除了海贝之外，还有工具、农具，包括粮食、牛羊牲畜等。

古钱在不同的时期有不同的概念。我们现在说的古钱一般是指方孔圆钱以前的古代钱币。方孔圆钱的最后使用时期是什么时候呢？应该是清末民国初，因为个别地区在民国3年以前还在使用方孔圆钱，所以方孔圆钱的时间下限应该是清末民国初。我们现在整理的古钱，一般是金属铸币，那么金属铸币的时间上限是什么时候呢？是公元前8世纪，也就是春秋时期。从秦始皇统一货币，一直到清末民国初，中国古钱的使用时间是非常长的。古钱根据性质可以分为两大类，一类是正用品，所谓正用品实际上就是正式发行的钱币；另一类和正用品相对，是非正用品，我们也可以把它叫作衍生钱。随着时间的推移，衍生钱的内容越来越丰富，形成了我们现在所谓的纪念章。所以古钱中正用品和非正用品这两大类应该说是从实物货币开始形成的。因为实物货币是具有两重性的，它在取得实物货币地位以后，既行使货币的职能，也保留了原有的使用价值。例如，海贝是一种摆置物，是一种信物，是一种神器，它有它的使用价值，那么取得实物货币以后，它又行使货币职能。我们在商周的考古发掘中发现了墓葬出土的海贝，在殉葬的时候根据性质不同，它摆置的位置是不一样的。一般地讲，在取得实物货币地位以后，作为货币殉葬的贝，是放在死者也就是墓主人头的旁边的。妇好墓出土的大量海贝，成堆地放在她的头边。除了作为货币殉葬的贝以外，还有很多摆放位置不一样的贝，比如有些死者的脖子上有一圈海贝，或者是在手臂上有一圈海贝。很明显，贝是作为项链、手链殉葬的。还有的海贝被放在死者的嘴里，或者捏在死者的手里，也有的是放在死者的腰下面，那放在死者腰下面的贝是起什么作用的呢？我们在商周大墓，如殷墟的大墓里头，发现在墓主人、死者的身下有一个腰坑，这个腰坑是做什么用的？一般是殉葬一条狗，或者是殉葬一个奴隶，腰下

面的狗或者奴隶是起什么作用的呢？它的主要作用是保佑墓主人，也就是所谓的"厌而胜之"。我们看古代的电视剧，宫廷斗争里往往有这样的情景，做一个布人或者是木头雕小人，然后用箭去射它、用针去扎它，要把他弄死。这个是什么？就是厌胜，即把仇人"厌而胜之"。所以中国的纪念章，最原始的名称应该叫厌胜钱。厌胜钱的"厌"字，繁体字是"压迫"的"压"字底下加一个"魔鬼"的"鬼"，就是要把魔鬼镇压住。所以后来人们把"厌胜钱"也叫作"压胜钱"。

金属铸币也是这样的。春秋中期以后已经有了金属铸币，这是中国最早的金属铸币的一种。我们从现在来看，这个布币中有很多铭文都带祭语，或者是和祭祀活动有关的。例如，在布币中，我们发现了"卯"，"子丑寅卯"的"卯"，"卯"字底下一个"田"字就是"留"；此外，还有"卯"字底下一个"牛"，"卯"字底下一个"羊"，"卯"字底下一个"丁"，"丁"就是奴隶，就是男丁。"卯"字底下的"牛、羊、丁、田"是什么呢？就是在卯时祭祀的一种祭品。由此我们知道金属铸币在开始的时候，也具有两重性。从文献记载中我们也可以找到，它除了行使货币职能，还在祭祀活动中作为祭品。特别是到战国以后，周王势力已经萎缩了，势力范围越来越小，而且在"空首布"之后出现了其他各种各样的布币，如"平首布"。这个"空首布"已经没有用处了，但是周王还在铸，一直铸到战国末秦统一中国。在战国后期，铸的这些"空首布"恐怕主要不是行使货币的职能，而是周王权力的象征，主要用在祭祀活动上。所以金属货币在一开始实际上就继承了实物货币的两重性，不过它的主要职能转化了，主要职能从实用价值转为货币职能。到战国末、秦以后，它的两重性——作为货币的职能和非货币的反映其他民俗文化的职能终于分家，所以有了正用品和非正用品，这个非正用品也就是后来我们所说的压胜钱。随着时间的推移，它越分越细，名目繁多，用我们现代的话来说把"货币"和"章"，就是纪念章，完全分开了，变成两条线。

下面我们讲讲早期的金属铸币。在中原地区，先秦时期金属铸币主要有布币、刀币、蚁鼻钱、环钱、方孔圆钱五个类型，或者把环钱和方孔圆钱合称为圆钱。我们现在看到的这个叫"空首布"，应该是公元前 8 世纪以后出现的，一直用到战国早期（见图2）。为什么叫"空首布"呢？因为农具钱镈是实用器，上面是要插柄的，插一个木棍可以锄地，可以铲东西。中原早期的金属铸币就是由农具钱镈演变过来的，所以在春秋时期铸的金属铸币还是

"空首布"，保留了农具的首部。"空首布"大概可以分为三类，第一类叫"平肩弧足空首布"，第二类叫"斜肩弧足空首布"，第三类叫"耸肩尖足空首布"。

平肩弧足空首布　　　　斜肩弧足空首布　　　　　耸肩尖足空首布
图 2　空首布

"平肩"的和"斜肩"的"空首布"主要出现在黄河以南地区，从目前出土的资料来看，是一个以洛阳为中心的不是很大的区域，北以黄河为界，南以河南平顶山为界，东以郑州为界，西以三门峡为界，也就是周王之地区。"平肩弧足空首布"的出土范围基本就是这样。"斜肩弧足空首布"的出土情况与"平肩弧足空首布"基本一致，但是根据它的铭文和其他史料综合分析，"斜肩弧足空首布"可能流通于战国三晋地区的韩地。"耸肩尖足空首布"流通于黄河以北地区，也就是现在的山西、河南的北部以及河北的南部。刚才我们讲了"空首布"的时间下限是战国的早期，到战国中期以后，布币就由"空首布"逐步演变为"平首布"，由立体变成平面，变成了一块铜板。"平首布"主要有以下类型。一是"桥足布"，所谓"桥足布"就是它的裆和足组成一个像桥洞的形状，因此被叫作"桥足布"（见图 3）。学术界也有人把它称作"祈布"。"桥足布"大概流通于战国中期。二是"锐角布"，"锐角布"的特点是首部有两个尖角，它分为大小两等，也有不同的名称（见图 4）。三是"大梁布"，它是战国中期魏的铸币，这个"梁"就是大梁（即现在的开封），是魏的首都。而"锐角布"是战国时期韩的铸币。四是"尖足布"，是由"耸肩尖足空首布"演变而来的，出现在黄河以北地区（见图 5）。"桥足布"和"锐角布"都是战国中期的布币，"尖足布"开始铸造的时间也是战国中期，但是一直用到战国末。五是"方足布"，"方足布"是现在先秦布币当中遗存数量最多的，它开始铸造的时间应是战国中期偏后一点，是在"桥足布"和"锐角布"的基础上产生的（见图6）。六是"圆足布"，"圆足布"的品种比较少，有两种，它是战国时赵国的铸币，在现在的黄河边上（见图7）。七是"三孔布"，对"三孔布"的争议比较大，最近这几年不断有新的发现（见图8）。"三孔布"很有意思，重复的非常少，出土的要么是孤品，要么就只有两三枚，数量非常少，现在的拍卖价格是二三百万元。为什么要单提一下"三孔布"呢？就因为它的钱币价值在钱币界备受瞩目。"三孔布"实际上是由"圆足布"演变而来的，"三孔布"和"圆足布"的铸造时间差不多，二者都是战国中期偏晚的铸币。关于"三孔布"的产生时期，主流学派认为是赵，而且是赵晚期，也就是战国晚期；也有人认为是战国中期的；还有人认为是秦朝的，是秦在兼并六国时铸造的。我认为，"三孔布"是赵的，但是它不是战国晚期的，应该是战国中期的，这一点大家可以讨论。我认为"三孔布"相当于纪念币。"三孔布"现在发现的数量比较少，其铭文已经发现了三十几种，但每一种都很少，因此我认为它可能是纪念币。楚国在战国时期主要的货币是黄金和蚁鼻钱，但是到战国中期以后，受中原地区布币的影响，楚国也制造了布币。因为它器型比较大，所以我们一般也叫它"长布"，或者"大布"，主要的流通区域是现在的江苏、河南、安徽交界地区，也就是战国后期楚国把吴越兼并了之后的驻地，即楚的大部。另外，燕在战国后期也曾经铸过"方足布"，但是燕的"方足布"和中原地区的"方足布"是有区别的，不单是铭文的书法不一样，铸币的器型也略有差别。燕的"方足布"一般都是"收腰"的。总体来说，春秋战国时期最早诞生的金属铸币应该是布币，也就是刚才说的"空首布"。在北方游牧民族，即现在的河北北部、山西北部，最初的金属铸币应该是鲜卑、狄的铸币，铸造的时间比"空首布"略晚，但也相当于春秋中期或略偏晚一些时候。

图3 桥足布

图4 锐角布

图5 尖足布

图6 方足布

图 7 圆足布

图 8 三孔布

接下来我们讲"尖首刀","尖首刀"主要也是根据器型来分的（见图9），它一般出土于河北和山西。这边这个叫"名刀"，为什么叫"名刀"呢？因为它的正面有一个"名"字。这个"名"字在钱币学界和古文字学界还有一个不太一致的观点。古文字学界认为这是一个"名"字，因为在青铜器、礼器上已经多次出现过这个字，所以古文字学家对于这个"名"字没有异议。但是对于钱币学界来说，这个字究竟是什么意思？为什么要铸一个"名"字？学者们还有不同的看法，有人说是眼睛的"眼"，有人说是宴会的"宴"。名刀大概出现在战国的中期。下面的这个就是把"尖首刀"的头部锯掉，这是一个局部地区的铸币，出土于河北、山东交界地区，现在属于德州地区附近。

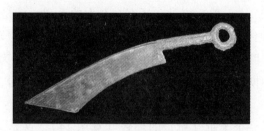
图 9 尖首刀

图 10 是"齐刀"，"齐刀"也叫"齐大刀"，有"三字刀""四字刀""五字刀""六字刀"，从文物价值来说，字越多价值越高。这枚"六字刀"也有人认为是当时的纪念币，所以发行量比较少。现在古文字学家一般都认为这应该是"齐大刀"，它本身器型大，已经成为一个专门研究的课题了。关于"齐大刀"的铸造时间，现在学术界的观点也不完全统一，我们一般倾向于春秋中期以后，一直到战国末。

图 11 是一把赵的"直刀"，它上面有两个字"邯郸"，是赵的首都，它的

出现时间应该也是战国中期以后。

　　图 12 是"中山刀"，中山被灭以后，在战国中期又复国，复国以后铸了这个"中山刀"。"中山刀"和"直刀"的铭文不一样，"中山刀"的铭文正面都是统一的"成白"两个字（一般都认为是"成白"）。

图 10　齐刀　　　图 11　赵直刀　　　图 12　中山刀

　　除了"布币""刀币"之外，还有一个大的系列，就是"环钱"，我们现在可以叫它"圆钱"。"圆钱"可以再分成两类，一类是"环钱"（见图 13），即圆钱中间是圆圈空，出现时间是战国时期，以前研究认为出现时间比较晚，将之看成战国中期以后的铸币，但从现在的考古资料来看，恐怕它要早于战国中期。

　　这里我选了一个半釿（釿）的环钱（见图 14），这是一二十年前在陕北新出土的，这个东西器型很怪，好像是半环钱，它的铭文就是"半釿"两个字。正式出土的就这一批，遗存的数量并不多。它出土以后不到半年仿品就出来了，所以真假混淆，影响了它的经济价值和市场价值。真的"半釿"数量是很少的，文物价值也是比较高的。

　　图 15 是"蚁鼻钱"，春秋战国的青铜铸币共有四个体系，即"布币""刀币""环钱""蚁鼻钱"。"蚁鼻钱"的铸造地区是南方的楚国和孔夫子所在的鲁国。

图 13 环钱

图 14 半釿环钱

图 15 蚁鼻钱

"蚁鼻钱"是海贝发展的最高形式。最初是海贝，后来出现好多仿制贝，其中有青铜贝，青铜贝最后发展为战国出现的有铭文的"蚁鼻钱"。从文献记载来看，"蚁鼻"这两个字就是"小"的意思，"蚁鼻钱"就是小钱的意思。新中国成立前，老的钱币界人士认为，"蚁鼻钱"上面的铭文是瘦长的，看不出来究竟是什么字，它的字体就好像一只小的蚂蚁趴在上面，所以叫"蚁鼻钱"，这个说法是牵强附会的，是民间的一些说法。现在大家看到的这个，我们也可以叫它"鬼脸钱"，这个字上面有两个"眼睛"，还有一个是穿孔用的，就像是嘴巴，所以像个骷髅、鬼脸。这也是蚁鼻钱中发行量比较大的一种。现在古文字学家的意见还没有完全统一，一般认为这就是个"贝"字，应该是从海贝演变过来的。

下面我们来讲秦始皇统一货币。我选的前面两个是正用品，所谓正用品就是正式发行的。这个是秦始皇统一货币时候的半两钱（见图 16）。

秦始皇统一六国以后，统一了文字、度量衡、货币，但实际上他并不是推翻一切重来，他只是把战国秦的文字、制度推广到全国。比如文字，六国统一前文字是不统一的，但总体上都属于大篆体系，只是书写上有地域性。秦始皇统一六国以后，把文字统一为秦篆，也就是战国秦李斯发明的小篆这个书体。统一货币也是一样的，他也是把战国秦的货币制度推广到全国，原来战国三晋地区用的是布币，东方的齐、北方的燕都用的是刀币，南方的楚用的

图 16 半两钱

是蚁鼻钱，秦始皇统一六国后都取消了，统一用铜钱——半两钱。这个半两钱实际上是战国半两的延续，但是秦始皇统一货币的时候明文规定：第一，制材是青铜；第二，重量是半两，铭文也是"半两"两个字，小篆书体。所以我这里选的半两钱应该是比较标准的半两钱。

第二个钱是五铢钱。这个五铢是西汉五铢，是汉武帝时期的。在中国历史上，秦始皇和汉武帝是两个伟人。在货币史上，秦始皇和汉武帝也都是非常有影响力的人物。秦始皇统一了货币，把货币定成半两圆钱。汉武帝时铸五铢钱。我刚才也提到了，一两是二十四铢，半两就是十二铢。到秦末，秦汉战争爆发以后，经济遭到破坏，到汉初就有一种呼声，认为秦钱重，难行。所以在汉初，民间用的是一种"榆荚钱"。所谓"榆荚

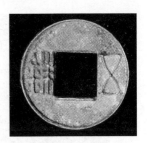

图 17 五铢钱

钱"就是特别轻、特别薄、特别小，穿孔又很大的那种钱，就好像四片榆荚叶子架起来的。到吕后八年，西汉的经济开始有所恢复，才第一次明确可以铸八铢半两。半两钱实际重量应该是十二铢，但吕后规定，还是半两，不过钱的重量由十二铢减到八铢。后来，又从八铢半两变成五铢、四铢，最后到三铢。到汉武帝的时候，又把它统一成五铢。所以汉武帝在货币史上的第一个功绩，是他把中国铸币（就是钱）的单个重量明确到了五铢。这个五铢的重量大概是多少呢？是3.5~4克。这个重量后来成为中国历朝历代不成文的一个标准，凡是天下太平、经济繁荣、政局稳定的时代，铸币的单位重量就是3.5~4克，也就是五铢钱的重量。图17是五铢钱。凡是政局不稳定、经济衰退、社会萧条的时代，就铸小钱或者铸大钱。这个重量标准不仅在中国是这样，世界各国凡是使用时间比较长、信誉比较好的货币，它的单位重量都是在4克左右。

汉武帝的第二个功绩，是把铸币权集中到了中央。秦始皇虽然统一了货币，但是他没有统一铸币权，因为秦统治时间很短就亡国了，到了汉武帝才真正开始由中央集权铸币，就像我们现在的中央造币厂、国家造币厂。汉武帝的第三个功绩，就是明确了铸币要铸边。秦始皇的铸币是"不修边幅"的。到汉武帝的时候第一次明确了钱铸造出来以后，必须磨边，成为铸造工艺的最后一道步骤。所以在货币史上汉武帝的贡献是很大的。

下面我们再看唐开元通宝（见图18）。唐朝是中国历史上非常强盛的一个时期。我刚才讲了，一两铸十个钱，这十个钱就是唐开元钱。

这个开元钱不是年号钱，但是它是开辟新纪元的通行宝货。"开元"这个年号是在开始铸开元钱之后，开元钱的正式铸造是在唐高祖武德四年。唐朝除了开元钱之外，其他钱都是年号钱。因为唐开辟了铸造年

图 18 开元通宝

号钱的先例，所以唐朝铸币在中国货币史上也是应该大书特书的。

图19 宋徽宗书
"大观通宝"

图19钱币上的字出自宋徽宗之手。宋朝，特别是北宋时期，尽管军事上并不强大，但是北宋的皇帝基本上都是文化人，好多都是书法家，所以北宋从最上层的领导起就对文化很重视。铸钱工艺到了北宋已经成熟，到了炉火纯青的地步，是中国古钱币史的顶峰。事物的发展规律一般都是这样，一个事物诞生以后，逐步成熟、发展，最后衰退。货币也是这样，古钱从春秋战国开始铸，逐步完善、提高、成熟，至北宋达到发展顶峰。顶峰以后，北宋就开始出现纸币了。所以元代以后，中国流通的货币主要是纸币，以白银、古钱作为辅币。如果要研究古钱的话，宋朝绝对是一个重点。宋朝的古钱数量最多。有一个日本的考古学者做了统计，日本出土的古钱90%以上都是中国钱，日本自己铸的钱只有百分之几。而在这90%多中有80%多都是宋钱，而且主要是北宋钱。北宋钱在中国周边出土得非常多，西边一直到欧洲、非洲，所以北宋钱的数量非常多。有人认为，只要是官炉钱，宋钱制造工艺都是非常好的。其比例为：铜是60%多，铅是20%多，硒是8%～9%，或者稍微高一点。这个比例是青铜制造中成本最低的，同时又是硬度最好的，所以北宋制造工艺已经非常成熟。也正是因为这个原因，北宋钱的版本研究成为中国古钱研究的一个亮点。宋钱不单数量多，而且版本非常多。宋朝已经开始盛行年号钱了，每一个皇帝有好几个年号，最多的一个皇帝有九个年号，每改一次年号就要重新出新钱。所以北宋钱不光数量多，种类也多。北宋钱讲究书法，好多北宋钱都是皇帝亲自写的钱文，这是北宋特有的御书币。一开始宋太宗写了楷书、草书、行书三种字体，铸钱的人就把这三种字体都铸成钱了。这就开了两宋时期所谓"对钱"的先河，就是说每一种新钱铸造的时候都会有两种或者两种以上不同的书体。这个"对钱"和版本的研究是非常复杂的，总之宋钱是中国古钱的顶峰。

图20、图21和图22是元明清时期的钱币。元朝主要使用纸币。马可·波罗在元朝来中国的时候写了游记，里面专门记录到在东方的一个大国，一张纸就可以当货币用，这在当时的西方是天方夜谭。元朝、明朝主要流通的货币都是纸币。图20的"至正之宝"是地方货币，这个钱遗存比较少，是一级文物，很漂亮。

图 20　至正之宝

图 21　带"吉"字方孔圆钱

图 22　永乐通宝

图 21 的钱背面穿孔上有一个"吉"字，这个"吉"字就是吉安地区，也就是现在的江西井冈山地区。这个地区的五钱，是分成五等的，跟白银作价。但它定名为"权钞钱"，这个钱很怪。为什么叫"权钞钱"呢？有一点货币知识的人都知道只能是纸币去权金属货币，金属货币——黄金、白银本身是有价值的，纸币本身是没有价值的。怎么能把黄金、白银跟纸币权呢？当然不可能。所以这是中国货币史上的一个特例。但是反过来说，元代的纸币是跟白银作价的，所以所谓的"权钞"实际上是权银。因此这个"权钞钱"是比较特殊的。"永乐通宝"（见图 22）是在明朝最强盛的时期铸造的，铸造得也很好，但是明朝的主要流通货币是"大明宝钞"，是纸币。当然明朝时民间主要流通的货币还是"永乐通宝"，是铜钱。我选"永乐通宝"的原因在于，它曾经在一个时期被作为日本的标准钱。日本最早是使用中国钱的。20 世纪 80 年代我们去日本做钱币展览，在日本大阪博物馆，中国和日本同时举办一个展览，他们的宣传口号是"三千年的文化交流"，但实际上他们的钱币历史哪有三千年？日本在唐以后才有钱币（这一点他们是承认的）。他们展览的第一部分叫"渡来钱"，就是摆渡过去的钱，是从中国摆渡到那里的钱。图 23 是清朝的铸币。

从半两钱到现在讲的都是古钱当中的正用品，下面我们看几个非正用品。图 24 是压胜钱，先秦的时候它有两重性。在春秋战国时期可能已经有了纪念币。春秋战国时期最后的方孔圆钱，除了半圆钱之外，还有"文信钱"和"长安钱"。这两种钱以我现在的观点看都不是正用品，都是吕不韦他们内部使用的一种信钱。所以我认为这两种钱是方孔圆钱中最早的压胜钱。从那以后，压胜钱的内容就越

图 23　乾隆通宝

来越丰富。在河北汉代中山王墓，他夫人的墓里就出土了一套完整的钱，我们叫"宫中行乐钱"，也叫"酒令钱"。

图 24　压胜钱

　　在压胜钱当中有一种官炉生产的，用现在的话说，就是国家造币厂生产的，水平非常高。老的钱币界只注重正用品，不太注重非正用品。我这次之所以提到非正用品，是因为我认为对非正用品应该有所重视，因为我们是从文化的角度来看问题的。现在一般的收藏者、爱好者有一种舆论，认为"币"的信誉比较高，因为它是有面值的；而"章"是没有面值的，信誉不太好，所以大家喜欢收藏"币"，不太重视"章"。这就跟古钱正用品和非正用品的关系是一样的。根据我的实践（我在中国人民银行工作过），我认为真正的国家造币厂，也就是所谓官炉生产的纪念币、纪念章，它的文化含量绝对不会低，甚至比发行货币更高。我曾经提出过一个文化定位，即正式大量发行的、流通的货币，所谓社会的名片，实际上它的技术含量、文化含量就是这个时期承载的东西，或者说比一般的水平略高，因为它有个防伪的标志；但是纪念币和纪念章是这个时期先进文化的开拓者和主要的承载者。举一个例子，中国钱币博物馆引进过一个奥地利的钱币展，这个展览有几百件展品，其中最好的是两个纪念章，而不是币。

　　下面我们讲金银锭。金银锭也是称量货币。最开始是实物货币，后来是贝，到了春秋战国就成了"空首布"，变成金属铸币了。在中国历史上有没有称量货币这个时期？从马克思主义的货币理论来讲，货币是从实物货币到称量货币，然后到金属铸币，再到信用货币。中国是不是这样的？我们后来发现了西周时期的青铜块。经考证，现在已经基本确定，西周的青铜块应该是中国早期的一种称量货币（见图25）。

图 25　西周青铜块

　　因为金银称量货币在中国出现得比较晚，所以称量货币与实物货币和金属铸币应该是交叉的，而且我认为称量货币本身就是实物货币的一种。除了青铜之外，中国的称量货币主要反映在金银锭上，图26就是春秋战国时期的楚金版。黄金在中国历史上究竟是从什么时候开始使用的？在河南安阳殷商遗址的考古发掘中已经发现有金箔，但是发现得太少。

图26　春秋战国楚金版

金箔当时的性质究竟是什么？它的用途是什么？现在还很难确定。从现在来看，可以肯定的是，大量使用黄金货币的应该是战国初期南方的楚国。从现在的考古发掘资料来看，春秋时期楚国的政治中心在湖北，但是现在湖北出土的楚金版很少，几乎看不到，而大量出土是在安徽以及河南。现在楚金版大量出土、集中在寿春地区。寿春是战国楚的最后一个国都，即现在的安徽寿县。我们现在看到的这块金版是一块完整的金版，就是寿县出土的。它出现的时期是春秋战国时期，实际上主要是在战国时期。

　　图27是秦汉金币的正面和背面。以前我们都把它叫作西汉金币，因为从出土情况来看，目前大量出土的都属于西汉，实际上这个金币的时间上限应该是战国秦。我曾经在陕西咸阳看过一个出土文物展览，战国秦开始用黄金时主要是用楚国的金版，后来战国秦仿制楚国做的金版，最后就自己做金币。咸阳地区是产黄金的，因此秦国就地取材。这个金币在秦国兼并六国的时候发挥了很大的作用。秦兼并六国，最主要的是武力征服，但是在武力征服的同时，秦用大量的金银财宝去买通敌国的奸细。秦始皇统一货币，刚才我们讲了钱是半两，根据史书记载，上币是黄金，下币是半两，实际上他是把战国秦的黄金和铜钱作为统一货币的标准。到西汉还在铸这个金币，这个金币也俗称柿子金，它就像个干柿饼，后边这个蒂头，就像柿子的蒂头。

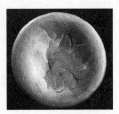

正面　　　　　　　　　　　背面
图27　秦汉金币

从西汉汉武帝以后就开始铸马蹄金和麟趾金，这二者的区别就是前者底部是椭圆形的，后者底部是圆形的。图28是马蹄金。

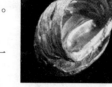

图28　西汉马蹄金

接下来看看唐宋的银锭。唐朝的银锭器型是不统一的，有饼形、长条形、板形等（见图29、图30）。

图29是进贡银锭，这个进贡银锭和税收银锭是不一样的。税收银锭是进国库的，进贡银锭是进皇帝的小金库的。这个进贡银锭是杨国忠进贡给皇上的，上面刻得清清楚楚，是"杨国忠进"。这个银锭的两个角应该是翘起来的，两个角翘起来我们叫它船形银锭，这个时间应该是唐后期到北宋。图31是北宋银锭，实际上它是船形银锭的底。北宋银锭的器型基本上统一了，它是在唐的船形银锭基础上演变过来的。

图29　唐宋银锭

图30　唐进奉银笏

图31　北宋银锭

从北宋到南宋基本上都是这样的银锭，但是器型有变化，北宋银锭上面是平的，到了南宋就是圆的了，另外铭文也有区别。不到20年前，在南京出土了金叶子。这个是我们知道的最早的黄金叶子（见图32）。

图32　南宋金叶子

图33是金牌，其实这个金牌是很小的。图34是元代的银锭，元代的银锭与南宋的银锭、金的银锭基本上是接近的。"元宝"这个名字应该是从元朝开始的，即元朝的通行宝货。

关于这一点，现在学术界还有不同的看法。但是从元代银锭的背面我们发现有"元宝"两个字，而且这个"宝"字是现代的简体字，所以"元宝"这个词肯定是从元代开始的。至于细节，学术界还有不同的说法。图35是50两金锭，这个是大锭，现在遗存下来的很少，我估计不会超过10个，都是在大墓里发掘的。

图33 南宋金牌

图34 元银锭

图35 明金锭

"元宝"的器型就是刚才看的锭型。元宝这种器型，最早是从明朝开始的，明清两朝都用（见图36、图37和图38）。

清的银锭和民国的银锭种类非常多，非常复杂，不同的地区器型都不一样。过去人们没有把银锭当作文物来看，认为银锭就是白银，金银本身就是一种财富。最近，金银锭被列为钱币中的一个大类，全国一些大的拍卖公司都有金银锭的专场，因此现在金银锭的价格涨势非常迅猛。

图36 明银锭

图37 清银锭

下面来讲机制币。机制币应该是西方文化的产物。中国的钱币和西方的钱币有几个主要的区别。第一，中国货币的材质以廉价金属为主，如铜、铁，西方货币的材质以金银为主。这与整个社会的经济基础是有关系的。第二，中国的钱币文化凡是正用品很少有图案，基本只有文字，只有明末崇祯发行过"崇祯通宝"，背面穿孔下有一匹小马，这是唯一见到的图案。第三就是防伪，中国货币的主要防伪手段是书法，西方则以图案为主。不过到后来中西方的货币文化相互交流，因此机制币从西方传入中国。如果从整个中国版图来看，最早用银币的是西藏。乾隆五十六年就批准地方可以铸币，西藏铸的币很薄，现在也叫薄片银。从整个中国的银币史来讲，西藏是最早的。大概是道光以后，在东南沿海地区开始有自铸的银圆。中国的机制币

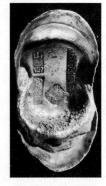
图38 民国银锭

源自广东。张之洞当两广总督的时候，看到西方的银圆流到中国，老百姓非常喜欢。张之洞是洋务派，是搞改革的，所以他从英国专门订了铸造银圆的机器，经清廷批准以后，开始铸广东龙洋。外国的银圆是七钱二分，一元的重量。张之洞开始铸的时候，不太懂货币规律，他想西方的银圆七钱二分一个，要领先于西方，就铸了七钱三分一个。有一个货币理论，叫作"劣币驱逐良币"，流通过程中，良币是会沉淀下来的，真正参与流通的是劣币。后来试发的时候，张之洞就发现了这个问题，把七钱三分改为七钱二分了。另外，因为它是英国人设计的，所以开始时这一圈英文放在正面，汉字在后面。发行以后清廷觉得有问题，所以改成现在这个图印（见图39）。货币史和钱币学是不一样的，刚才讲的"半两钱"和"开元钱"在货币史上是大书特书的，但是在钱币学上因为发行量太大，所以文物价值并不高。广东龙洋也是，我们现在有"七三反版"（所谓"反版"就是英文在正面的），有"七二反版"。"七二反版"现在遗存的数量可能比"七三反版"还少，所以文物价值很高。广东龙洋的普通龙洋发行量相对较多，因此遗存下来的也较多。但是这个一套五个，即一元、半元、二角、一角、五分，现在要配齐是很不容易的。要知道辅币往往比主币遗存得少，所以大家要是真有兴趣收藏，要注意辅币，当然品相要好。

图39　广东龙洋

广东龙洋发行以后，张之洞调到湖北去当湖广总督，然后在湖北也开始制造龙洋，因此，一时间全国各个省都开始铸龙洋。

金币。从清朝一直到民国，中国的金币遗存下来的很少，真正大量发行的金币几乎没有，只有民国时期在局部地区发行过金币，数量也是很少的，在山东、云南等地，其他地方的基本都是样币，没有正式发行。清朝的金币现在只有两种，一种就是光绪丙午年造的，我们叫它丙午金；另一种是光绪丁未年造的，叫作丁未金。这两种都是样币，没有正式发行，因此现在的金币都是非常珍贵的（见图40）。

图40　清金币

铜圆。最常见的、大量流通的铜圆主要是"十文"和"二十文",其他面值的相对都比较少(见图41)。铜圆原来的价值相对比较低,我觉得无论是研究,还是收藏都应该注意,铜圆的历史很短,总共就几十年,虽然原来遗存数量很多,但是机制铜圆损坏得非常厉害。它不像古钱,古钱到现在几千年,

图41 清铜圆(二十文、十文、五文)

已经形成一种保护锈了。铜圆本身没有这层保护,现在又没有很好地得到保护——一般文物系统的仓库里铜圆基本上都是麻袋盛的,如果其中有一个铜圆烂掉,就是所谓的生有害锈,整个麻袋的铜圆很快就会都烂掉。如果大家有兴趣的话,铜圆是可以收藏的,现在价格已经上升了,但还不是太高,我估计以后升值的可能性比较大。

图42是民国的金币,是开国纪念币,没有正式发行,所以存量非常小。

图43是民国三年至四年的银币。正面是袁世凯像,这个在银币当中是现存数量最多的,有不同版币,首先铸造年份不同,另外不同地区铸造的样式也不一样。袁世凯银币的市场价也比较贵了,一般品相的也要800元左右,当然是最普通的。

图42 孙中山开国纪念币

图43 袁世凯银币(一元、中元、二角、一角)

纸币。中国是世界上发行使用纸币最早的国家。我到英国的德拉鲁印钞厂参观的时候,看到他们的贵宾室正中央供了一个"大明宝钞",他们还专门给我介绍:"这个大明通行宝钞是你们中国的,是世界上最早的纸币。"实际上中国的纸币最早是北宋出现的。图44是一个钞版,应该是南宋的。新中国成立以后又在安徽发现了官制版,是南宋的。官制版的争议很大,我专门去过三次,最后将它定为南宋末年的伪版,是一级文物。截至目前,没有见过真的官制版。

现在北宋、南宋、金都有钞版遗存，纸币的实物最早是元朝（见图45）。

图 44　南宋会子钞版　　　　图 45　元中统元宝交钞

　　元朝的纸币只要是完整遗存的，都是一级文物。图 46 和图 47 是古钞中最后的两张，大清宝钞和户部官票。我们现在把纸币叫作钞票，名称就是由此而来。大清宝钞是对铜钱折价的，户部官票是和白银作价的，这是两个系列。这是古代纸币的最后一个品种。因为元朝用纸币，明朝用纸币，后来通货膨胀非常严重，所以清朝初期警惕性非常高，顺治年间曾经发行过纸币，时间很短，很快就收回，不但把纸币收回，而且销毁了钞版。所以截至目前，顺治年间的钞版和纸币都没有被发现。如果现在我们发现了顺治钞或者钞版，那肯定是一级文物。由于太平天国运动爆发，当时中国的货币特别乱，财政不支，在这样窘迫的情况下重新发行纸币，到清末就开始转成现代币了。

图 46　咸丰大清宝钞　　　　图 47　咸丰户部官票

　　电子货币。电子货币使用时间其实很短，从 1985 年到现在。但是我认为

这是一个门类，信用货币从纸币到电子货币，这是一个阶段。电子货币，包括由银行卡衍生出来的各种各样的信用卡，数量非常多，品种非常多，现在要收藏恐怕已经很难了。我们现在有邮币卡市场，实际上邮币卡就是钱币卡，我认为邮票也是货币文化的衍生物。我只讲一个实例，北京现在有邮票厂、邮票公司，邮票厂最早就是北京印钞厂的一个车间，当时的有价证券基本上都是印钞厂印的，现在把邮票作为一个独立的门类我也不反对，但是实际上邮票是货币文化的一种衍生物。

今天就介绍到这里。

主持人：非常感谢戴老师！戴老师讲解的内容很丰富，我们不但增长了知识、开阔了眼界、陶冶了情操，同时加深了对中国钱币学的理解。让我们再一次以热烈的掌声感谢戴老师。

这是我们送给您的一个小礼物，是您在现场讲座的一张照片。这个是我们研究生院的一个笔筒，上面刻着我们的校训和《社科颂》。

戴志强：谢谢！

（初稿整理：刘强）

中国佛教对现代文明的省思

学 诚

学诚（中国佛教协会会长，全国政协常委，全国青联副主席）：尊敬的黄院长、各位老师、同学们，大家好！很高兴今天来与大家见面、结缘，探讨大家感兴趣的话题。今天交流的题目是"中国佛教对现代文明的省思"。

一方面，现代文明对我们整个人类进步发展的作用是非常大的，同时，也影响到我们每个人生活的方方面面，如今现代文明还在继续向前发展、推进。另一方面，人类对古老的文明、传统的文化，乃至对我们中国的传统文化——儒释道的重视程度也越来越高，对传统文明回归的呼唤也越来越强烈。可以说，在现代文明发展的整个过程中，人类的每一个个体都已经不知不觉地被人类自己所创造的这些现代文明所左右，我们中的任何一个人，都摆脱不了现代文明对我们的影响。我们在现代文明体系下，如何活得更加快乐，保持古老文明和现代文明的平衡？这需要智慧，需要慈悲，需要宗教的解脱、超脱的思想。

根据玛雅文化的分类，人类一共有五大文明，第一是根达亚文明，第二是米索不达亚文明，第三是穆里亚文明，第四是亚特兰蒂斯的文明，第五就是现代文明。

现代文明，主要是应用现代的科学技术成果来操作世间各种各样的事物：电脑、手机、电视，包括微信、微博等新媒体。以上种种所组成的信息、数据，与科学、技术、历史、文化、人生、社会乃至民族、宗教、国家都交织在一起，很难把它们区分开。人们大部分的时间、大部分的生活状态，都会受到现代文明的技术，以及技术所产生的一些成果的影响。在这种情况下，人类如何提高内心的力量？如何能够更清楚、更明白地应用现代文明给我们

所带来的利益、方便和快捷？反过来，如何不让现代文明给我们造成一些负面的、消极的、不利的，乃至有害的影响，对我们产生副作用？这就需要去规避和防范，这非常重要。

佛教讲开悟——大彻大悟。现代科学技术讲创新、发明，实际上创新也好，发明也好，都是人类心灵的一种开发，也就是开悟。只是悟的内容不一样，悟的层次不一样。在物质和技术领域，偏重对物质方面的开悟，而宗教，则更多的是对精神领域的开悟、开发乃至爆发，这种力量是非常强大的。现在是一个数字化的时代，大家通过新的媒体进行联系，这些联系有文字、声音、图像，是全方位的，通过互联网技术，把国内、国际方方面面全都串联起来。所谓联系，实际上都是靠一些大的网站作为连接点，也就是我们常说的搜索引擎，如百度、Google 等。同样，我们大部分的人、大部分的单位，要跟其他的人、其他的单位、其他的组织发生联系，都跟这些搜索引擎有关系。如果没有这些比较大的互联网连接点，要联系别人就比较困难。

所以，一般来说人类是习惯的动物：看别人怎么做，自己就跟着怎么做；看别人怎么生活，自己就跟着怎么去生活。我们很容易去模仿别人行为或生活的一些方式。但实际上，人在大部分情况下，都处在一种"无明"的状态中。所谓"无明"，就是我们内心当中没有弄清楚，没有弄明白，仅仅是知其然而不知其所以然，更不知道这种行为会引发怎样的后果，不知道目前的现象和问题是怎么产生的。

关于现代文明的形式，我想从四个方面来说明。

一　现代文明现象的得失

第一个部分是现代文明现象的得与失。在这里我讲三个方面的内容。

（一）现代文明的主体特质

现代文明的主体特质是现代发达的科学技术及其知识，但是我们现在往往将其用于对宇宙、对自然的开采，对外在的索取，来满足我们一己膨胀的欲望。

（二） 总说得失

人的欲望是无穷无尽的，人对外在的索取越多，越会造成整个自然世界的不堪重负。实际上，我们不仅仅要考虑到自己，还要考虑到他人，考虑到大家；不仅考虑到现在，还要考虑到后代，考虑到世世代代；我们不仅要考虑到自身生活的方便、快乐和幸福，还要考虑到其他物种是否能够生存，是否能够与人类一样发展。但是随着现代文明的发展，气候变暖、物种灭绝等问题越来越严重。我们对物质的占有欲望——物欲，不仅没有得到应有的约束，还在不断加强。人类欲望的膨胀，在西方也好，东方也好，都在不断加剧。

人类如何正确地将科学技术运用于人的全面发展呢？所谓全面发展，不仅包括物质方面的发展，还包括精神方面的发展，包括对整个自然环境的保护，对我们和谐社会的构建。如果在精神文明方面发展滞后，就会造成人精神空虚、道德沦丧、生态失衡，乃至局部地区爆发战争。这些突出的问题在很多的地方都存在。这与人的精神素质偏低，乃至低劣，以及我们人类自身素质提高不够，不能适应科学技术以及物质文明发展的方向有关。现代文明的正确发展应该是物质文明的发展有方向，精神文明的发展也有方向。如果我们在精神文明方面缺乏一个发展方向，人类就会迷失，就不知道路该往哪里走。

现代文明又非常容易导致人追求私利，偏重于物质方面的满足，这就会造成人与环境对立、人与社会对立，同时人本身生活的压力也会越来越大，人们反省的力量、觉悟的能力越来越弱，也就是内心正面的能量越来越缺失，没有力量来思考整个人类未来发展的方向和动力。这样就造成我们在物质和精神方面的严重失衡，不少人得了焦虑症、抑郁症，乃至有些人精神世界扭曲，甚至轻生，走上绝路。这些问题已经到了一个很严重的程度。

（三） 分说弊病

它具体的表现有以下几个方面。

1. 贫富分化持续扩大

第一个方面，就是贫富分化的持续扩大。某些人掌握了更多的技术，有更多的社会关系，这些人就容易获得更多的物质和财富。而另外一些人缺乏

这些社会关系，或者技术、知识不足，就会越来越贫穷。

2. 道德严重滑坡

第二个方面，就是容易导致道德滑坡。物竞天择是规律，竞争太激烈，人们就顾不上道德了。有些人为了追求外在的东西，不顾内心的世界、内心的感受，将个人物欲建立在损害别人的利益、造成别人痛苦的基础之上。实际上，这并不是我们所应有的生活态度、思考模式、人生价值。缺少精神文明发展方向是产生道德滑坡或者危机的根源。

3. 战争冲突难息

第三个方面，就是局部地区的冲突，甚至是世界范围内的战争，这都是由石油、能源等政治经济方面的利益冲突引发的。

4. 环境日益破坏

第四个方面，就是对环境的破坏。臭氧层的破坏、北冰洋的融化等，都是由过度的物质化所导致的。

5. 身心劳累

第五个方面，从人本身来讲，工作生活的压力无比巨大，身心过度劳累。

6. 灵性埋没

第六个方面，就是内心灵性被埋没。我们过去的良知良能发挥不出来，人的觉悟、善良以及内心的灵感发挥不出来，被埋没了。

7. 职业道德枯竭

第七个方面，就是职业道德方面的问题越来越严重。

8. 疾病增多

第八个方面，就是各种各样的疾病流行。现在的很多病在过去都是没有听说过的。

9. 缺乏对人生意义的思考

第九个方面，就是缺乏对人生意义的思考。仅仅停留在一种知识体系、技术范围内来做分析、分辨、解释、说明，很难用智慧来观察人生、观察世间，很难用慈悲心、同情心来与他人相处。

佛教里面讲的是慈悲。慈，就是给大家快乐；悲，就是希望大家远离痛苦。这种心就是最善良的心，希望大家得到快乐幸福，希望每个人都能够去除痛苦。慢慢地，这种内心越来越缺乏，乃至丧失了。结果我们人的智慧也就越来越缺少。

智慧与知识不一样，有知识的人不一定有智慧，知识是书本经验的积累，有些人懂得很多知识，却无法做判断、做决定。而智慧的特点是能够判断这个事情应该怎么做、不应该怎么做，这就是智慧的能力。只有知识，没有智慧，就无法做判断。反过来说，可能有时候人的知识越多，经验越丰富，就越难以做判断，越难以做决定，他觉得好像这样也不妥，那样也不当，迟迟难以在该做决定的时候做出正确的决定。而智慧就会非常清楚地告诉自己、自己的家人和同事，应该做些什么事，这些事由谁去做，什么时候去做，做到什么程度，用什么方法，需要什么条件，如何把它做好、做成。只要本身具有了目的、价值，然后再去集合各种各样的条件，就能够把这件事情办成。如果一个人缺乏正确的目的、价值，那他做出来的事情很难说有多大的意义，甚至可能有反面的意义。有可能自己并不是很愿意去做一件事，或者说自己也不知道做这件事有什么作用，那别人就更不了解了，因此这个事情就很难做成。

二 现代文明弊病的根源

第二个部分是现代文明弊病的根源。从三个层面来说，第一层面是表层的原因；第二层面是中层的原因；第三层面是深层的原因。

（一）表层原因

表层的原因，有五个方面：第一，科学技术的恶用；第二，国际霸权主义；第三，消费的享乐主义；第四，个人的中心主义；第五，教育目标的偏失。

个人的中心主义是指一切从人本身的利益出发。西方文化的中心思想就是个人权利，他们把这看作是至高无上的，也就是说，他们的一切行为都是从自己的权和利出发，来谋求自身发展，最后不惜侵害别人的利益。

佛教讲众生平等，讲要从凡夫修行到圣者，圣者就是觉悟的人、解脱烦恼的人、具有佛法正见的人。如果有了正见，就不会有邪见和偏见。世间的万事万物，无论贫穷、富贵，都是有因有缘的：富贵有富贵的因缘，贫穷有贫穷的因缘。只有把贫穷的因缘去掉，才能够真正改善人的生活，才能够让人生活美满、过得幸福。

佛法犹如太阳、月亮，过去讲，"千江有水千江月，万里无云万里天"，

这就说明，佛法能启发人的觉悟。人类若不觉悟，就只有贪心、嗔心、痴心。痴就是无明烦恼。"痴"这个字，外面一个"疒"，里面一个知识的"知"，就是说我们的知识有毛病，这些知识是有害的。这些有害的知识，就是教人如何去做坏事，恰恰是我们不应该拥有的。如果我们沾染了有害的知识，就会对我们的社会、对人类本身产生不利影响。为什么会出现这些对世道人心不好的知识、观念呢？究其原因就是我们人的心有问题，人心当中有自私自利的想法。所以佛教讲人要有菩提心，就是没有烦恼的心，人要有"慈""悲""喜""舍"四无量心——慈心无量、悲心无量、欢喜心无量、舍心无量，所谓舍心就是平等心，对所有的人都是一种平等心。这是佛法的一种观点和境界。

在世间的范畴中，我们有主观、客观、世间层面的善恶。不同的族群、不同的国家乃至不同的行业，有时候为了各自的发展，会产生对立，对立如果再严重下去，就有冲突、对抗的可能性。佛教，就是要我们明心见性，认识到本性，认识到内心当中的种种问题。这样，就使我们从习惯性的工作生活当中、习惯性的价值体系当中苏醒过来，使我们能够不断积累对自己有益的知识，去掉对我们有害的知识，这样就不会形成一些错误的思想。不论思想正确与否，都是不断累积的。如果每次累积的都是好的信息，那我们的思想就会越来越健康；如果每次累积的都是负面的、有害的信息，那我们的思想就会越来越有问题。

但是，人的第六意识心会有分别，会有执着，乃至会有种种的颠倒，这就使我们非常容易看到别人的问题和缺点，甚至去说别人的问题和缺点，却不容易发现和弘扬别人的优点及长处，这也是我们内心的一个问题。如果我们看到别人的优点、长处，并加以宣传和弘扬，人与人的关系就会和谐。反过来，如果不光爱炫耀自己的长处和优点，还常盯住别人的缺点和毛病，就容易导致人际关系的扭曲，导致种种不必要的误解、误会。所有的这些都需要用一个更高层次的生命境界去观察、透视，否则，我们就会处在一个非常低级的、动物的、物欲的交织状态。佛教这种慈悲智慧的精神和力量，能看破世间种种错误的信息符号的累积。实际上，一个人无论从事哪个行业，他不仅是一个社会层面的人，而且是一个组织里的一员，大家都需要互相配合、互相合作，这样的话才能把一件事情做成。

人类往往是在一种迷茫的力量的驱动下来到人间生活、工作的，这种力量是无法抗拒的。比如，大家上小学、中学、大学，一直到毕业以后去工作，都是一种惯性的思维——别人都是这么做的，自己也就跟着这么去做。内心是被一种迷茫的力量主导驱动的，这种力量是无法抗拒的，似乎不这么活就不行。这种力量用佛教的话来讲就是业力，世间共业。不同的学校会有不同的氛围，不同的组织也会有不同的氛围，个人的力量往往很难去超越，但是可以去观察，只有观察了之后，才能够逐步去改变，这就是觉悟、不觉悟的问题。觉悟以后，很多问题在我们身上就不会引发痛苦；如果不觉悟，那可能在任何一个环境当中都会给自己带来很多麻烦、很多痛苦。所以就要弄清楚，什么是快乐，什么是解脱。让我们能够快乐多一点，痛苦少一点，智慧多一点，烦恼少一点。这就需要悟！悟，觉悟的悟，"悟"这个字是左边一个"心"，右边一个"吾"字，就是"我"的心在觉悟。出家人，包括居士修行，都是从修行自己的心开始的。

心怎么修行呢？通过用佛法的这套方法，可以让我们自己的内心悟出来，觉起来，觉悟起来。就如一滴黄色的染料和墨水掉到水杯里，刚开始时可能有一点痕迹，但是这一滴黄色的染料和墨水在水杯里面过了一段时间后，就完全融合，分不出来了。这就好比我们刚刚开始学佛法的时候，可能知道佛法的一些名词、一些概念，如果能将这些名词和概念同自己的生活及工作结合在一起，那就没问题。但现在有些佛教乃至其他宗教中人，如果学得不好，就会认为自己的教义、教派、宗教思想是至高无上的，这将使他们的行为跟别人的行为格格不入，容易产生一些极端的宗教思想，甚至会有一些极端行为的发生。

所以，佛教让我们感悟到世间所有的一切都是在变化的，都是无常的，在无常变化的过程当中，让我们逐步去感悟、去觉悟。世间也好，人生也好，宇宙也好，都是变化的，都是无常的。一旦我们知道了无常，知道了变化，就会存在着朝哪一个方面去变化的问题，是朝好的方面变化，还是朝不好的方面变化。这也就是我们内心与外境的关系问题。

有时候我们共处于一个组织、一个团体，大家可能吵吵闹闹、争执不休，往往容易用自己的主观思想、价值去判断和衡量别人。但每个人都有各自的角度和判断标准，从不同的角度出发对问题、对事物的认识是不一样的，因此我们往往很难体会别人做事的意义和价值。我们倾向于改变和影响别人的想法，佛法的观点叫作"知见立知，是无明本"。知见立知，就是我们每个人的内心当中有一种观念，即"我执""法执"，将佛法的这种观念，同自己内心当中的观念组合起来，去看待和衡量别人内心当中的一

些观念，就会产生观念与观念的冲突。所谓价值观的冲突就是人与人思想观念的冲突，也是由每个人主观思想当中的"我执""法执"的膨胀和扩大所造成的。

佛教这种大智慧、大解脱，绝对不是消极的，也不是迷信的。我们不论对待善人还是恶人，都需要用慈悲心去对待；无论做什么事，都需要用智慧去化解，这样的话我们才能把这件事情做得圆满、圆融，如果缺乏智慧，就可能会遇到很多的盲点、死角和疑惑。这是因为对于我们常常所谈到的因缘果报了解得不清楚。释迦牟尼佛讲佛法，告诉人如何成佛，如何成阿罗汉，如何成菩萨，这些都是果位、结果。就是说你怎么做，最后能够成为菩萨；你怎么做，最后才能成为阿罗汉；你应该怎么努力，最后才能成佛。先告诉我们结果，然后来追溯它的原因，就是说你必须发什么心，做出什么样的努力和行为，最后才能累积成佛、成菩萨；反过来说，那些要到地狱里去的众生，他也有他的因缘果报，这是由不同的业力所造成的。所以凡人有凡人的因缘果报，圣者有圣者的因缘果报，佛是智慧的、慈悲的、觉悟的一种圆满，每个人通过自己的修行和努力，最后都能成佛，都能到达佛这样的一个境界。佛教所谈到的人人都能够成佛，同儒家所谈到的人人都能够成尧舜、人人都能够成圣贤的思想是一致的，只是尧舜是这个世间的圣贤，佛是宗教方面的圣人。

（二）中层原因

中层的原因有五条，第一是纵我制物之道；第二是道德的基础失据；第三是唯物的片面追求；第四是进化论的偏执；第五是科技迷信的弥布。

1. 纵我制物之道

纵我制物之道，就是人类放纵了自己的物欲，在精神的世界里没有真正建立起价值的标准和规范。

2. 道德的基础失据

道德的基础依据，指的是人为什么要坚守人生的道德，为什么要为善，他这种观点和行为的根据是什么，理由是什么。一个人只有行善，以后才有好的结果；反过来说，一个人如果作恶，那么他以后就会有恶的结果。这就是佛教中谈到的因果律——"善有善报，恶有恶报，假如不报，时间未到，时间一到，全部都报"。一个人如果相信自己的行为是有后果的，自然而然就能够自律；相反，如果内心当中没有这种因果律的概念，道德的建立和内心

的自我约束就会比较困难。

3. 唯物的片面追求

对物质的片面追求也是现代社会比较严重的一个问题，大家仅仅以物质的多少作为衡量的标准。就寺庙来讲，寺庙是有信仰的人所组成的一个共同体，当然社会上其他组织也是有信仰的，只是信仰不同。一个组织，如果大家有正确的、虔诚的信仰，这个组织里很多制度的建立和落实就会比较容易，因为大家有一个笃定的、统一的目标。这些人所组成的生命共同体，就比较容易团结、和合，整个精神面貌就会比较好。反之，可能就会有这样那样的问题和困难出现。

4. 进化论的偏执

进化论的偏执，就是我们没有很完整、很正确地理解和领会人类如何进化的问题，只是偏于一边。

5. 科技迷信的弥布

我们处在一个工业文明的时代、技术文明的时代，大家都相信科技的能力、作用，相信科技对人类的影响，反而忽视了其他知识体系，以及古老的、优秀的传统文化。事实上，包括佛教在内的这些文化，对我们人类来说也是非常重要的。如果我们仅仅相信一种科学技术，那我们的生活就会越来越机械；如果我们在传统文化方面有一定的素养、学习、领会，拥有传统文化的内在精神，那我们的内心就会更加有活力、有灵性、有涵养。

一方面我们要看古代的典籍，另一方面也要有现实生活中的体验。国外常常有白领修行，现在我们国内也经常有这样的活动，因为我们也需要放松，需要在一种不同的环境中去体会。

（三）深层原因

第三个方面是深层次的原因，深层次的原因有三条。

1. 二元对立，割裂缘起

自然界里无论是哪一种生命的存在，人也好，树木也好，实际上都是息息相关的，但是如果仅仅用科学技术分析人和万物，那就不是从生命意义的角度来分析，而仅仅是从物质的层面来分析了。因此，人对物质的态度、对它的本质意义的认识，就非常重要。

佛教对万事万物，既可以从"空"的方面来认识，也可以从"有"的方面来认识。从"有"的方面来认识，就是看到万事万物的现象、表象和面貌，

也就是所有有形、有相所存在的东西。这些东西用佛教的话来讲，都是假象。假象的意思就是以假名存在的。《金刚经》里讲："凡所有相，皆是虚妄，若见诸相非相，即见如来。"也就是说，我们对世间万事万物的现象不能执着。我们不能拘泥于、执着于万事万物的表象，而要看到问题本质的意义，用佛教的话来讲，最深层次的本质意义就是"空"，空间的"空"。所谓"空"，也就是变化，变化过程当中的组合、存在和发展。

2. 迷信感官，片面执着

因为万事万物，包括人，都是在一个"空"和"有"的组合当中存在的，所以我们既要认识到它"有"的方面的意义和价值，也要认识到"空"的方面的意义和价值，这样才不会导致主观与客观的对立，才不会导致人迷信于感观世界所产生的种种片面的执着。

3. 不明惑业，造作邪因

只有不片面、不执着，我们才能够知道，哪些方面是对人类自身发展有利的因与缘，哪些方面是对人类自身发展不利的、有害的因与缘。这样的话我们就不会去造恶业，少造恶业，多造善业，我们就会变得越来越好。

三 现代文明的可能出路

我们现在讲第三个部分，现代文明的可能出路，分三个方面来谈。

（一）治标

治标又可以从以下三个方面展开：开展对话、推进和谐、扶持道德。

佛教从印度传入中国，经过了三个阶段。第一个阶段包括翻译佛经、翻刻佛经、塑造佛像。第二个阶段提倡参禅、念佛、修行。第三个阶段是人间佛教的阶段，包括服务社会、造福人群、国际交流。我们现在就处于第三个阶段，当然也包括前面的两个阶段。佛教在印度的时候，出家人是完全修行的，日中一食，树下一坐，他们的出家是专门修行。而中国是大乘佛法，要普度众生，要为社会的人群服务，所以庙里有很多的活动。

关于佛教对世间的看法，从时间方面来说，有春夏秋冬；从空间方面来讲，有东西南北；从人生来讲，有生老病死；从世界来讲，有成住坏空；从内心来讲，有生住异灭；从身体来讲，有地水火风。因此佛教对这个世界有一套认知体系以及名言，这样一来，它对外在、对这个世界的认识，可能就会跟一般人不太一样。因为一个人如果没有接触过佛教的话，他的脑筋就不会受这些符号的影响。

例如榨油，佛教认为，必须是油的因，像花生、黄豆，才能够榨出花生油、豆油。如果拿沙和石头去榨，就榨不出油，因为沙不是油的因，有因肯定有果，所以正确的因是非常重要的。

同时佛要救度无量无边的众生，在日常生活当中与人相处都要求不着相、不取于相、如如不动。一般人所看到的都是一些缘起的、幻化的现象，往往是观察念头。但佛经常常讲"起心动念"，即起了什么心，动了什么念头，它直接从我们的内心的本源来观察：我们的内心是虚妄的心、清净的心，还是虔诚的心；我们的内心是不是有力量。

我们要了解到，"达妄本空，知真本有"。"达妄本空"，就是万事万物，乃至我们所有的这些念头，在本质上都是空的；"知真本有"，是说只要把我们人的妄心和内心的烦恼去掉，内心的佛性、内心的如来藏就能够显示出来。这样，我们就不需要向外在方面索求，而更多的是要在内在当中追求，在内在中发明。

我们所谓的解脱，就是解脱生老病死，"求其生不可得，求其老不可得，求其病不可得，求其死不可得"，说明生老病死也是空的，也是不可得的，也是假象。没有人生下来以后不会老、不会生病、不会死，所有人只要出生了，就会有老病死，这是个规律，人生的规律。人生下来以后，怎样好好地活，活得更加有意义，活得对其他的人、众生、整个社会、国家更加有用，就需要我们内心要有更强大的力量。

佛教告诉我们，佛教徒在世界上要做到世间法和佛法的完美结合，让世间法和佛法能够有一个很好的平衡。这就需要有一种观照的能力。比如说，人既有感情的部分，也有理性的部分；人既有智慧，也有慈悲。在世间，就是一种感情和理性，在出世间，就是智慧和慈悲，所以智慧和慈悲也是建立在感情和理性的基础之上的。如果缺乏智慧的观照，缺乏慈悲心，就容易造成佛法和世间法的混淆。如果缺乏做人的最基本的情感，人与人之间的交流就会变得非常麻木，很难受别人的欢迎。至少我们都要有善意，对人能够有一个很好的回应。这些都需要我们很好地认识佛法和运用佛法，把佛法的精神、教导用到我们的道德建设当中去。

（二）治本

从治本方面来讲，第一个方面要消除思想的偏见，第二个方面要建立道德，第三个方面要净化烦恼。

世间的万物因缘所成，出发点与每个人以及每个人的心都有关系。如果我们的内心清净、平等，那外在的世界就跟着清净、平等；反过来说，如果内心不清净、不平等，外在的世界可能就会有种种的缺陷。所以如果人的内心是慈悲喜舍、悲智愿行的，那我们对国土的建设、环境的净化，甚至对人间净土的建立就会发挥越来越大的作用。

实际上儒家所谈到的一些道德，在今天来看，也有很大的作用。因为这些知识都是解脱的知识，所以我们现在既需要科学的知识，也需要解脱的知识。怎么来解脱自己的烦恼、困惑以及内心的伤害？怎么来解脱人与人之间种种关系的不和谐？我觉得即便掌握了科学知识，也无法轻松解脱内心的种种问题。那么宗教，尤其传统宗教，以及传统的大哲学家、思想家们的思想，对我们现代的人会很有帮助。

建立道德的根本，就是说整个人类、整个世间，应该有做人的一个最基本的法则。比如，自然有自然的法则，刚才谈到春夏秋冬四个季节，春天种什么，夏天种什么，秋天种什么，冬天种什么，有它的法则。我们人类社会，只有固守做人的法则，整个人类的一些问题才能够得到解决。反过来说，人与人之间，如果很多法则不一样，就有可能导致我们认为是正确的，其他人认为是错误的；或者别人认为是正确的，我们认为是错误的。因此做好人、做好事，从人道主义出发，从人类最本源的思想出发，从世间最基本的、没有附加的主观色彩出发，来建立道德的价值体系，就变得非常重要。

关于如何建立这种道德体系，从佛教的角度来讲有两条。第一条是共业所感。所谓共业所感，就是说人世间都是众缘和合而存在，每个人的行为都会产生互相影响的一种作用力，即人不能离开世界，世界也不能同每个人所分离。第二条也是佛教的一种观点，认为我们个人行为的作用力，是能够相续的，过去做得好的行为，它的作用力能够导致现在、未来好的结果。反过来，现在不好的行为，会引发后来乃至后世不好的结果。所以我觉得，佛教的这两种理论，一个是共业所感，一个是自作自受，对整个道德体系的建立是有帮助的。

只有烦恼净化，人才不会造恶业。实际上，无论祸福贤愚——人愚蠢也好，贤惠也好，得福也好，多祸也好，这些都是与智慧和烦恼有关系的。如果我们智慧多了，人生的状态肯定会越来越好；如果我们烦恼多了，可能就会使人生的状态越来越不理想。

（三）综合

第三个方面就是综合来讲，首先要弘扬东方文化，其次要弘扬大乘文化，最后要建设人类的心文化。

东方文化注重管理人的内心。管理好自己，就是让自己的内心觉悟，对人要包容，对事要圆融。实际上，东方文化能够作为现代文明发展方向的一个非常重要的坐标。

大乘佛法，就是对整个人类社会、所有众生的一种关切，在这个过程中，它的价值也就更能够显示出来。大乘佛法能够做到我们常常讲的："无我相、无人相、无众生相、无寿者相"。这就是说，大家不需要在很多表面问题上计较，这样就容易建成大同世界，用现在的话来讲，就是能够顺应全球化的发展方向，而不会产生种种幻生。这是因为大家都不会说消极话语去损害别人，所有的思想和行为都是一种善行、善心、善念、善举。而善行、善心、善念、善举都是有标准的，都是非常规范的，我们都能够以此很好地来约束自己。

在未来的人类社会当中，实现世界和平，取决于人类精神品格的自我完善，如果人类精神品格有缺陷，那么世界和平就很难实现。一方面，佛教能够给整个人类提供一种精神的信仰；另一方面，佛教也能给人类文化找出一个解决问题的方案。

现代文明、科技文明主要研究的是物文化、物方面的知识，同时，西方因为信神，所以神文化、物文化的作用是很强大的。我提到的人类的心的文化，是内心的觉悟，以及自己的身心体验。我们东方文化注重内在的反省、内在的觉悟，是一种塑造圣贤品格的文化。我觉得这种文化可能在未来更会受到大家的重视和欢迎。

四 中国佛教的应有作为

第四个部分，中国佛教的应有作为。从三个方面来讲，一是加强自身建

设，二是复兴传统文化，三是开展国际交流。

（一） 加强自身建设

任何一个行业，自身建设都是最为关键的，只有自身的建设搞好了，才有能力去服务社会。中国佛教一直以来都是以自己的修行为主，在封建社会，所影响的人也仅限于周围的群众。现在是一个全球化的时代，尤其是大城市的人都是来自四面八方、全国各地乃至世界各国的，因此我们面对的人群，就不仅仅是一个地方的人，而是国内外的人。这样的话，寺庙的人才素质以及寺庙的管理，都要跟得上，否则我们在宗教的管理、弘扬和传播方面就非常容易落后。

从 1993 年开始，中国佛教协会就提出了加强信仰，加强自身建设，主要体现在五个方面，一是信仰建设，二是道风建设，三是人才建设，四是组织建设，五是教制建设。五大建设里面最主要的就是人才建设。

（二） 复兴传统文化

我们中国的传统文化，以儒释道三家为代表。在过去儒释道的区别比较鲜明：儒教文化就是儒教文化，道教文化就是道教文化，佛教文化就是佛教文化。现在我们整个时代的提法也不太一样了，我们现在要复兴中华民族优秀的传统文化，包括儒释道三家。儒家所谈到的格物、致知、诚意、正心、修身、齐家、治国、平天下，都是非常好的思想。它的意思是说，先格物致知，即把事物的道理弄清楚以后，再有诚意、有正心，然后修身，把家治好，继而治国，天下才能太平。实际上，儒家从对事物的认识到世界的太平，已经有自己的一套思想和哲学体系。

佛教也有佛教的一套说法。在具体的实践方面，佛教谈"四摄"——布施、爱语、利行、同事。四摄法门，就是行菩萨道的时候，要用的四个方法。首先是布施，包括财施、法施、无畏施。财施，就是布施别人财、物；法施，就是如果人需要知识、需要文化，思想有困惑，就给他传播知识，培养人的文化，提高人的文化素质，帮助他摆脱精神方面、思想方面的困惑；无畏施，比如人身体有残障，需要器官移植，就去给他鼓励，使他更有力量面对困难。其次是爱语。爱语就是非常注意自己的言行，说的话别人喜欢听、容易接受，并且说的都是一些好的、对别人有用的语言，这就叫爱语，即非常爱惜自己的言语，不乱说话。再次是利行。利行是指一个人的行为对大家都是有利的。

最后是同事。同事指能够站在对方的角度、立场来考虑问题，融入对方。我们只有站在对方的角度，才能够把问题认识清楚，才能够知道对方存在什么问题或困难。如果只站在自己的角度，可能不容易理解和体会到别人的难处。因此佛教告诉我们，要行菩萨道，就需要这四种法门，这四种方法。

（三）开展国际交流

国际交流方面也非常重要。从 1995 年开始，每年都会召开中、日、韩三国合作国际论坛，2013 年在我国三亚开，2014 年 11 月在韩国首尔开，2015 年在日本东京开。世界佛教论坛，从 2006 年开始，每三年开一次。2014 年在法门寺召开了第 27 届世界佛教徒联谊会，这也是新中国成立以来首次召开。世界佛教徒联谊会跟世界佛教论坛还不一样，世界佛教论坛是我们中国独立召开的论坛，世界佛教徒联谊会是一个组织，一个世界性的佛教组织。前几天我刚刚去泰国，同世佛联总部一起筹备这次大会，这些都是佛教进行国际交流的一些内容。我们佛教的这些好的思想、大悲心、菩萨的大愿力，也需要通过各种活动、各种会议，用这种善巧方便，来利益众生、服务人群、造福社会。

因此一个人也好，一个团体也好，一个宗教也好，它应该是活的，所谓活的就是应该有活动。人需要活动，宗教也需要活动，一个组织也需要活动，只有这样，才是健全的、健康的。人如果缺少活动，可能就会生病，一个组织也是如此。如果一个组织什么活动也没有，那这个组织就名存实亡了。一个宗教也是一样，只有焕发出、释放出正能量，对世道人心有益，这个宗教对社会、对世界才是有利的；反过来，如果说释放出的能量是有害的、不利的，那这个教派、这个宗教就生存不下去。所以这种原理都是相通的，任何一个人、一个组织、一个宗教，不可能是静止不变的、固化的，其都是处在存在、变化、发展、活动过程当中的。

我觉得今天到社科院研究生院与大家交流，也是一个很好的契机，很好的因缘。感谢大家！

主持人：刚才学诚法师给我们做了一个非常好的报告，内容非常丰富，思想非常深刻，形式也非常前卫，有动画、现场字幕、视频等，我想我们大家应该再次以热烈的掌声表示衷心的感谢！

学诚法师倡导新文化，刚才他谈了很多。现代文明，尤其在现代科学技术迅猛发展的今天，我们人类也面临着很多困惑，面临着很多难题。科学技

术发展无疑给人类的发展带来了无限的光明，我们享受着现代文明和现代科学技术给我们提供的种种便利、快捷和舒适，但是现代文明和现代科学技术发展也在一些方面给人类带来困惑、带来灾难，比如说一些产业的发展，对环境的破坏，对此我们已经深有感触，尤其是生活在北京的人们。不仅如此，科学技术的发展还极大地助长了人们的贪婪之心。更有甚者，科学技术的发展，特别是一些大型武器，包括核武器的发展，给人类带来了战争。这些不仅应该使我们有深刻的思考，而且应该让我们有更多的行动来改善这样的局面，这是我们的任务，是我们的责任！有一个大家耳熟能详的小故事，是一位老高僧与一个小和尚的对话：外面既不是风动也不是幡动，而是你的心动。心因为什么动？因为我们的知识，因为我们的经验，因为我们的智慧，因为我们的修行。正是因此，佛教有它自己的作为。2014 年 3 月 27 日，习近平总书记在法国巴黎访问的时候，在联合国教科文组织讲坛上，发表了一篇非常重要的讲话，其中就谈到了佛教传入中国，佛教文化在中国的发展以及佛教文化对今天中国的价值和意义。2014 年 2 月 18 日，习近平总书记在会见台湾代表团的时候，见到了星云大师，他对星云大师说："大师送我的书，我全都读完了。"这说明中国的领导、中国的最高层对佛教文化在今天和谐社会的建设当中，在现代文明的构建当中，在中国未来发展的方向方面所起的作用是高度重视的。所以我们今天特别邀请学诚法师来为我们做这样一个讲座，希望通过听这个讲座，我们社科学子能对现代文明有更多的思考，对未来社会的建设有更多智慧的贡献！

学诚法师不仅给我们带来了精彩的讲座，还给我们带来一批书籍，下面就请我们图书馆的周军兰馆长接受学诚法师的赠书。我们有一个赠书的纪念册，送给学诚法师留念。再次感谢学诚法师！下面是提问的环节。

学生 1：学诚法师您好！很高兴认识您，我有两个问题想问您，第一个问题是对佛学的理解。国学大师们研究了佛学的整个历程，我想问您的是，您怎么看待这些没有宗教信仰而只对佛学进行研究的国学大师？和您对佛教做研究，有怎样的不同，如何去融合？第二个问题是我个人的一个问题，我感觉佛学在发展过程中和儒学其实有很多交叉，但是也有很多不同，比如孔子说"以直报怨"，但是佛学讲究"以德报怨"，这个问题您怎么看呢？对待别人对你的怨恨，你是如何回应的？谢谢。

学诚：从学术的角度和信仰的角度来研究佛学，肯定是不一样的。从学术的角度研究，是客观的、理性的。如果从信仰的角度来讲，因为研究者本身对这个文化是信仰的，他在研究过程中就能够让这种宗教活起来。如果仅仅是资料方面的研究，理论层面的研究，可以说是比较枯燥的。但是如何把学术的角度、信仰的角度结合到一起，我们信仰宗教的人，或者说信仰佛教的人，认为应从理性的角度去表达。实际上，我这么多年来，基本上在各个场合讲座，都会比较注意这方面的问题。如果从信仰的角度讲，大家可能听不懂，大家听不懂就没有兴趣，但是如果不是用这种学理的、学术的语言来表达，可能大家也不容易接受。所以我觉得，现在需要学术和信仰相结合。

第二个问题，就是儒家和佛教的关系。儒家有八条目：格物、致知、诚意、正心、修身、齐家、治国、平天下。佛教不是用来齐家、治国、平天下的，它是用来觉悟，用来解脱，用来对治自己的烦恼的。可以说儒家是佛教的世间法，世间的善法，它也是好的。作为中国人，任何人都摆脱不了儒家文化对我们的影响。这就是为什么古代很多高僧的著作里都有很多儒家、道家的文化痕迹。在唐代的时候，八大宗派的建立，就完全体现出儒释道三家文化相互影响、互相激荡、相辅相成，构成了我们传统文化三个重要的组成部分。这是具有中国特色的佛教文化建设。

学生 2：尊敬的法师，您好！我六七年前曾经聆听过您的讲座，今天能在社科院研究生院再次听到法师智慧的开示，非常感恩，也非常欢喜。我是一个从事哲学研究的科研工作者，在我的身边有不少学者学习佛法，有些学者希望了解、学习佛教文化。但是，我发现一个问题，就是学者在了解佛法时，可能会迷恋于对经典的诵读和解释，轻于对佛法实证的实修。我们知道，学者是充满智慧的一个群体，也是一个"贪、嗔、痴、慢、疑"非常严重的群体，学者如何正确地学习佛法并且从佛法里找到一些智慧，以正确地指导自己的学术和人生？我想听听法师对这个问题的开示，感恩法师！

学诚：我们国内比较有名的佛教学者，大部分我都认识，都跟他们有过交往，并且常常在有关佛教的学术会议上见面、讨论。实际上，现在很多佛教的学者，他们也在讲经，也在打坐，也在念经。这反映出一个什么问题呢？就是整个社会对佛教、佛法的需求量增大。反过来说，我们佛教界本身，可能很难满足这么多人，尤其是层次比较高的人对于佛法的需求，整个供需严重失衡。过年的时候，雍和宫人山人海，排队都要排几公里，其实何止雍和宫，几乎国内的大庙全是如此。但实际上这么多的人到庙里去，难道仅仅都是为了去点香吗？这显然是非常不够的。印度佛教本来是不烧香的，是佛教到中国以后才烧香，可是我国台湾地区和国外的一些庙宇不是这样的，所以

我们在信仰的层次上也有待于提高。

至于这些佛教的学者，他们首要的是做研究。我们过去对佛教的研究，包括对宗教的研究，大多是从批评的角度进行的，但现在因为要发挥宗教的积极作用，发挥宗教、佛教的正能量，要是对宗教批评和批判的话，可能大家不怎么欢迎，认可的人也少。所以现在，宗教研究的角度不一样了，发生了转变。当然寺庙与研究机构、学校是不一样的，要做学术，肯定是学术界比较擅长，但要研究对佛法的感悟、修行，那当然要依靠寺庙。所以我觉得这个还是要立足本位，一个学者不可能一边弘法，一边搞修行。

学生 3：学诚法师您好！刚才黄院长说过，习近平总书记在联合国教科文组织演讲的时候提到了中国传统文化中的佛教文化。在中国文化中，佛家的思想占了很大的比重，那么，中国文化在世界上的传播也就意味着，中国的佛家思想也要在世界范围内进行传播。在这样一种世界性的契机下，您认为中国的佛家思想会不会面临一些挑战？同时它又能够为中国传统文化在世界范围内传播，起到一个怎样的推动作用呢？谢谢！

学诚：第一，我觉得最重要的是人才建设。人才不仅要对自己的信仰虔诚，还要有责任担当意识，也就是佛教讲的要有大的愿力——菩萨的愿力。第二，需要应用现代的科学技术，虽然我们讲现代科学技术有种种负面的作用，但还是应该欢迎科学，哪怕它有种种弊端。拒绝科学技术是没有前途的。

同时，要掌握外语，要掌握不同的外语，尤其是英语。实际上，我这几年也在努力，做这些方面的工作，在互联网上有好多这方面的信息。我们有个翻译中心，可翻译九个语种，每天都在进行对外传播，发布我们的一些信息，让国内外的人、不同肤色的人、不同语种的人，都能够感受到中国佛教寺庙的一些活动，让他们感受到佛教与社会怎样实现良性的互动，怎样成为一个活生生的佛教。

现在国外有非常多的孔子学院，我们也接触过孔子学院，最近两年我曾经去过一些国家的孔子学院，给他们做过讲座。孔子学院更多的是教普通话、汉字，我觉得今后孔子学院可能还需要办一些活动。像我这次在泰国，他们也谈到这个问题，在办活动的过程当中，可能会涉及佛教的一些活动、展览、讲座。我觉得国外的孔子学院也是一个很好的平台。我们在国外所设立的一些佛教寺庙、佛教学术机构，也都可以与之进行很好的结合。中国文化要走出去，是我们全体中国人的责任。

主持人：今天下午的讲座就到这里结束。让我们再次以热烈的掌声感谢学诚法师。我们祝愿学诚法师身体健康，为弘扬佛教文化做出更多、更大的贡献。

谢谢各位朋友，谢谢各位同学，下次再见。

（初稿整理：韩育哲）

科技篇

国际形势与国防

刘　蒙

主持人　黄晓勇（中国社会科学院研究生院院长）：各位老师、各位同学，大家下午好！今天又来到"笃学讲堂"。我们非常荣幸地请到了刘蒙将军来给我们就国际形势和国防问题做一个讲座。

刘蒙将军 1952 年毕业于清华大学，后来又在军事院校深造。曾经在部队带过兵，做过科学研究工作，也当过军事外交官，在芬兰和爱沙尼亚担任过三军武官，也担任过联合国的军事观察员和中国维和部队的司令。他因为长期的军队和军事外交生活，对国际局势、国际关系以及国防建设，在理论、政策和实践上都有很深的造诣，有很独到的观点和见解。大家稍后听刘将军做报告的时候会经常听到"我个人认为"，我们特别喜欢"我个人认为"这样的说法，因为这才能反映一个人的风格、一个人的特点，不要总是说"领导怎么说的""××怎么说的"。希望大家今后说话时经常说"我个人认为"，这样比较好，这样证明你有独立的人格、独立的意志、独立的见解，你还会有特别的成就。

刘蒙将军就是这样一位对国际形势有深刻洞察、有独到见解的军事家。当然，不得不提的是刘将军是中国著名的军事家、军事指挥家、军事理论家和解放军的统帅刘伯承元帅之后。刘伯承是中国人民解放军重要的缔造者之一，也是中国人民解放军在几十年革命斗争生涯中所向披靡、无往而不胜的活跃的军事指挥家之一。所以今天我们能够请到刘蒙将军来给我们做报告，是一件非常幸福的事情。下面我们就以最热烈的掌声欢迎刘蒙将军给我们做报告。

刘蒙：谢谢！刚才黄院长介绍了很多，当然很多是过奖了。在此我就不

过多地介绍我个人了。前段时间黄院长说让我跟大家交流交流，我非常高兴。高兴的原因是什么呢？在座的都是天降大任之才啊。我在国外工作过很多年，发达国家很多国家领导人、部长都是学习社会科学的，我相信将来我们在座的很多人会是国家的栋梁之材。我在北欧待过十年，北欧有一个制度就是国家领导人、部长要定期到国防大学学习，这对国家建设很有好处，因为国防毕竟是国家非常重要的一部分。我当时问黄院长，讲什么题目呢？他说就我的专业讲。我的专业无疑是军事，所以我开始就想讲一讲国外国防的变化，后来我觉得还是要从国际形势讲起，只有从国际形势讲起才能把很多问题讲清楚。国际关系本来应该是外交部部长谈的，我一个军人为什么要谈国际问题呢？我想用马克·吐温讲过的一句话可以回答，他说："Everybody talks about the weather, but nobody does anything about it." 他实际上把国际形势比喻成天气，说人人都可以谈，但是未必能对天气做什么。所以国际形势是大家可以随便谈的，我也从军人这个角度谈谈我对一些问题的看法。

国防肯定是要面对危险的，没有危险就没有国防，所以二者是息息相关的。这个也就是孙子讲的"知彼"。据说汉墓出土的《孙子兵法》把"知彼"放在前面，可见我们的老祖先是非常重视"知彼"的，没有"知彼"恐怕就很难做好国防工作。这是我第一个想讲的事情。

另外，正如我刚才讲的，我在国外工作很多年，尤其在联合国工作的这段时期，主要是搞维和，跟其他国家的军人经常深度合作，所以我听说过东欧的一个笑话，翻译过来就是说：如果这个事情是不行的，你不去说行，就不是合格的外交官；如果这个事情不行，你不敢出来说不行，那你就不是一个真正的军人；如果你心里想，但是嘴上不说不，你就不是个女孩了。第三句当然是个笑话了。这个东欧笑话的本质就是讲军人必须说实话。

清朝康熙年间法国人来给我们测绘国土面积，测绘的结果约为 1480 万平方公里。据说这一数字到了乾隆年间扩充到 1520 万平方公里，那么现在呢？小学生都知道是 960 万平方公里，失去多少，就不用说了。晚清末年帝国主义瓜分中国，我们受了很多洋人的欺负。所以当时仁人志士就说了一句话：富国强兵才能救中国。

《孙子兵法》绝对不是一本士兵手册，而是一本我们人人都应该读的书。我就从《孙子兵法》讲起，主要根据我的一些理解，讲讲我个人的看法。因为我先后在国外待了二十年，国外很看重国际形势研究。而且我正好赶上了东欧剧变，目睹了东欧剧变的一些具体情况，现在跟大家分享一下。中国人讲"自古之兵非好战",我当兵四十多年,尤其做过维和工作,深刻地理解战争能给人类带来什么。

《孙子兵法》一共十三篇,孙子在"军争篇"里说了一句话,叫作"故不知诸侯之谋者,不能豫交"。什么意思呢?就是说我不知道对手在想什么,就没法和他打交道。这是一个非常实际的事情。只有对国际形势有了深刻的了解,我们才能知道到底怎么和其他国家打交道。

美国推出一个"巧实力"政策,就是参加 2016 年总统竞选的希拉里提出来的,英文叫作"Smart Power"(巧实力)。"巧实力"实际上来自美国对国际形势的一个研判,绝对不是一两天就会改变的,而是一个非常长期的政策。我们提出的和平崛起是一个非常好的想法,而且是一个非常好的外宣口号。但是客观地讲,和平崛起会遇到一些困难和阻碍。理由是什么呢?第一,从现在来看,资源和市场的争夺不可能是一场和平游戏;第二,美国人认为打破平衡就是威胁,即打破现在的格局就是威胁,所以他们必然会提防我们,针对中国提出很多对策。客观地讲,现在各大国之间战略思维的起点,仍然放在地缘政治和地缘秩序上。而且从这些年的现实来看,这一点更加明显。

希拉里提出的"巧实力"本质上就是制约中国,这是毫无疑问的。从一定程度上讲,美国很多战略家可能比我们更明白《孙子兵法》。孙子在第五篇"兵势篇"中,开篇就讲"善战者,求之于势",到底什么是"势",孙子做了一个非常好的比喻,他说石头和木头的一个特性就是你如果把它放在平地上,它就是平稳的,但你要把它放在山坡上,就能形成"势"。那么怎么布"势"呢?就是要把石头和木头放在山上。美国实际上就是这样做的。你看前几年比较太平,美国人没有讲"中国威胁论"。美国人的"中国威胁论"就把我们周边国家放到山上,形成一个"势"。日本肯定也想借"势"。从日本的立法和武装力量上来看,变化是很大的,所以我们也应该做好相应的准备。即使发生冲突也肯定是在低档次上,但如果能够制止这个冲突,那就能维护和平;如果不能制止,那就会越搞越糟糕。

对于"势",孙子也讲了一个规律,他讲"方则止,圆则行",也就是说一味地"软"肯定是不行的,特别是在对方布"势"的阶段,如果你不能软硬兼施两手来破"势"的话,可能机会就过去了。讲到软硬问题,毛主席有句话:帝国主义政策就是"胡萝卜加大棒"。你硬起来,可能胡萝卜多了,棒子反而少了。所以"硬"不是一个简单的硬,"软"也不是一个简单的软。

要选择时机，最重要的是摸索和把握事态的发展规律，才能很好地应用两手，因其势而利导之，使自己的战略格局永远处在一个有利的位置。

为了把这个问题讲得更清楚一点，我想回顾一下我从 20 世纪 90 年代到 2005 年在欧洲所看到的巨变，可能对我们会有所启发。

1991 年苏联解体，1993 年北约在伦敦召开了一个会议，叫"伦敦会议"，是历史上很有名的一个会议。在会议开始的时候，许多北约国家都提出一个问题来，说"华约"不在了，"北约"还要不要？大家都知道"华约"和"北约"是对抗的，因为成立了"北约"，很快苏联就成立了"华约"。所以大家都提"华约"不在了，我们"北约"还要不要了？这次会议在美国的主导下，确定了一个方案，就是不遣散"北约"，使"北约"从纯粹的军事机构转向西方的安全军事机构，这是这次会议主要达成的协议；第二，就是提出了"PPP"，翻译为"和平伙伴关系"（Peaceful Partnership Programme）。通过 PPP，西方国家就可以向前东欧国家求得深入的军事合作，这也是为东扩做准备的。

一开始东欧很多国家都不敢参加这个 PPP，美国人就邀请俄罗斯带头。俄罗斯因为当时判断错误，第一个签了 PPP，签了以后其他东欧国家都签了。实际上美国和俄罗斯并没有深度的军事合作。而通过 PPP，美国与东欧国家有了非常深的军事合作，有机会改造整个东欧的国防和军事力量。当时美国在"北约"会议以后，到处宣传"俄罗斯东山再起"威胁论，跟"中国威胁论"很相似。完成对俄罗斯的布势，让俄罗斯不可能东山再起，与美国平起平坐。实际上 PPP 的合作主要是"两只手"，"一只手"从波罗的海这个地方进去；另外"一只手"从南高加索进去，最后它就把乌克兰抱在了西方的怀里。如果你一看地图，就会非常清楚地看到这些。所以乌克兰事件一发生，普京在南奥塞梯的问题上毫不客气。熟悉相关知识的人都知道，南奥塞梯是南高加索一个很重要的地方。所以在克里米亚并入俄罗斯联邦一周年的纪念日上，普京宣布跟南奥塞梯结盟，把这块拿过来了。实际上苏联时期，有黑海舰队、波罗的海舰队，还有一个北海舰队。波罗的海舰队实际上是被半堵在里面了。我在丹麦待过四年，丹麦就在波罗的海的平衡处，两边有两个海峡，一大一小，这个地方在苏联强盛的时候，是绝对不允许修桥的，修桥以后就把这大船堵在里面了。但是苏联刚一解体，丹麦马上修了两座大桥。如果西方再把黑海舰队拿走（黑海舰队的基地在克里米亚），那俄罗斯就只剩北海舰队了。所以，一旦把苏联最重要的三块之一——乌克兰拿走，俄罗斯就再也不是横跨欧亚的巨人了。而且从根本上来讲，东斯拉夫最重要的三块，就是俄罗斯、白俄罗斯、乌克兰，如果乌克兰被拿走，就是另外一回事了。所以现在在乌克兰上的斗争是非常激烈的。

我在爱沙尼亚担任武官的时候，主要就是研究波罗的海三国的军事、国防、政治。在PPP之后，像我刚才讲的，美国人跟俄罗斯人没有什么太多的军事合作，但是西方国家派出了大量顾问到波罗的海三国。所以我在波罗的海三国的几年里，见得最多的就是国外的军事顾问团，听到最多的就是"俄罗斯东山再起"威胁论。西方国家当时对波罗的海三国实行了四大项目的军事援助：第一个是给波罗的海三国免费建一个波罗的海国防大学；第二个是给波罗的海三国建立一个联合陆军训练中心；第三个是给波罗的海三国建一个联合舰队。这些都是免费的。最后还建立了一个波罗的海三国联合空域监控网。除此之外，给波罗的海三国士官以上的军人6个月到美国学习语言的机会，这可需要花费一大笔钱啊。

英国专门负责给波罗的海三国建宪兵部，所以英国的宪兵司令三番五次出现在爱沙尼亚的首都，我见过好几次。有一次爱沙尼亚国会觉得花钱太多，想取消宪兵制度，头天报纸一登，第二天英国的宪兵司令就去了，直到说服爱沙尼亚国会同意建宪兵机构才走。当然，现在波罗的海三国都进入了"北约"。进入以后，这四大项目的前三项，就由"北约"共管。但是空中监视网没有和"北约"共管，由美国直接管理，它是监视俄罗斯军事情况最前线的一个哨所。我记得当时我给国内写报告就说：可能西方跟俄罗斯最后要争夺乌克兰。

英国有本书叫《后现代社会》，这本书在欧洲的影响很大。它把未来的世界分为三阶段：第一个叫作Post Modern Society，就叫后现代社会；第二个是Modern Society，叫作现代社会；最后一个是Former Modern Society，就是前现代社会。他为什么提出这些理念啊？他说有史以来，象征着国家主权的有三个要素，一个是货币，一个是国防，另外一个就是外交关系，这是主权的三大支柱。欧盟进入了后现代社会，但它偏偏信奉共同货币、共同国防和共同外交，这是一个全新的理念。他说欧盟这种社会是象征着未来的一种社会模式，靠协约共同发展。所以在欧洲将来不会出现战争，它跟以前历史上所有的国家形式都是不一样的。他还讲到中国等金砖国家属于现代社会。还有一些不太发达国家，像非洲一些落后国家，属于前现代社会。

这本书还讲到从生产力和经济基础上比，欧盟只好不坏，但是它在战略

思维上还停留在战前，可能会给世界带来一些新的矛盾。记得我当时在芬兰做武官，"9·11"事件发生以后，西方就在芬兰召开了一个国际性的会议，主要讨论安全问题。我知道这个消息以后，就跟芬兰政府要求作为一个旁听者参加这次会议。因为我当时跟他们关系很好，而且这并不是一次保密性很强的会议，所以后来我就作为一个普通代表参加了这次会议。根据会议安排，美国一家研究所所长有一个专题性发言，他讲了很多，包括美国为什么采取这些政策等。后来我觉得作为唯一的东方参会人员，我得提个问题。他讲完了，我说我是中国驻芬兰武官，在欧洲工作了多年，现在欧洲最多的问题是美国的单边主义，我看了一本书（就是刚才提到的《后现代社会》），这本书在欧洲很流行，里面还提到了一些关于美国的战略思维和单边主义。没想到这个美国人非常强硬，跟我说"我认为英文中根本没有'单边主义'这个词，这个词是那些无法影响美国政府决策的人发明的"（因为他知道我是外国人），他不想回答我。

俄罗斯实际上深知"北约"和欧盟很多态度是不同的，所以它对待欧盟东扩和"北约"东扩的态度也不完全一样。西方和俄罗斯在乌克兰爆发冲突之后，我看到美国一些报纸嘲笑欧盟对世界格局的一些观点，说欧盟太幼稚——什么是共同防务呢？实质上就是没有防务。什么是共同外交呢？实质上是没有共同外交。就是说拿不出一个东西来，不仅从军事上拿不出，从外交上也拿不出。德国人、法国人，大家所有看法都不一致，作者就嘲笑欧盟的这种观念。

最近在咱们身边也发生了大家都知道的事情，就是亚投行问题。在亚投行问题上，英国不管美国的态度参加了，随后法国、德国、意大利都要参加。有些报刊记者就说英国背叛了美国。其实我们冷静想一下，不完全是这样的。亚洲有着巨大的市场，目前和将来相当一个阶段都是世界经济最活跃的地区。美国可以拿出重返亚太的战略政策来，但欧盟是有限制的，军事上不可能，因此它唯一能够参加亚洲经济活动的可能性办法，就是参加亚投行，这是英国决策的一个根本变化。从这点上我们可以看到欧盟跟美国的思维不完全一样。

现在我们回过头来再看看亚洲。美国有了重返亚太的政策，搞环太平洋演习、导弹防御演习，实际上就跟当年在欧洲的很多做法一样。美国人在周边各国布势，可是我们很多人还没有想到未来的危险。曾经有人还在钓鱼岛问题上希望美国断公道。美国在钓鱼岛问题上的态度是非常明确的。找美国人来主持公道可能吗？2014年11月10日北京举行了APEC会议。APEC会议是个非常成功的会议，我们在会议期间也尽量说服美国回到建立新的大国关系上来。会议结束的时候，习主席和奥巴马还举行了一个记者招待会。在记者招待会上，奥巴马说了一句话，说对于美国重返亚太，构建中美关系是重中之重。个别记者就片面地记录说：美国重视我们的程度比日本强多了，中美关系比日美关系好。可是没有想到的是，三天以后，奥巴马到澳大利亚参加G20峰会，他在G20峰会上又讲了一句话说，亚洲现在需要一个亚洲版的"北约"，一个跨太平洋军事安全机构。如果我们现在不建立这样的机构，将来我们就会后悔新兴的大国势力挤兑我们。奥巴马回国以后就任命福特当国防部长。福特原来是国防部副部长，这个人实际上是操控美国重返亚太计划的重要人物之一。奥巴马提到的这个机构是日本、澳大利亚、韩国，再加上一些小国家建立起来一个安全机制，美国在创造这样一个安全机制。因此我们可以看到，第一，最近美国和韩国在海外成立了第一个和外军的联合作战指挥司令部；第二，前段时间发生了F-18迫降台湾。其实这不是迫降，从军事角度来讲，叫作预备临时降落，没有故障原因，是临时有一些不能明说的原因要求在你的机场降落。而且在美国起飞的时候是三架飞机，而不是两架，还有一架是从来没有在亚洲用过的电子侦察机，显然是去执行别的任务了。其本质是给我们一个信号：你跳不出第一岛链。我们现在经常用的第一岛链、第二岛链这些词，实际上是杜勒斯创造的。杜勒斯当时是为了封住中国大陆，绝不能让中国大陆的势力跳出第一岛链。

因为我是军人嘛，说句粗话，从历史上看，各大国在未来竞争的格局上，都是"拉屎攥拳头——暗里使劲"，都是不客气的，是十分激烈的。美国有着世界上最强的咨询机制，美国对华战略的总方向是经过真正的研究而制定的。因此我们看到的表面上的今天缓和明天紧张，无非为了达到其所制定目标的一个随机而变的手段。我们要看到，美国的战略基本点是不变的。所以我刚才说，美国绝对不可能到中国来说的战略决策是一个，三天以后到澳大利亚说的是另外一个，回到美国后又是一个新的，哪有一个国家是这样搞战略的呢？所以说我们理解错了，个别记者方向理解错了。

普京执政以后，曾讲话指出在叶利钦时代，叶利钦把与美国的关系放在重中之重的位置上，一切围绕这个，但现在应该把外交的重点放在为俄罗斯争取未来的发展空间上。我觉得这提醒了我们一个道理，即我们应该从全局来看，一切为了中国未来的发展。当然，我们国家也是这样做的。

下面我讲一些专业性可能稍微强一点的内容，就是新军事变革、一体化整合作战和国防建设。我刚才讲了，在座的可能将来有很多人成为国之栋梁，知道一点国防知识和军事知识是好事。当然我不是想用我的观点来影响大家，只是想跟大家来一起讨论这个问题。

如果没有战争，军队无疑就不需要存在。我在外面工作的时候，我们研究了一个重要内容，就是国防白皮书，因为各国都要制订自己的国防计划——白皮书。西方人的一个基本思路，我认为是非常正确的。就是首先要面对危机来研究问题，接着研究需要什么样的能力。能力就像一张桌子，它由几条腿支撑着，一个是军事理论，一个是装备，一个是军队的编制编成，一个是训练，一个是保障，相当于一个五条腿的桌子。因此在研究问题之前要先把问题看清楚，这是研究问题的一个基础。我插一段话，很多人可能不做军事工作，认为现在打仗就是打装备。其实不然。如果说打仗就是打装备的话，恐怕是回到了李鸿章年代的李鸿章思维。李鸿章在鸦片战争战败以后，他的思维就是中国有火器就有希望。他认为火器好了，就什么问题都没有了。李鸿章也是爱国的，他也是千辛万苦用了他自己所有努力为我们建立起一个北洋水师，他那时是不容易的，花了1万亿两白银。这在世界历史上是没有的，当时北洋水师一跃成为世界一流的海军。当时看到我们的武器装备很好，李鸿章也觉得是一件很得意的事情。甲午海战之前，有人就预测，日本远远不如我们，如果说日本是鸡蛋，我们就是石头，它不敢跟我们发生海战。结果是不但发生了，而且我们惨败，整个北洋水师几乎全军覆没。因此，作战能力绝对不是靠武器就能完全提升的。

翻看中国近代史，鸦片战争、甲午海战、八国联军侵华等把我们的国土从1500多万平方公里，变成了960万平方公里，这是非常沉痛的教训。因为国防最重要的问题还是军队，所以我就讲一讲从1995年以后倡导的一场军事革命。新军事变革的实质是什么？新军事变革倡导者欧文斯的一本书里有一段话，他说新军事变革恐怕要从1990年的海湾战争谈起，在沙漠风暴中，美国用了高性能的传感器，包括卫星手段，实施了信息共享，精确打击，最后美国只阵亡了147个士兵，赢得了这样一场大的战争。这是历史上从来没有的，可以说在军事史上翻开了新的一页。

美国是一个善于总结经验的国家，美军是一个善于检讨的军队，因此美军的报告，不说成绩，只说问题。美军在这样一场大的战争中胜利，并没有沾沾自喜，他们在总结报告里写了这样一段话，"缺乏联合作战的能力，自己检讨自己，在部署作战和后勤等方面大量沿用了二战时期的做法。"这是报告的原文，他们认为缺点很多，所以必须提出一个现代的一体化的联合作战模式。1996 年初，欧文斯提出了一个词——系统集成。这个词说得非常准确，他要把美军的整个武器系统和国防建设整合成一个体系套体系的东西——大的是大体系，下面是子体系，子体系下面还有小体系，小体系又由各种要素构成的这样一个结构。所以当欧文斯提出这个理念以后，美国就爆发了新军事变革。

新军事变革十几年过去后，欧文斯与人合写了一本书，叫《揭开战争迷雾》，一共有两版。第一版中国没有翻译出版，我看的是原文；第二版中国翻译了，所以大家在市场上能买到，这是一本好书。他在书里回顾了美国十几年的军事变革过程，他讲到军事变革发生的过程始终是联合与分离的斗争。接着书里还特别提到了美国的海军是一个大军种，有海上陆战队、海航等。因此一开始最难接受联合概念的是美国的海军。海军只是美国国防的一部分，只有大的一体化的联合作战才能以最小的代价换取最大的胜利。美军一直沿着这样一条路在往前走。

新军事变革最主要的内容就是联合一体化作战。这是美军对自己的新军事变革的一个归纳。对于美国人实施的联合一体化作战，我们国内的说法大多是信息化。2000 年，美国开始给我们搞军事评估报告，这是一个很高的待遇，以前对苏联一年搞一个，现在对我们一年搞一个。美国在评估报告中一直用拼音字母翻译"信息化"，到现在为止美国都理解不了我们的"信息化"这个词。我们片面地理解成"信息化"，会造成什么样的结果呢？办公室里得换计算机，因为咱们得信息化了；作战室里得换大屏幕，因为咱们得信息化了；通信部门得换设备、通信器材了，因为也得信息化了。其结果是什么呢？打起仗来肯定联动不起来。

回顾一下沙漠风暴后经历的几场战争，我们可以看到，战争的目的不同，打法也各不相同，但是一场比一场的联合程度大。我简单地来回顾一下。首先是科索沃战争。科索沃战争，美国没有很好地摧毁南斯拉夫的新型防空武器，也就是监控室的导弹。美国的陆战之王阿帕奇，飞过去以后根本没到南斯拉夫上空，从战争开始一直到战争结束，这让美国人感到非常耻辱。美国打了 79 天，也没有把地面部队给消灭了，它本来觉得阿帕奇是很好的武器，最后只好采取联合打击，摧毁移动设施，实际上美国赢南斯拉夫的战争是很不光彩的，它是把老百姓的移动设施都打了，人们没吃没喝，桥也断了，迫

使南斯拉夫投降的。

其次是阿富汗战争。美国也想出一个很聪明的战法，以联合精确重大战斗目标，然后以特种兵，包括空投，占领战略要地的做法，迅速地结束了在阿富汗的战争。没有像苏联一样，过于与游击队纠缠。

再次是伊拉克战争。伊拉克战争跟其他几场战争的打法又不一样。我在联合国的时候，在伊拉克工作过。伊拉克是石油很多的国家，最大的油港就在法奥地区，法奥地区和科威特非常近，我对当地的地形非常清楚。美国为了能先控制法奥的石油，没有像别的战争，先拿导弹轰炸，而是先让英国的特种部队夺取法奥地区，然后再用联合作战模式，长驱直入，直捣巴格达，把萨达姆搞掉。

最后再看利比亚战争。利比亚战争的打法又不同。希拉里说利比亚战争是美国用"巧实力"政策第一次在国外实施的军事行动。它是让多国部队来作战的。轰炸开始美国和英国联合，然后法国单独进行，最后交给"北约"牵头。这时它又试用了一个武器。因为利比亚战争是在没有出动地面部队的情况下推翻卡扎菲的，所以"炸"是最主要的手段。美国的巡航导弹在第一次海湾战争的时候，90%是从空中和水面发射的。这一次战争是用潜艇发射的——70%以上的导弹是从潜艇里直接发射的。

我们可以看到，美军在联合作战上达成了共识，而且美军在2005年提出一个新的概念，不再是一体化联合作战，而改为一体化作战，"联合"两个字不要了。为了实现目标，它提出了八项标准，现在美军继续按照这个标准执行。

欧文斯还讲了一句话，他说推动新军事变革的动力无疑是新的科学技术，但是思想观念的更新是发轫。发轫是什么？就是古代的车停下来时要由根棍支撑，防止往坡下滑，相当于现在汽车的手刹。就是说如果你的观念不更新，这个手刹不拉开，车子本身有再大的动力也走不动。一体化联合作战无疑是世界军事发展的一个大方向，只有这样才能取长补短，有效制敌。美国倡导的新军事变革实际上影响了世界的军事理论、作战思想、编制编成、武器装备和训练等。现在，一体化联合作战能力的强弱已经成为衡量能不能加入"北约"的首要标准。

一体化联合作战实际上是一个老概念。第二次世界大战的时候，各个军队都采取了一定程度的联合作战。20世纪50年代美军就已经非常重视了，越南战争中就体现了很多联合作战的思想。联合作战的精神是什么呢？

是统一、凝聚和互信，最重要的是协作。原来大家讲到的联合作战，主要是海、陆、空三军联合，现在美军提的联合作战，是海、陆、空、天和Cyber五域联合，我个人反对将Cyber翻译成"网"，我觉得不确切。我讲讲我的道理，供大家参考。美国2010年有一个机构叫Network Command（网络司令部）。解散后接着又成立了一个Cyber Command，就差一个词，我们很多翻译就不知道怎么翻了，说美国解散了网络司令部，又成立了网络司令部，大家都搞不清楚了。

我们追溯Cyber这个词，Cyber起源于希腊语，讲的是在冥冥之中控制人类的万神之王，是一个看不见的万神之王。钱学森先生将Cybernetic翻译成"控制论"，钱老对他自己的这个翻译很满意。如果我们延续钱老的说法，现在就是处于一个虚拟的、控制人的控域。如果简单地把它翻译成"网"的话，网是传播控域信息的物理网，是一个物理空间，不是一个Cyber，Cyber是传播物理网背后的东西。所以我个人认为把它简单地翻译成"网"确实有点说不通。

为了把新军事革命讲得更清楚一点，我想咱们以小见大，我把陆军一些特点的变化归为三点讲一下，大家也许就能理解新军事革命到底会带来什么了。第一个我想讲一下美国的网络中心战对美国军队的影响；第二个讲一讲美国在陆军中搞了一个叫"可重组开放结构的模块化建设"，这就是新军事变革带来的一些变化；第三个我想讲一点美国的陆军武器装备体系，大家由此可以看到武器装备体系是怎么变化的。

现在讲第一点。美国1997年提出网络中心战理论，直到现在它都是指导美军作战最主要的核心思想。这个理论改变了原来的平面中心作战理论。它有几个显著的特点，一是实现了信息的充分共享；二是能够使分散位置上的部队发挥出整体优势；三是使得指挥明显加快；四是使整个作战效率明显提高。美军在网络中心战里主要强调网络、信息和人员的融合，而我们搞的所谓信息化，往往强调的是硬件联通和显示，所以两个理念是走岔的。美军提出了一个GIG，就是Global Information Grid，我们把它翻译成信息网。它是什么东西呢？它将战争平面化。美国的托马斯·弗里德曼写了一本书，出版于2005年，叫作《世界是平的》。是说进入信息时代，这个世界变成了平的，大家都躺在一张平的网上。所以作者讲哥伦布发现地球是圆的，他发现地球是平的。这个时候整个指挥就平面化了，你要是一个指挥者，分给你多少信息资源，分给你多少部队资源，分给你多少海军资源，仗你去打，美军的信

息化是这么一个概念。而我们的很多指挥机构现在往往还是停留在一根绳子拴着很多蚂蚱的状态，把绳子一切断，蚂蚱没有信息了，就很难办了。所以这是理念上的很大的差异。具体讲，美军提出来以精确情报牵引作战，因为情报和感知系统是现代战争获胜的关键。而我们往往把信息、数据、情报三个截然不同的概念混在一起，所以很多事情就很难办了，实时感知不发挥作用，平台完全是个废物。

我下面想讲关于平面化的一个新内容，这是一个老概念，但是在信息化作战中被频繁地应用，叫任务指挥方式。作为一个指挥官，要向下属传达自己的战略目标和试图达到的战争目的，具体的作战军官在充分领会了领导的作战意图和目标之后，结合分给他的信息资源、海陆空资源等，充分发挥自己的主观能动性来指挥作战，只有这样才真正实现了平面化。

在说"可重组开放结构的模块化建设"之前，先讲讲我们的军队。我们的军队这些年一直在争论一个问题，到底以什么为作战中心，这无疑是影响作战能力和作战水平的关键，我们看看美军是怎么理解这个问题的。美军在2004年提出了一个理念，就是模块化部队理念。这个理念是什么呢？美军发现自己的五角大楼国防力量不够用，最后经过研究证明不是数量小、规模小，而是以师为作战单位，出现了很多不合理的东西，一个是适应能力差，一个是不便于编组，不便于协同作战，使得反应速度慢，所以就搞成模块，像计算机一样有接口。在这个理念的指导下，你要想实现模块化，就要像计算机一样必须有接口，能够互相匹配，所以美国陆军现在一共有75个模块，共分成三个模式，轻、中、重。美军由于武器装备发展得越来越好，所以现在的作战能力不会亚于原来一个师的作战能力。

我再讲一下武器装备的体系建设，美国国防体系下有三军体系，三军体系下有陆军体系，陆军体系下有十个要素，这是美军的设计。每个要素之间，就像我们十根手指一样，可以很好地协同。我举个例子，像三根手指可以拿笔写字，五根手指可以吃饭，用十根手指我们就可以做各种运动了，比如打乒乓球。所以这十个要素是有协同关系的。美国陆军体系这十个要素是什么呢？有全围防护、战场指控、战场偷袭、轮式车战、机动系统、火力打击、情报、陆航等。我稍微讲一两点，让大家理解是什么意思。比如战场偷袭，主要是用装甲车和坦克车在战场上偷袭，包括M1A1和M1A2，还有现在用的轮式战车地面偷袭。

反过来再讲讲体系的重要性。不知道大家注意到没有，美国曾带给伊拉克 140 辆 M1A1 坦克，是美国现役的主要坦克，在历次战争中都扮演了非常重要的角色，表现良好。结果"伊斯兰国"恐怖集团打伊拉克的时候，打掉一半。美军还以为自己的坦克很厉害，大家检讨问题出在哪儿？就是它本来是在体系下的一个装备，脱离这个体系就没有任何作战能力了。因此，武器在它的武器系统里是老虎，跳出武器系统就不是了。我们在武器建设构成当中，必须以体系化建设，从顶层设计着手，才可能把体系搞好。

我再简单讲一下火力打击体系。美国陆军火力打击体系包括两个部分，一是地面，二是防空。地面上可以对 300 公里以内的不同目标进行打击，300 公里之内的任何距离都可以，包括火箭导弹。而且美国陆军的火力打击体系是跟空军配套的，防空体系和防导体系实际上是同一个，所以美军是三段多层次，就是不但分远程、中程和近程，而且是多层次，第一次拦不住，第二次拦，二次拦不住再来一次，总会把你拦住了。最近大家可能都对萨德感兴趣，美军的防空导弹爱国者和萨德是什么关系呢？爱国者是负责近距离的，萨德是负责中空的，它从高度和远度上都超过爱国者，在三个层次里，它介于近层和中层之间。所以美国在韩国部署萨德的意图，我想很重要的是在为亚洲版的"北约"做准备。其实美国当年在欧洲搞东扩的时候也一样，首先布置中层防导系统，有了中层防导系统，就和当地的军官进行密切的合作。

在现代战争中，是没有办法进行个别武器对比的，都是系统的对抗。比如航母，如果没有很好的四大系统，包括防护系统、雷达、防空的、反潜的系统，完全有可能被一个导弹快艇或一个潜艇打沉。这和我们下军棋不一样，下军棋，航母肯定可以吃巡洋舰，巡洋舰肯定可以吃驱逐舰，驱逐舰肯定可以吃护卫舰，但是打起仗来是整个体系的对抗，所以武器建设方面必须足够重视这一点。我们前些年有点片面地提撒手锏，撒手锏确实是个非常好的想法。武术中有个传统提法就是"四两拨千斤"？什么样的人才能"四两拨千斤"？我不可能想象一个又聋又瞎、手脚还不太好使的人去"四两拨千斤"，这只能在小说里实现。如果我们自己不去建立自己的感知体系和各种各样的体系，我们根本不可能用撒手锏来解决一切问题，这是实话。而且可以想象，战争处于低层次冲突的时候，像再扔原子弹的做法，恐怕是不太可能的事情。第二次世界大战以后没有人扔过原子弹，谁也不敢。最多发生的就是常规战争、武装冲突。在低层次情况下，如果感知系统领先于对方，就有可能制止

对方的军事行动。而且每一场低层次的战争比的就是感知能力，感知能力不行，仗就没法打。我数了一下，孙子在《孙子兵法》里，有 79 处提到了"知"，他充分论证了"知"与"胜"的关系。孙子讲了一句话，"不知敌之情者，不仁之至也，非人之将也，非主之佐也，非胜之主也"。意思是你要不知道敌情，就是不仁慈的人，就会造成很大的损失。你不知道别人怎么当将军呢？你根本指挥不了部队去打仗。不知道敌人你怎么能辅佐皇帝呢？不知道别人你怎么可以胜利呢？这根本是不可能的事情。因此，建立自己的感知系统是一个非常重要的事情。

前两年我还在职的时候，带一个代表团到英国去，我们要求和英国国防部座谈。开始我说谈谈装备保障，英国的几个局长都来了，这可能是我军第一次去跟人家面对面地谈了一天。因为我到英国时恰逢他们在大量削减国防经费，其中坦克削减 42%，自行火炮削减 38%，但英国有一个叫关键守卫核心的信息系统（NOEC），一点都没削减，反而加强了。我就问他们，你们为什么这么做。英国代表回头看了看，对我讲了一句话，他说工业时代，国防建设都把经费花在看得见的飞机、大炮上，进入了信息时代，美国和我们把钱花在看不见的体系建设上，这才能真正体现现代的作战力量。这是一句非常震撼的实话，值得我们学习和借鉴。

开始我是想做个 PPT 给大家讲课的，但是实话实说，一个是我自己做起来挺费劲的，第二个，我想主要是跟大家交换一下看法，使大家的思想活跃一点，PPT 就省掉了。刚才黄院长也介绍我父亲是刘伯承元帅，我就想到一件事，新中国成立初期，主席让我父亲给他提一点关于军队建设的意见，当时，他提出了一个想法，现在也在提，叫作革命化、正规化、现代化，现在习主席还在提，只不过顺序变成了革命化、现代化、正规化。其实我父亲当时还提出一个思想来，非常重要，他提出了以抓联合作战来牵动中国现代化的建设，这个思想实际上是非常重要的，他 1951 年就提出来了。我父亲在成立国防大学以后 6 个月内就搞出了协同作战条例，非常棒，而且 6 个月就实施了我军第一次联合作战的演习，效率是很高的。1954 年紧接着又搞了一个更大规模的兵团汇报演习。最后再讲一句话，实际上以联合作战牵引军队的方向，我父亲是在 1951 年提出来的，美国在 1996 年提出来的新军事变革，实质也是以一体化联合作战牵引整个美军的建设。好，谢谢大家！

刘蒙： 好，大家有感兴趣的可以提问了。

提问者：刘将军您好！听了您关于武器装备的分析，有一个问题。之前看新闻报道，我注意到美国一直在讲研制空间武器，就是通过太空、卫星武器来对地面进行军事打击，它还号称一小时内精确攻击地面的任何一个地方。这种天边建设，究竟有何战略意义？中国目前有没有这种空间武器建设的构想，譬如组建自己的太空军队什么的。

刘蒙：我们这个空间武器已经做了，但是能不能够应用于当今时代，还不太好说。空间武器对于联合作战无疑是非常重要的武器，也是非常有威慑力的武器。我再讲一点理念的东西，我是学电子工程的，也搞过自动控制，我们自动控制里经常要讲到一个理念，翻译过来叫"人总在系统之中"。现在美军把空间武器用在打击具体目标的时候，提出了一个新概念，实际上讲的是非常重要的人机结合。举一个小例子，他打击恐怖分子，好几个头目被打死了。打击武器无非他自己这个人的延长。但是如果你光想去打，没有信息，是打不着的，所以有人说，计算机的发展可能是视力的延长，是手的延长。有时候最落后的恐怕还不是硬件，而是理念。

提问者：刘将军您好！非常感谢您刚才精彩的演讲。刚才您在演讲中也提到了不管是一体化联合作战，还是后来的一体化作战，对于我军的现代化来讲，最重要的还是一体化这个理念，是观念的更新，我们在观念上还没有完全跟上。我军以及俄军现代这种格局都是继承了苏军的成块体系、大兵团作战思想，我想问是不是俄军现在的一些军事改革对我们有些启示？俄军近年来也是向联合作战学习。我想请教一下您，以您的观察，俄军这些年在指挥体系联合作战的变革方面，有没有什么值得我们学习的地方？谢谢。

刘蒙：这个问题提得非常好，戳到了问题的实质。俄罗斯的变化是非常大的，说改就改，它的新军事体系的调整跟美军的理念基本上是一样的。所以在美军提出信息分析战之后，俄军就提出了可控战，实际上本质是相同的。俄军这次改革很大胆，变成三大军区，底下作战单位变成若干个，完全是往一个方向走的。俄军前参谋长在看完海湾战争后讲了一句话，他说："我们俄军必须在理念上产生转变，现在不可能再像二战时期出现大规模的坦克混战了。"

主持人：好，我们今天下午的讲座就到这里了。刘将军刚才给我们从国际形势讲到国防，非常棒。了解国际形势是为了让中国经济更好地发展，我们建设一个强大的国防也是为了让中国人民过上幸福的生活。刘将军不

仅对国际形势有着非常深厚的洞察力，对国防建设有自己独到的见解，而且在经济方面还有很深厚的学养。再一次以热烈的掌声向刘将军表示衷心的感谢！

（初稿整理：韩育哲）

大数据时代的社会科学转型

谢 文

主持人 王兵（中国社会科学院研究生院副院长）：各位老师、各位同学，大家好！社会飞速发展，科技日新月异，当我们还在讨论互联网的时候，云计算、物联网已经来了。那么现在，按照最新的说法，大数据时代已经到来。你喜欢也好，不喜欢也好；准备好，没准备好；主动的也好，被动的也好；我们现在都已经进入了大数据时代。大数据时代改变着我们的生活，改变着人们的社会实践，更改变着社会科学的前进步伐。今天，我们有幸请来了中国互联网发展的重要参与者谢文教授。请大家对谢教授的到来表示欢迎。

今天，谢教授给我们讲的题目是"大数据时代的社会科学转型"。谢先生于 20 世纪 80 年代初毕业于中国人民大学，毕业后曾经在中国社会科学院做过科研工作。1983 年赴美留学，就读于哥伦比亚大学，20 世纪 90 年代中期回国，先后在中公网及所属的联众游戏网站、互联网实验室等知名企业任 CEO 和其他领导职务，是中国互联网发展的重要参与者。谢先生也曾任和讯网 CEO 和雅虎中国的总经理，在互联网业，特别是网络游戏、宽带等领域，表现出了非凡的战略洞察力、前瞻性，取得了成功的运营经验和引人注目的成就和影响。

那么，现在就请谢老师为我们做演讲。

谢文（曾任和讯网 CEO、雅虎中国总经理）：一路走来，我还是很感慨的。我 1981 年底初到社科院，那时候社科院还没建成呢，我们东奔西跑，到了 1983 年我要出国的时候，社科院的楼才盖好。记得我上班的时候，社科院研究生院还在西八间房呢，那可是农村大队的房子。今天我过来，看到这么漂亮的校园，很是感慨，30 多年来，变化巨大。当然，人也变化很多，当时

我的同学，都是现在中国的"人物"了。王岐山、周小川，都是我当时的同学。刚才我才知道，李培林现在也是咱们社科院的副院长了。

社科院研究生院联系我来这里做讲座的时候，我想了想，觉得无论如何应该来，毕竟我与社科院是有渊源的，另外，我想大家所学专业不同，我得找一个大家共有的兴奋点来讲讲。同学们都是"80后"和"90后"吧，所以我就想，怎么着最后也得跟你们找工作挂上钩。这样的话，大家应该愿意听。

一　大数据的概念

找我来讲当然是与大数据的概念有关，毫不客气地说，在中国，我是第一个提出这个概念的。可能是我在社科院学专业的关系，又毕业于中国人民大学，我喜欢创造概念，讲逻辑，把简单的事情说得复杂一点儿，把没有的事情说得真实一点。我提过几个概念，当然现在都立足了。大数据的概念，我三年前开始提，一口气写了十篇文章，后来出了一张光碟；我美国的师弟，他写了《大数据时代》，还算是畅销书，我给他辅导写的序，帮他推广了一下。三年了，仍然是经管社科类、MBA的畅销书。可见大家很接受这个概念，或者对这个现象还是很关心的。所以咱们就讲这个概念。

我本科学的是哲学，博士读的是社会学，所以愿意从社会科学这个角度来跟大家交流交流。大数据的概念，目前有些混乱，甚至到今天，市面上说的和媒体上说的那些大数据概念，和我说的实质上没有太多的交汇点。如果概念不同，讨论起来就没太大意义了，因为大家讨论的不是同一件事。如果与搞技术的、搞计算机的、搞数学的、搞统计学的、搞互联网的人进行交流，我们一般用的是狭义的概念。作为计算机领域的概念，大数据概念最流行的叫"3V"，后来IBM又加了一个"V"，变成"4V"，意思差不多。它指的是，今天我们的服务器和数据库中，充满了数据，数据量很大。各位都有手机，现在应该都是智能手机了吧？现在的手机普遍都有16G内存、32G内存、64G内存，随便下载个视频，就有好几个G。回过头看早年我们社科院历史上第一台计算机，现在看起来很可笑，64K内存，现在就是游戏机也比它的内存大多了，但当时就是那样。现在的数量很大，都用G了，你要是用硬盘，起码是T级，1T、1.5T、2T、3T等。K的1024倍是M；M的1024倍是G；G

的 1024 倍是 T；T 上面，现在又有若干个级数，这是巨大的增量。它增加的速度也很快。大家应该知道摩尔定律，这个是惠普的创始人摩尔的经验。你可能会发现，这个跟咱们做学问一样，先看一个现象，总结出一个规律，然后大家再去解说这个规律。所谓摩尔定律就是，自从 20 世纪 70 年代有了计算机以来，计算机的芯片也就是 CPU 的计算速度，每 13 个月（或者粗略地说是一年）可以增长一倍，同时制作这个芯片的成本降低一半。这叫几何级数增长。一年两年可能看不出来，但年年如此。至少到了今天，2014 年底，这个 70～80 年代发现的规律，仍然成立，且有加速的趋势。

就是这个摩尔定律，放在数据上同样有效。数据，大家知道是什么意思吗？你如果问学计算机的人，他们马上就说："数据产生信息，信息产生知识，知识产生智慧。"他是这么一个逻辑关系。数据就是那个最小单位。我们现在讲的数据，指的是电子化的、标准格式的，不管最终是什么，它都可以解读为"0""1"代码的、计算机化的东西。也就是在数据这个概念上，摩尔定律是通用的、统一的，可以转换。例如，很长一段时间，我们用数码相机拍出的照片是电子化的，但它不是数据化的。照片是可以被分解的，但拿出其中的一个像素，没法用。所以一张照片怎么能够被识别出来，就形成了图像识别问题，这曾经也是一个很大的科学问题。无数科学家、教授都在研究这个东西。今天当然统一了，图像、语音等这类东西，过去都是不可以被数据化的，现在统统被数据化了。随之而来的是数据的飞快增长，给现在的计算机科学带来了很大挑战。现在街道上都是监视器，我们每人都有手机，理论上，大家都在想"我的隐私"，其实这时候你真是把自己放大了。到了一定的程度，数据多，数据大，数据种类多样，本身就挑战了现有的东西，导致大家无以明志，怎么回事？数据大到了无法处理、无法使用的程度。就像有钱一样，100 万元到 1000 万元，再到 1 亿元时，钱已经没有意义了。所以大数据这个概念一定要被提出来，这是计算，或者叫作网络化、计算机化，是时代发展到一定程度的一个难题、一个现象。

下一个概念，大概在 20 世纪 80 年代，我在美国读书的时候，物理学、生物学领域中就已经有人这么说了。大数据太大，那时候大学使用计算机都要付钱，一个教授想去处理这些数据，要专门申请研究经费。比如我要想处理宇宙空间那些天体以及几亿个天体之间的物理关系、引力关系、射线关系，根本就花不起那个钱去计算，因此他们把这样的计算叫作 Big Data。随着互联网的发展，互联网业又产生了无穷尽的数据，比如我做 CEO 的时候，要处理

这些数据，第一你要买大量的服务器；第二这些数据在我那几乎是100%的成本。我们的商业模式多简单，我根本不管你是谁，在我眼里你只是一个IP地址，你点了我的网页，我的网页上有广告，我们就理解为有人看见了广告，就向广告主收费。这是极其简单的商业模式。其实就这一个动作，有人点了我网页一下，人们访问了我的网页以后产生内容互动，包括配置广告，背后可能需要有1万倍甚至10万倍的数据处理才能使一个动作完成，在我们那里它都变成了没用的"垃圾"，因为我只要那个点击数。我买不起那么多服务器存这些"垃圾"，所以每天零点，我会停一下机，1分钟左右以后重启，然后把服务器的老数据停掉。你如果玩"联众"，半夜12点是不行的，因为那时候大家正玩得高兴呢，早晨6点一般都睡了，你可以重启一下机器。你可以试试新浪，每天早晨7点，你会发现它不动了，为什么？是在"清垃圾"。

现在不一样了，因为商业模式都已经成熟了，竞争更激烈了，所以逼得我们不得不去想，我们有那么多过去被视为"垃圾"的数据能不能多用上一点。比如说我们把广告搞得精致一点，男孩和女孩看的广告应该不一样。我们能不能把数据分一分，叫数据挖掘，或者叫精准广告，这就需要我们对用户本身的行为模式、用户的购买率、用户的消费喜好进行分析——这个才是我们互联网业现在主流上用的大数据概念，也就是说网络产生了巨大数据，我们能拿这个数据干点什么。各位都是学社会科学的，搞数据是很难的，可是网络业的数据却是多得不知道该怎么办。因为全部的网络行为都是可以记录的，网络之间的关系是可以摸索的，网络者以及这些网络者和他们的社会关系的互动，现在已经纳入网络服务的领域。这些就是很多人叫嚣的大数据利益，能多挣点钱。但是这些东西在我看来都有点过于具象，一行一业，一个人的工作，某种商业提出的挑战，不足以说明这件事的深度和广度，只能叫作被举例说明而已。

我们再想一想，除了计算机业、软件业和互联网业，难道整个社会没有受到这种数据化浪潮的冲击吗？可以进一步讲，也许某些没有发言权、没有话语权的人可能受到的冲击比我们这些在互联网业的人受到的冲击更厉害！因为我们受到的冲击就是少赚点钱，而某些行当可能就被摧毁了，某些人的工作也可能就没了，某些国家也可能就被淘汰了。因此，我是把大数据这个概念放在世界观、历史观和方法论这个层次来定义的。我也注意到了，全世界范围内比较完整地、用我这样的方法去解释、阐述大数据的，到目前仍然只有我一个。从这一点上讲，如果我错了，那是最坏的了；如果对了，那你们是第一批听到我这个讲座的。这回也是我第一次完整地写 PPT，想从这个角度把这个逻辑说一说，我也想看看"80 后"和"90 后"的研究生们水平如何。

二　认识大数据

世界观，咱们先看这三个字，你怎么看世界？这个世界是什么样的？首先第一句话我说的是，世间万事万物正在通过计算机、传感器迅速被数据化。各位至少 90% 以上正在通过手机经历这个过程。手机和人是一一对应的，手机过去是用来打电话的，但现在的统计结果是，手机的通话功能只是手机的第四大应用，手机不再是传统意义上的手机了。这就是乔布斯说的"让我们重新定义手机"的含义所在。用手机来做什么？首先是上网，获取信息。其次还有一个重要的功能——社交，从前打电话，你只能跟某些人、为某些事打电话，但是现在用文字或者语音，你可以说很多原来不说的废话。这样其实是把你生活当中的一部分数据化了。再次就是视频。最后是通话。你们知道 iPhone 手机，我这个还是 5s 呢，它的表屏上被集成了 20 多个传感器，现在 iPhone6 的表屏上被集成了 40 多个传感器。什么是传感器？就是将物理的、化学的、生物的、社会的信号（这些信号包括重量、温度、物理变化、化学变化、生物变化等）通通变为电子数据，它是完成这个转换的，所以叫传感器。iPhone6 已经是指纹开机了，还有电子钱包，你可以在任何地方刷卡，甚至不用掏出来，买完就走，它就完成支付了。这些东西都是通过传感器完成的。你们想象得到的、想象不到的，比如海啸、地震等，都是通过各种各样的传感器、计算器数据终端通通被转换成数据的，我把这一现象称为"世界正在数据化"。而数据化的万事万物，因为我们又有了一个很好的工具——互联网，所以这些数据不都是本地存储、本地获得，还可以以非常高的速度、非常低的成本传输出去。这样，一个与现实世界相对应、相联系的数据化世界或者数据化地球正在形成，这需要一点想象力。例如，这个教室，我们坐了大概五六十人，如果有人不计成本，愿意的话，我们是可以完全把这个场景，乃至各位的动作通通放到一个服务器里面去数据化的。现在有很多穿戴产品，如眼镜、手表、衣服、鞋、袜，甚至更高级的是在身体里面放上各种各样的传感器，把你的心跳、血压等全都放上去。这些技术都可以复制现在

这个场景。推而广之，假如不考虑时间和成本，这个地球可以在一定程度上复制出一个数据化的地球。这件事正在发生，速度极快，摩尔定律是说计算能力增加1倍，现在实测是2.7倍。2.7倍如果持续10年、20年、50年是什么状态？在科学史上有几个概念约定俗成，比如地理大发现，哥伦布发现美洲；物理学的大爆炸，改变了我们对宇宙、星球、地球乃至物理世界的基本看法；世界大战更简单了，能称得上世界大战的，到现在为止也就两次，每次大战的结果都改变了人类历史，包括我们说的现代史。我是把大数据放到这几个等同的大概念上来使用的。它的基本概念就是：在数据化的世界中寻找现象之间的关系、规律要比在现实世界中容易，且成本更低。我们再把在数据里发现的规律对应到现实世界中，也许我们对数据世界的研究就可以促进我们现实世界的改变、发展。在这个意义上，我将它称为"世界观的大数据"。

再说一下作为历史观的大数据。我最近看了几本文明史的书，书里面也有类似的说法，除了信息化社会是我发明的，前面的概念大概都是统一的。10万多年以前，人类主要是靠采集、渔猎为生的。公元前5000多年是农业社会，人们开始学会种植。到18世纪，真正进入大规模工业化时代，1850年前后，就是马克思写《共产党宣言》前后，生产方式产生了剧烈的变化，财富生成方式也在剧烈变化。20世纪70年代改革开放初期，我开始读书的时候有很大的困扰，我不明白什么叫后工业化时代，什么叫信息时代。其实这个用指标很容易分，国家50%以上的GDP产生于某种产业，那这个行业一定是社会的主导。农业社会一定是农业产能最高，工业社会一定是工业产能最高。如今的发达国家，工业才占GDP的10%～20%，农业只占1%～2%，第三产业占主流，所以就叫后工业时代。这又是一种否定式的定义，我不知道它是什么，但我知道它不是什么。关于我们正处于信息社会这一点，人们已经达成了共识。我把信息社会分成三个阶段：20世纪70～90年代，计算机基本上普及了；20世纪90年代至2010年是互联网时代；然后是大数据时代。2010年进入大数据时代，现在我们正处在大数据时代的早期阶段。大数据时代起点的标志性事件，是迈柯维公司提出的三维数据概念，大概是在2008年、2009年的时候，2010年就开始被业内的少数专家学者了解，然后普遍被讨论。在中国开始被讨论是2012年春天，是以我的第一篇文章为主。一个概念被转换为一个国家级的实际行动的时候，一定是社会共识到了一定程度了。

再来谈一下认识论的大数据概念，我是哲学本科出身的，我也喜欢从这个角度看问题。大家说大数据是物质的还是非物质的？现在还没有共识，我现在认为它是物质的一种属性，它依附于物质存在，但它本身又是独立的。我是彻底的唯物主义者，我肯定不相信灵魂、精神这类东西。当我们说"爱情"看不见、摸不着、定义不了的时候，我就说只不过它还没有被数据化而已。它一定是可以数据化的，实际上很多人在做这方面的研究。血压、心跳、荷尔蒙，身体里的物理变化、化学变化，都可以被数据化。这是一种认识论上的新视角，对错我不管，我认为至少可以搭一个桥，把很多脱节、分开的现象联系起来讨论。

可知不可知，这是古典哲学讨论的一个大问题，其实也是过时的一个问题。世界可知，并不一定等于世界已知、必知。可知是它具有可知性而已。从大数据这个角度来考虑，我觉得就是你对这组数据能解释或者还不能解释，或者再退一步，某种现象、某种物质还没有被数据化，使得我们无法认识。其实这也不是中国特有的讨论，科学界、物理界都在不同的年代做过类似的讨论。数据化程度高的，就研究得精确一点、精密一点、严谨一点；数据化程度低的，就只讨论概念。

三　走进大数据时代

讨论完大数据的概念，我现在说人类进入了一个新的时代，叫"大数据时代"，也需要论证。我们应该承认，一切物理的、化学的、生物的、社会的现象，都可以转化为数据，有些现象还没有被转化，那是它现在还不值得被转化，或者成本太高，或者它没有成为科学的或者商业的对象，但是在方法上已经没有死角了，没有什么东西不可被转化。任何东西，比如现在最小的传感器是纳米级别的。《华尔街时报》曾报道谷歌发明了一种传感器，可以注射到你的血管里面，它的体积是红细胞的千分之一，这个传感器是专门捕捉人体里面任何癌变信号的，然后传输出来，可以让人们提前预防癌症。这个芯片肯定是生物芯片，非常之小，这是已经造出来的。你们可以想象谷歌将来会变成什么公司？我们认为谷歌是个搜索公司，谷歌公司也认为自己是搜索公司，但搜索的不是网页上的主题词，而是生命数据。手机成为数据终端是我们在座的所有人都亲眼看见的。在此之前的手机相当一部分信号、一部分东西是没有被数据化的，而电话是模拟信号，它是靠频率的变化，就更没

有标准化了。手机首先是计算机，这里面所有的东西都是数据化的，包括苹果公司新开发的手表。谷歌的无人驾驶汽车就是数据终端，汽车的所有动作通通都可以被数据化。还有现代战争，已经变成了可控的、精确的、可操作的，完全不用被时间和空间束缚。数据化终端这一类的现象正在进行，到了一定程度，可以说没有什么东西是不能变成数据终端的。一切数据都可以被用来分析、研究，寻找其中的关系和规律。与哲学并列的是数学，这两样东西都不是科学，它们是方法论，它们是高于一切科学的，所以那个时候社科院叫哲学社会科学学部。哲学是最高的，数学也是最高的，因为它不具体到某个东西，它只研究数量关系，但是今天数学好像正在科学化，它被拉下神坛，实用性越来越强了，它的分支——统计学现在几乎就是应用科学了。或者说现在数学最尖端的问题、统计学最尖端的问题都不是大学提出来的，都是谷歌、Facebook 提出来的，寻找数据之间的关系、寻找规律。《大数据时代》中，作者专门提了一条，在大数据里面没有抽样，说的都是整体。根本不需要研究因果关系，只需要研究相关关系就行。当然这个是受到大家批评最严厉的，即使是纯粹做生意，找到因果关系也比找到相关关系价值大。

数据化世界开始改变现实世界，一切不适应的传统价值、知识、组织、制度，要么去适应改变，要么就要被淘汰。各位都是正在被制造的产品之一，各位会不会被大数据时代的高速发展惊呆了？像我是做这个行业的，很关心这个问题，我都常常被新的发展震撼。像我这样的岁数如果不出国，现在也快退休了，进了社科院也挣不到什么钱，但是以此为生绝对没问题，现在不一定了。从历史经验和我个人经验看，我提出一个概念，一开始总是被人耻笑的，大家说我根本不配在互联网业混。论出身，我是互联网业唯一的"50后"。我提的概念，第一年被耻笑，第二年开始有人讨论，一般到第三年就被接受了。

学界共识，也就是说有一天，举办系列讲座，你要知道这个社会最热门的、最值钱的、最没有定论的问题是什么，你才能去写你的学术论文，你才能去定义你的人生规划，这些都是直接相关的事。多数人都是后知后觉的。比如习近平主席在澳大利亚访问时用到了"大数据"这个词，汪洋在广东时提出"大数据战略"，要求广东的干部必读《大数据时代》，这都是信号。物理学上大到宇宙，小到基本粒子的研究都由大数据支撑。现在的物理现象基本上没有直观可以看到的，现在最尖端的物理学家都是数学家，因为你没办法观测，到最后都是要靠数据来支撑的。某年的全球物理学大会上，一个获得诺贝尔奖的物理学家说:"我干了一辈子物理,整个世界说到底就是一组数据。因为组成物质的最小单位,在我们这里是数据;最大的宏观物体——宇宙也是数据。我们无非是在研究数据而已。"所有的化学都是数据化的,其实化学是最好说明的,元素周期表,包括现在很多化学物,基本都是算出来的。生物现在没有统一的大的科学原理,但是20世纪90年代到21世纪初美国政府发起,当然民间也发起过,让全球各国的科学家来共同破解DNA,什么是破解?破解就是把DNA的23对染色体用数据的办法复制出来、解读出来,因为它里面含有太多的东西。中国好像做了其中的1%,这1%就养活了好几千人,中国有好几个挺有名的公司都是靠这个起家的。前几天互联网公司开了个大会,探讨科技的未来,IBM发布了第一块可以实用的、规模化生产的生物芯片,它们已经不是电子信号的两个信号了("开""关"或"有电""没电"这两个状态)。生物是三个状态,生物芯片现在已接近进入实用了,甚至有人断言iPhone8将是iPhone最后一代,再往后的iPhone就可以在脑子里植入了,你只用说和看,根本不用动手。生物芯片已经实用到很多地方,这个不是科幻。比如说转基因,转基因的全部科学根据都是基于数据的,对人类的影响已经非常清楚了。残疾人不用再做假肢,现在可以做出近乎真实的肢体,包括皮肤、肌肉、骨头。现在做的工作是2003年由美国提出的,就是DNA被破译以后,再花10年时间、几千亿美元,全世界一起把人脑的结构像做DNA一样做了,这项工作已经开始了。上个月刚刚获得诺贝尔生物学奖的一对夫妇,他们做的就是人脑和GPS定位。这是一个很大的进步。

社科院研究生院之所以成立,无非就是证明我们做的学问最专。现在还有不用微博、微信,不用邮件,不上网读信息的人吗?没有吧。现在做什么都要通过互联网。等不到你们毕业,实体店一定拼不过网店,以前一个产品卖多少钱老板说了算,现在互联网说了算,因为网上是公开透明的竞价。传统媒体是怎么败给互联网媒体的?如果算一个企业、一个个人的净资产,那么中国首富的前100名恐怕都是互联网产业的,互联网利润率为30%~40%,成长率是60%~70%,这都是其他产业没法比的。现在大家都在讨论国家安全,不就与数据相关吗?因为我们已经进入大数据时代的其中一个阶段了,所以说我们这个时候的社会,它的终极形态、理论形态、理想形态应该是这样的:一切人类的制作物都是数据传感器,包括人类自身。一切生产活动都是数据的生产与交换。我刚才和院长聊天,当年社科院成立了一个数量经济研究所,当时这是没办法,也是一种妥协。说穿了,所谓数量经济就是西方

经济学，所谓非数量经济就是以《资本论》为代表的马克思主义经济学。现在看似很简单了，那有没有尚未数量化的经济学呢？没有。经济学，特别是到金融这个层次，是数量化最高的一个安全产业。信用卡的使用率越来越高，现金用得越来越少，金融活动就是一个数字。这个数字可以转化成物质，但是它的终极形态，被社会公认的形态就是一组数字。现在说的黄金交易，其实真正作为货币储备的黄金从来就没有出库，只是记个账而已，黄金的实体就在仓库里放着。产业、行业越发展，数据化程度越高，效率越高，对社会其他方面的控制越高。

一切文化都在以数据化的方式进行，虽然我的阅读中90%还是纸制品，我总觉得书还是看纸质的有感觉，但是行业的总趋势在变化，纸质书越卖越少，电子书越卖越多。我刚出国的时候，中国刚刚开始有 VCD、VCR。我出国时还没有卡拉 OK，我回国时人人都唱卡拉 OK，今天已经完全没有了，CD也没有了，太过时了。现在一律在网上，如果网速够都不用下载，直接点播放就行了。一切人类自身的动作、表达、思考、互动都以数据的方式存在，一切竞争都是数据生产、传播、交换与利用能力的竞争，一切国家安全问题都是数据安全问题，一切战争都是数据之间的对抗。

既然社会形态变了，那么社会图景就是一个全新的图景，作为一个以社会为对象的科学，理论上是该变的，除非你是研究社会科学史的。其实，社会科学史在方法论和研究工具上也发生着急剧的变化，光靠写肯定是不行的。大数据的特点是，当变成数据以后，不同现象都是数据形态，所以学科间的壁垒就会被削弱。将社会作为一个复杂生态系统进行研究将成为一个新的趋势。20世纪没有通识人才，只有专业人才，这个过程快过去了。大数据时代的到来急剧降低了通识的成本。社会科学方法论将严重依赖数学和统计学，纯哲学性的、历史性的知识价值将会降低，或者说是两个取向。既然我们研究的各种东西都可以或者正在、将要被数据化，那么我们想要研究它就要掌握分析数据、寻找规律的方法。这种方法现在看主要体现在统计学上，到一定程度上，经济学会更多地用数学的方法。社会科学研究者未必一定是社会科学家。在大数据时代，社会科学应该是硬科学。很多概念是可以变的，包括我自己做公司也招了很多社会科学的学士、硕士。如果我前面说的这些大家觉得有道理的话，那从我个人的角度给大家提点建议。我在微博上认识了很多国内活跃的教授，如孙立平、贺卫方、秦晖，我们不讨论政治立场，不讨论文笔，思维方式不够现代。我的第一个建议是，除非必要，否则10年前的书不要读，基础的、经典的除外。美国其实在 20 世纪 80～90 年代就很清楚了，我们读研究生的时候，教授基本上不指定书目，指定的都是最新的论文。我是中国留学生中第一个在美国主流杂志上发表论文的，我差不多研究一年再写作一年，包括出版周期，论文基本上就是两年前的水平了。因为各位都是为未来三五十年做准备，你们在这里是吸取基本的知识和方法，过时的东西就没有必要占自己的脑储存量了。从最新的方法、最新的成果出发，这里没有政治判断、价值观判断，纯粹地讨论问题。多学点数学、应用学、英文，要能读懂英文文献。

另外，从中国的国情讲，我建议多关心互联网界。我不是让你们关心马云现在赚多少钱，我是希望你去观察互联网业，观察互联网怎么一步一步地去蚕食其他领域，甚至去颠覆其他产业，去改变社会形态，去改变生活状态的。我们要多去关心互联网业在各方面的进展。如果你的论文能够去讨论这种具有生命力的、前面还没有人讨论过的问题，我觉得就比讨论过去有定论的要强。我在社科院的时候，我给费孝通做助理，费孝通就说得很明确："我关心的领域你不许进入，我研究的问题你不许研究，你要自己去找自己关心的问题，唯一可以学的是我的方法论。"其实我当时最想学的是他的文笔。费孝通说："我这辈子没有成为世界顶尖的社会学家，就是因为我的文笔太好了，以文害意。"你们也许看过《枪炮、病菌与钢铁》这本书，一个生物学家去探讨人类文明史的问题，成为有史以来销量最大的学术书。我认为这本书很值得看，看它的方法论。《大数据时代》这本书即使是两年前出的，我认为到现在为止也还是全新的。

另外大家要考虑，你的专业能不能用现在的大数据的方法去写论文。大家可以去看"date. gov"。"date. gov"是美国政府 2011 年搞的一个运动，叫"透明政府"。因为是花纳税人的钱，所以在行政过程当中的所有数据都必须公开。2013 年奥巴马以"机器可读性"作为标准，即要说明全年 GDP 的每一笔钱是怎么来的，所以原始数据是机器可读的。这样的话任何人都可以拿这个数据去读、去研究。美国的政府部门无一例外，国防部、CIA 都要这样做，上至国防安全，下至环境保护、交通、医药。你可以查任何一个医生过去 10 年的误诊率。这些数据是任意格式的，免费提供的。昨天我看国际货币基金组织（IMF）正式宣布：IMF 的所有数据向全世界免费公开，谁都可以用。原来经济学里面有一个"信息不对称"的概念，包括权力的基础、利润的基础、人际关系，都涉及信息不对称。当信息对称了、透明了，成本可以降到基本

忽略的时候，这个社会该怎么运转？我们的学问该怎么做？各位不妨看看date. gov，你不用看具体的数据，只需看数据的种类、涉及的问题，比如印度尼西亚海岸线的海潮今天有什么变化。全世界的海浪传感器网是美国做的，印度尼西亚之所以发生海啸死了20多万人，是因为印度尼西亚那天把监测器给关了，为了省10元钱。马航的飞机现在还找不着，是因为没有用通用电气公司的一个服务，那个服务可以24小时监测飞机发动机的运转状态，一个月10元钱，马航为了省钱没用这个服务，所以飞机直到目前还找不着，现在花了好几亿美元还没找着。为了省10元钱弄得公司破产。这种例子举不胜举。我觉得大家可以看看，开阔一下眼界。这是我今天想讲的一个提纲，欢迎各位讨论。

　　学生1：老师您好！我去年的时候上了一个课，当时也提到了《大数据时代》这本书。当时说在2000年的时候互联网业经历了一次泡沫，之后有人说现在的互联网依然存在着泡沫。因为您在很多互联网企业都工作过，所以可能会更加理性、客观地看待这个问题。我想问的第一个问题就是中国现在互联网的发展状况是否有很多虚的东西在里面？第二个我想问的问题是，据目前的了解，中国很多的社会数据并不是完全对外开放的，很多数据是有限制的，我的理解是大数据是不是在很多层面上只是方法论，如果去真正实践的话中国在很多方面还需要提高。

　　谢文：两个极其陈旧和常规的问题。第一，互联网有没有泡沫，请给我举出一个没有泡沫的产业的例子。2000年、2001年泡沫破碎的时候，各个媒体围着我，让我反思，意思是我们是"诈骗犯"。到今天还提这个，我觉得是非常过时的。美国现在GDP的7%是与互联网直接相关的。中国上市公司前10名，其中3个是互联网公司，排名第一的是阿里巴巴。这是很有意思的。我在9月底有演讲，那时阿里巴巴要上市了，我在讲演途中不断改数据，因为我给它估了一个10000亿元的市值，最后变成3000亿美金的市值，合1.8万亿元，是中国第一大公司，世界第四大公司。腾讯排在全国第六，百度排在全国第八。这3个互联网公司成立最早的不超过15年，没有拿国家一分钱，没有拿银行一分钱，没有任何国有资产，其创业领导人都没有任何相关的经验，甚至没有企业经验。现在连续5年以上都是40%的盈利，成长率都在60%~70%。现在你去那儿工作，作为程序员，如果是清华、北大毕业的，工资基本上是35万元/年。我不知道泡沫从何而来。有人把实体经济和虚拟经济对立起来，这是错的。我说的大数据是指这个世界全是虚拟的，但它也是真实的,因为所有数据都是真实社会产生的。我觉得现在提互联网的泡沫有点过时。任何产业都难以保持这么多年这样的规模和成长速度。人类历史上的大革命,也许蒸汽机、火车头时代曾经有过,石油公司曾经有过。现在世界前十大公司中,传统的钢铁大王、铁路大王、面粉大王都没有了,我们看到的这个现象是大的趋势中的一部分。大数据时代一定会出新的东西。

你说的第二个问题是一个应用问题。记得我在《大数据时代》的序里专门写过,"date. gov"这样的东西出现在美国,现在全世界 47 个国家都有自己版本的"date. gov",包括一些落后的国家,如肯尼亚、菲律宾,可是中国却没有。我们直到最近才重申了政府信息公开化,我觉得还是整体社会的现代化程度问题。美国的政府信息公开立法是在 1956 年提出的,直到 20 世纪 70年代才通过,而且只是在议会通过。公共信息,特别是社会管理数据公开化绝不是个技术问题,背后有巨大的权利、利益转移问题。从中国古代的取士制度就可以知道,一定是家里有钱的人入选概率高,这就是垄断数据。垄断获取数据的能力与后来转化成的财富、声望都有直接的关系。在这种情况下,中国的公共数据管理不容易取得应有之义,就像我们当年做互联网的时候,正是在不可能当中找到可能,走出一条路,让不习惯、不自然变成习惯、自然。其实网络化、大数据是后发国家赶上或者超越发达国家的特别好的办法。现在除了美国以外,世界互联网财富效应最好的是中国。你可以看这两年的小创新对社会的影响,比如滴滴打车。这个打车软件,是各方力量的博弈、妥协和再博弈、再妥协的结果,这个过程非常有意思。有人拿这个做博士学位论文,我觉得非常有意思。滴滴打车的出现降低了出租车的空驶率,提高了司机的收入。这种创新不管最后怎么样,本身就是一个活的过程。从社会学角度、经济学角度、政治学角度、文化的角度都可以去讨论这个现象。

学生 2:我想问一下在大数据时代和衍生出来的互联网金融的背景下,我们如何才能在互联网金融行业取得自己的一份成绩。

谢文:你学什么的?

学生 2:我是 MBA,方向选择的是金融管理,谢谢。

谢文:关于互联网金融我写过 5 篇东西。这里有真假,互联网金融的智辩,一种是真的,离开互联网就不能做的,我认为这才叫互联网金融,比如互联网货币、虚拟货币,离开互联网就没有。我认为这是真的金融,它创造了新的品种、新的融资方式。"余额宝"利用互联网快捷的方式,引起这么大的社会效益,是因为我们现有的银行制度、金融管理体系需要改革。比如政府垄断利息，利息是固定的，定期和活期利率都是国家说了算，银行之间很难竞争。你在"余额宝"上存活期，利息最高的时候到过每天6%，你把钱存在银行只有零点几的利率，还不是随时可取。就这么简单的一个事情，互联网公司利用自己大量的用户，简单的互联网技术，极大地触动了银行的利益。这类东西随着改革的进展是没有生存空间的，如美国早年推出过一个类似"余额宝"的东西，后来发现不行，美国银行之间的竞争是充分的，所以美国没有"余额宝"这种产品。这事与技术无关，与改革开放程度有关。金融业对互联网的依赖程度，大家都看得一清二楚。一般来讲，课本有十年的滞后期，总结成学问然后教给学生，所以你指望这个不行，还要准备基础知识，比如你去了哪个银行，人家说我在这个方向上需要一个主管的职位，要求网络通、数学好、理解大数据的道理，你能不能去应聘？这是你真正的挑战。MBA非常实用，不算科学，算技能，技能这个东西时间性极强，很快就过时。所以多学习，至少有学习的欲望，最好再有学习的能力，才有机会。

主持人： 可能很多同学还有问题要问，因为时间关系我们今天就到此为止。非常感谢谢老师今天下午给我们做了一场非常精彩的演讲。我想一定能够警醒我们，对我们以后的学科规划、职业规划甚至人生规划会有很大的影响。再一次向谢老师表示感谢！

（初稿整理：李楠）

故宫博物院的"文物医院"

宋纪蓉

主持人　马跃华（中国社会科学院研究生院副院长）：今天我们非常荣幸地邀请到故宫博物院副院长宋纪蓉老师来给我们讲课。下面我简单向大家介绍一下宋院长的情况。宋纪蓉老师现任故宫博物院副院长，曾任西北大学校长助理、研究生处处长、化工学院院长，教授、博士生导师，西北大学学术委员会副主席，现在兼任故宫博物院学术委员会委员、《故宫博物院院刊》编辑委员会委员、《紫禁城》编辑指导委员会委员、民盟中央委员会委员、民盟中央联络委员会副主任，享受政府特别津贴，国家千百万人才工程人选。宋院长先后主持完成了国家自然科学基金、科技部国家星火计划、教育部骨干教师资助计划、中国博士后基金等 11 项科研项目，培养博士、硕士研究生共计 30 多人，出版了著作 3 部，并在《中国科学》《故宫学刊》《化学学报》等国内外著名刊物上公开发表论文 100 篇，其中有 70 多篇被 SCI、EI 等国际著名索引收录，获得省部级科学技术奖励多项。宋院长在故宫博物院主要分管文物保护科技和学术工作，同时分管非物质文化遗产的保护工作。故宫的古书画装裱修复技艺被列为国家第二批非物质文化遗产，2010 年又有两项文物保护修复技艺被列为第三批国家级非物质文化遗产。在故宫博物院 2009 年第七期学术沙龙上，宋院长阐述了"文物医院"的基础与构建，提出了文物预防科学的理念，也就是今天主要讲的内容。下面让我们以热烈的掌声欢迎宋院长给我们做讲座。在讲座之前我们先请研究生院黄晓勇院长给宋纪蓉副院长颁发我院"特邀教授"聘书并致辞，大家欢迎！

黄晓勇（中国社会科学院研究生院院长）：我简单说几句。我们研究生院非常荣幸地于 2010 年 12 月 28 日与故宫博物院建立了战略合作伙伴的协议，

自那个时候起我们研究生院的文博教育以及相关工作都在故宫博物院领导的大力支持下获得了很好的发展。截至目前，我们聘请了故宫博物院前院长郑欣淼教授为我们的名誉教授，聘请了现任院长单霁翔教授为名誉教授，李文儒副院长为特邀教授，然后我们还聘请了王连起等20余位专家成为我们的教授。我们有50多位同学的硕士学位论文写作和专业学习以及实习，都在故宫博物院领导和各位专家的支持下进行着。故宫博物院的领导还非常关心我们研究生院的文化建设，我们所在的这个讲堂外面的匾额就是由故宫博物院的前院长郑欣淼教授盛邀国学大师饶宗颐先生亲自书写的。我们图书馆正面的那幅《社科颂》书法，是请故宫博物院的张志和教授亲自书写的，我们的很多图书是由故宫博物院捐赠的。所以说，这些年我们跟故宫博物院在学科建设和人才培养方面的合作，在故宫博物院领导和专家的支持下，是非常有成效、非常有成果的。刚才马院长也介绍了，宋院长在学术研究、故宫博物院的管理、人才培养方面都做了很多卓有成效的工作，形成了非常有影响力的学术研究成果。我们研究生院今年有5位应届毕业生到故宫博物院工作，故宫博物院去年招了50多个人，有两万多人来竞争这些岗位，这当中我们研究生院就去了5位，可见故宫博物院的领导，特别是宋院长对我们同学们的厚爱，对我们研究生院文物博物馆教育工作的支持。2015年故宫博物院还将招收很多这样的工作人员，同学们一定要以自己优异的成绩去接受故宫博物院领导和人事部门的检验，争取成为故宫博物院的工作人员。在中国做文物工作，难道还有比故宫博物院更高的地方、更大的地方、更好的地方吗？肯定没有。那么，大家就应该努力凭借自己优异的成绩进到这样一个辉煌的殿堂，从事这样一份非常好的工作和事业。在这当中宋院长对我们同学们给予了很大的关注和支持，所以借这个机会，我代表我们研究生院，也代表我们的各位老师、同学向宋院长，并通过宋院长向故宫博物院的领导表示我们衷心的感谢！

宋纪蓉（故宫博物院副院长）：谢谢大家！尊敬的黄院长、尊敬的马院长，今天能够有机会在这里与同学们一起来探讨故宫的一些相关的科学研究工作，我是非常高兴的。特别是刚才马院长的介绍，确实对我有很多褒奖，因为我以前是在高校工作，也是从事人才培养的，在高校学习工作了28年，所以对我们在座的各位同学能够有这种理想、志向来学习博物馆和文物方面的一些知识，我从内心里特别敬佩。因为在社会的发展过程中，可能更多的年轻人是把眼光集中在了一些可能对生活带来更多享受，就是收入比较高的行业。以前没有多少人选择博物馆这个领域，但是最近两三年，也许大家认为对文化的追求、精神上的追求是人生当中更重要的，所以很多人开始选择博物馆专业。就像有学者说的，当人没吃饱饭的时候只有一个烦恼，就是我什么时候能吃一顿饱饭。当人吃饱饭以后，烦恼就多了，也就是精神上需求的东西多了，怎么办？那就是回归到学文化，要努力让自己精神上的这些追求能够得到满足。所以我到博物馆8年多的感受就是，它是一个非常好的平台，而不管你到故宫博物院里做什么工作。很多年轻人到故宫博物院参加面试的时候，会说我的专业是什么，实际上我告诉大家，你的专业不重要，重要的是你在工作的过程当中，有终生学习的精神和钻研的精神，这个是最重要的。博物馆工作是一个多学科交叉渗透的工作，学什么样专业的人到这里都会找到用武之地。我首先给大家一个建议，就是当你报考故宫博物院的时候，你不要过多强调我是什么样的专业，而要说只要给我一个工作，我都能够胜任，我都能够用心把它做好。我觉得这是最关键的一点。

今天我要跟大家探讨、分析的是故宫博物院目前来说最缺乏人才的一个领域，我今天讲座的题目叫作"故宫博物院的文物医院"，现在全世界都没有一所文物医院，而故宫将在2016年建成全世界第一所文物医院。我们故宫就是要敢为人先，一定要在这方面做出作为一个大国的最大博物馆应有的一些贡献。我要把我的一些思考跟大家做一个分享。我准备从三个方面来谈文物医院。第一方面，我要谈文物医院的基础；第二方面，我要谈文物医院的架构；第三方面，我要谈文物的预防科学。

一　建立"文物医院"的基础

大家都知道故宫博物院是中国最大的博物馆，我们说的"大"，不单是指它的占地面积大——它拥有17万平方米的古建筑群，而且它还有1807558件（套）的文物收藏量，这在全世界的博物馆里都是罕见的。故宫每年的观众有1500多万人。所以这三个方面都决定了故宫博物院是中国乃至全世界较大的博物馆之一。

除此之外，还有许许多多的非物质文化遗产。故宫里留到现在的文物有180多万件，它们都是物质的东西，之所以能保存到现在，就说明在历史上有

无数的工匠们进行着工艺的传承。这些非物质文化遗产，我们把它称为传统的文物修复技术、复制技术，也有制造技术。这些都是中国古代特有的传统手工技艺，是以前的人没有去梳理和思考的。比如，大家知道中国的古书画。所有的古书画都要经过装裱，古书画时间长了以后肯定要修复，要来回装裱、揭裱，再装裱。再比如青铜器的修复、复制。大部分青铜器都是出土文物，这些文物可能在地下埋了上千年，肯定是整器少、碎的多，都需要修复（见图1）。

图1　青铜器的修复与复制

古书画的临摹也是一项文物保护技术（见图2）。我们说"纸寿千年，绢寿八百"，绢画就是用蚕吐出来的丝织成卷。"绢寿八百"就是说绢画的寿命是八百年。这些物质都是有寿命的。历朝历代宫廷里都有画师，画师是做什么的？画师就要把一些以前的好的东西临摹出来，再把它画一份备案。

所以我们在看故宫展览的时候，有时候会发现某个东西已经不是那个

图2　古书画临摹复制

朝代的东西了，而是后人临摹的，但是放了几百年也是文物了。我举个最典型的例子：王羲之的《兰亭序》。《兰亭序》的真迹现在不知道在哪里。有一种说法，是说《兰亭序》在唐高宗和武则天的墓里葬着。但是那个墓谁也没有挖掘过，谁也不知道是不是在那里面。历朝历代有很多摹本，包括乾隆喜欢的《兰亭八柱》。2012年故宫在午门办了一个"兰亭特展"，就把乾隆最喜欢的《兰亭八柱》，即八个手卷都拿出来展览了，包括存放的紫檀盒子，都拿出来了。大家会看到，《兰亭序》的摹本有冯承素的，有褚遂良的，都是这些人在前人的版本上临摹的。古书画临摹在20世纪70年代末到80年代初有一位代表性的人物，即冯宗廉老先生。这位老先生现在已经去世了，他是20世纪40年代天津美术学院毕业的，专门做中国画的。新中国成立以后冯先生先在荣宝斋里做一些古书画的临摹，到70年代末调到故宫，在故宫只做了一件

事。哪一件事呢？故宫收藏了张择端的《清明上河图》，光画芯就 14 米，再加上题跋 17 米，这幅画曾经在 3 年前拿出来展过。这幅书画是揭裱过的，大家知道，《清明上河图》因为经过了几百年，出了一些问题，当时故宫做了一个决定，就是重新临摹一幅，请了当时临摹做得最好的冯宗廉先生到故宫来，花了 10 年的时间临摹了一本张择端的《清明上河图》，这个临摹品已经作为故宫新字号的文物保存起来了。现在的文物保护手段再高明，"纸寿千年，绢寿八百"，这个原件再过上一千年，我相信肯定打不开了。到时冯宗廉先生临摹的《清明上河图》还可以拿出来展示给大家看，看宋代画家笔下的风土人情、街景的情况。他是照着原件临摹的，那么他在说明宋代人的绘画技艺、宋代人的生活情况方面基本最具权威性。所以古书画临摹复制是文物保护的一个手段，是一种非物质文化遗产技艺。

还有木器类文物的修复，这是一个镜子的紫檀底座（见图 3）。还有纺织品类文物的修复（见图 4），漆器类文物的修复（见图 5），百宝镶嵌类文物的修复（见图 6），古钟表文物的修复（见图 7），陶瓷的修复技术（见图 8）。

图 3　木器类文物修复

图 4　纺织品文物

图 5　漆器类文物的修复

图 6　百宝镶嵌类文物的修复

图 7　古钟表文物的修复

图 8　陶瓷修复技术

　　我举的这些技艺都在我们故宫里面，非常丰富，以前的人没有去挖掘它。21世纪以来，人们逐渐重视它，从2005年开始有了国家级非物质文化遗产的申请。故宫在2006年拿到了古书画装裱修复的非物质文化遗产，2011年又拿到了古书画临摹、青铜器修复的国家级非物质文化遗产，2014年又拿到了古钟表修复技艺的国家级非物质文化遗产，另外我们还有几项技艺在继续申报。

　　首先我要谈一谈古书画装裱修复这项技艺的传承过程。一般要申请国家级非物质文化遗产，必须要梳理这项技艺的历史。我是2006年到故宫博物院工作的，在2006年的下半年我们就开始申报，属于"第二批国家级非物质文化遗产"。在梳理的过程当中我发现，古书画装裱修复的技艺有1700多年的历史，在明清时期达到了鼎盛阶段（因为明清时期在故宫里建了一个古书画装裱修复场所，如意馆的画师画好的书画在这里装裱，皇帝收藏的古书画也在这里修复），在当时形成了以北方为中心的京裱和以苏杭为中心的苏裱，共两个流派。实际上这两个流派最高等级的装裱修复师都被皇帝请到宫里来了。1949年以后，国家文物局王冶秋局长再一次把南北两方的高手请到故宫里面来，专门负责一些古书画的装裱修复。20世纪50年代，我们就对张择端的《清明上河图》进行了重新装裱修复。这方面知识大家可以去查文献资料，只要输入"清明上河图"，就能搜到装裱修复完了以后的一些争议。有很多专家也写文章，对那一次的装裱修复进行了一些研究。我们收藏的其他国宝级文物，即一级甲等文物，实际上都是经过后人的重新装裱修复的，大家现在在武英殿展览当中才能看到。当然这些书画不是随便就能看到的，我们有规定，这些一级文物拿出来展览的时间最多不能超过3个月，展览一次以后有3年的休眠期。因为故宫的书画藏品有15万件，所以3年完全可以轮过来。因此大家去故宫，会看到3年内不断有好的书画出来展览。我这里举个例子，《五牛图》中的一头牛，左侧是修之前的黑白照片，右侧是现在修复之后的照片（见图9）。

图9　《五牛图》修复

　　大家可以看到，如果这些书画没有经过文物保护修复的话，现在是没办法拿出来展览的。20世纪50年代的时候就破成这样了，如果当时不修，再过几十年根本没办法拿出来展览了。我再举一个例子，这是前两年新疆吐鲁番出土的一只唐代的古鞋（见图10）。这种修复技艺实际上在中国很多地方已经失传了，在我们故宫还有十几位同人在传承着这种技艺。当时这只古鞋出土以后，他们发现古鞋的底部有很多文字。出土的文物上有无文字，标志着这个文物的等级高低。文字对于考古学家研究它的历史信息、艺术信息是非常重要的。当时他们就决定要进一步研究这些古文字，但是如果不把它里面的东西揭示出来，就没办法研究，所以当时他们不敢动这个文物，后来请了故宫的徐建华师傅到新疆去。大家看，左侧图是徐师傅一层一层揭出来的所有的纸，都是带字的，这对他们的研究是非常有用的。右侧图是完全复原后的古鞋（见图11）。

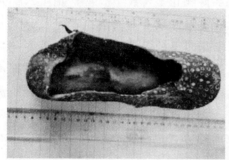

图10　吐鲁番出土唐代古鞋

图11　从古鞋上揭下来的带字的纸和修复后的古鞋

　　还有许许多多其他博物馆做不了的修复，也是请我们故宫的专家过去支持他们。还有一个案例，故宫博物院有一个乾隆花园，是乾隆皇帝提前盖好的，想退位以后颐养天年的地方，实际上最后乾隆也没有用。在乾隆花园的最北边，有一个倦勤斋，这个古建筑最大的特点就是它的通景画，故宫里只有倦勤斋整个房子的顶部、墙壁都用了宫廷画师画的画，其他的房子最多就是一面墙贴一幅画。倦勤斋这200多平方米的通景画的修复也是我们文保科技部古书画装裱修复的师傅们完成的。这就是修好以后通景画的照片，大家会看到顶部有许许多多的紫藤（见图12）。它不是简单的平面画，它用了西方透视的画法，你站在这个小戏台的前面，会看到每一串紫藤都是掉下来的。包括墙壁的画，都是透视的画法，好像这个房子的外面还有一个景观。它的画法明显受到了以郎世宁为代表的西方宫廷画师的影响。据聂崇正先生的研究，倦勤斋通景画中墙上这只鹤是郎世宁的亲笔，其他的可能都是郎世宁指导学生画的，因为这只鹤画得活灵活现的。现在故宫有一部纪录片——《数字故宫》，很快大家会看到。2015年10月10日之前，我们会把端门打造成故宫的数字博物馆。《数字故宫》拍了六部片子，其中有一部片子就是倦勤斋。乾隆花园并没有对游客全面开放，只是把假山和亭子对游客开放了。因为乾隆花园里的一些房子很小，游客一旦进去了就会破坏戏楼、地毯，包括通景画，因为游客会去摸，所以我们就把它做成了《数字故宫》的片子。大家观看的时候仿佛身临其境，近距离地去看通景画，喜鹊活了，鹤也活了，紫藤也是一串一串的。总之《数字故宫》将带游客走进这些不对外开放的地方，包括养心殿的三希堂，只有4.8平方米。

图12　倦勤斋贴落修复前、修复中、修复后情景

同时，故宫也为全国各地的博物馆培养这方面的人才，因为很多博物馆老请故宫专家去修复，我们一共就十几个工作人员，每年有几十个展览，几十个大大小小的修复，涉及的文物有300多件，都要进我们的"文物医院"（现在叫"文保科技部"），我们不可能把工作人员都派到别的馆。故宫在

2013 年的 3 月 4 日至 5 月 31 日举办了培训班，为全国各地 11 家文博单位，包括一些博物馆，培养了 14 名古书画装裱修复的学员。

下面我再重点谈一下另一项非物质文化遗产，就是青铜器修复复制技艺。青铜器在中国很早就出现了，到了明清时期，青铜器的修复复制已经非常成熟了。我们国家青铜器修复复制技艺有北京派、潍坊派、西安派等。故宫博物院目前青铜器修复传承的技艺，主要是以京派古铜张派为主。古铜张的第三代传人是赵振茂，他的师父是谁呢？他的师父追溯上去是一位太监。通过查文献资料我们知道，古铜张派的传人实际上是在 1924 年冯玉祥的部队把溥仪彻底赶出宫的时候才出的宫，他到了琉璃厂，用他的技艺开了一个小作坊，并开始收徒弟。赵振茂的师父就被他收为徒弟，然后赵振茂的师父再培养赵振茂。当时为什么在北京会有很多这样的作坊呢？北京是个文化中心，从明清时起，很多古董商都集中在北京，他们把西安、河南出土的这些青铜器贩到北京来，在北京修，甚至还有作假，然后卖给外国人。所以现在很多国外博物馆里，有很多假东西，包括书画、青铜器，但是真的还是占多数的，毕竟当时作假不像现在这么疯狂，当时都是偷偷作假。这些作坊里的师傅都是人家拿一个真品让他修，他肯定要再做上一两件假的。这里还有一个故事跟大家分享一下。我到了故宫以后，做青铜修复的师傅，也就是赵振茂的徒弟给我讲了这么一个故事。20 世纪 50 年代的时候，当时故宫有一批"大家"，大家知道唐兰先生，那是中国顶级的"大家"，跟郭沫若是很好的朋友。有一次有个人要给故宫捐一件青铜器，故宫不能随随便便就要，于是请这些"大家"来鉴定。当时请的唐兰、郭沫若，这两个人肯定在场，还有哪些人我就不清楚了，他们说有赵振茂。这些人都看着这件青铜器，研究后发表意见。唐兰发表意见说这个青铜器有多么好，郭沫若也说不错。赵振茂师傅一直没说话，后来叫他的徒弟提一壶开水来。只看赵振茂师傅不慌不忙地提着这壶开水对着这个青铜器就浇下来了，在场的人都惊呆了。当时这个青铜器放在一块白桌布上，大家都戴着白手套看。浇完后，只看青铜器流下来的水把白桌布给染了，赵振茂师傅不慌不忙地把这个青铜器翻过来说："大家看一看，这件青铜器是我复制的，我留了个记号在这儿。"那些"大家"脸上都挂不住了。我想说的是，你们不要看不起有技术的人。在故宫里我们更多强调的是你的应用，因为大家读的都是应用硕士，是不是？动手的人才真正了解文物。文物是有生命的，是活的。就像医生一样，动手动得多的人才是真正的专家，是了不起的国宝级的专家。自那次以后，所有的人都对文物保护专家刮目相看，认为这种传统技艺确实了不起。经过赵振茂和他的徒弟们的工作，故宫许许多多的青铜瑰宝都修复如新，肉眼根本看不出来哪个地方修复过，哪个地方做旧过，当然在现代检测仪器下都一目了然。现在我们要完善这些文物的修复档案，因为以前没有那些先进的仪器设备，记录得没有那么详细，现在我们给这些一级甲的文物做完善的修复档案，我后面会讲到的。比如说大家知道甘肃出土的"马踏飞燕"，当时出土以后碎了，当地修不了，送到故宫来，都是赵振茂师傅带着他的徒弟修好的。这里有一些例子，是修复前、修复后的照片（见图13和图14）。这是陶瓷的修复（见图15），这些是外国文物修复（见图16），我就不多说了。

图13 父乙觯修复前后对照

图14 青铜卣修复前后对照

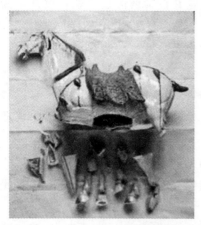
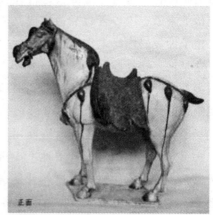

图15 唐三彩马修复前后对照

图16 外国瓷雕修复前后对照

　　下面再介绍一下传统钟表的修复，这是在今年纳入国家级非物质文化遗产的。我前面讲的都是有1000多年历史的古书画装裱修复、青铜器修复，大家对古书画、青铜器都比较熟悉。至于钟表，大家会说："它为什么也是非物质文化遗产？"实际上我们申报梳理的时候发现，钟表只有300多年的历史，没有那些项目历史长。但是我想说，它是一项很有特点的技艺，在全世界我们都是很有影响力的，这项技艺在故宫里是从来没有断过的。刚才我讲青铜的时候，讲到1924年冯玉祥部队来了以后彻底把溥仪他们都赶出去了，但钟表修复人员就没有赶走。为什么？大家知道当时的钟表不是文物，故宫的房间里都在用，老式钟表都是上发条的，每天都要上，走慢了、走快了还得拨，发条断了还得修，是不是？只要是机械的东西就会有磨损，磨损了就要修，

所以当时没有让这些师傅出去，古钟表这几位师傅的技艺就在故宫里面一代一代传下来了。1949年以后故宫成立了文物修复机构，当时叫文物修复工厂，专门建了钟表的修复工作室，这些师傅也是一代一代带徒弟，继续在这里工作。这是钟表修复前后的照片（见图17），修复过程非常复杂。大家现在到故宫去参观钟表馆的时候，会看到那些钟表全部是被修复的，没有修复的就是我刚才给你们看的这个，脏兮兮的，一堆一堆的。1949年以后，就把钟表当文物了，都收到库房里面，不能用了，不能在每一个房间里面摆一个钟表了。大家知道以前故宫没有盖地下库房的时候，都是地面库房。窗户和门都是透风、透灰的，放在里面自然就是这样一个状态。现在修好的钟表我们放进地下库房，没修的钟表还在地面库房。

图17　修复前后的象钟对照

我再给大家讲一个故事，讲这些修钟表的师傅到国际上去交流的时候多么受人尊重。我记得我们跟大英博物馆有一次合作，现在大英博物馆里面看不到这样的大钟表，他们的钟表大部分是那种小的（如怀表），只有故宫博物院收藏了这种大钟表，有1000多件。因为故宫的钟表里面有很多英国钟表，大家到钟表馆可以看到，专门有一个展柜就是英国钟表。英国钟表里面有很多著名品牌，英国人都知道却没有收藏，所以他们跟我们交流的过程中会炫耀他们的大本钟。大家知道英国议会大厦旁边有一座高高的楼，去那儿的人都会去参观大本钟。游客一般都在下面照个相，看一下那个大本钟就行了。我们的专家去跟他们交流的时候，他们把专家请去，请到大本钟的顶部，看大本钟的机芯。意思是说，尽管大英博物馆里面没有大钟表的收藏，但是我们有全世界最大的钟表的机芯。那个机芯很壮观，我们的师傅说有几层楼高。

英国工业化以后的生产能力真的很强,造的那个齿轮就像大车轱辘,一个一个咬合到一起,确实了不起。他们非常尊重我们的师傅,他们的人也到我们的工作室来,交流大型钟表修复的合作。

我们还保存有中国古书画的临摹技艺,这个临摹复制技艺也是我们申请到的一项非物质文化遗产,刚才我讲到的《清明上河图》的临本,已经作为新字号的文物收藏在库房里了。还有很多,我就不一一说了。他们现在每年都有临摹任务,我们还替别的博物馆临摹。像刚才说的冯宗廉先生用10年的时间临摹了《清明上河图》,他还替辽宁省博物馆临摹了溥仪带到长春伪皇宫

图18 《文苑图》摹本

的《虢国夫人游春图》。我们把古书画临摹复制技艺作为文物保护的一种技术,是为了在几百年、上千年以后看不到或者打不开原件的时候,给后人参观摹本用的。这是我们古书画临摹的一些作品(见图18、图19和图20)。

图19 丁观鹏《罗汉像》摹本

图20 《雍正妃行乐图》摹本

这个是木器家具修复,是前面讲的镜子的紫檀底座,左图是修复前,右图是修复后,大家可以对比看一下(见图21)。

还有宝玉石镶嵌,左图是修复前的照片,右图是修复后的照片,非常了不起,修后和修前用肉眼看根本看不出来(见图22)。

图21 紫檀龙纹大穿衣镜修复前后对照

图22 紫檀镶黄杨木云蝠勾莲双连盒修复前后对照

这是纺织品，左图是修复前的，大家能看到有很多皮毛受损，右图是修复后的（见图23）。

图23 明黄色缂丝彩云金龙纹镶皮边男夹朝袍修复前后背面效果

还有囊匣技术，一说到囊匣，大家可能觉得就是个盒子。其实不是那么简单的事。它不是一个简单的包装盒子，皇帝的盒子是很讲究的，只是这些师傅没有总结。实际上如果你用科学的态度去认知它，你就会知道它用的材料和古人为什么要拿文物来做囊匣，都是有道理的（见图24）。

图24　文物囊匣的制作

前面我讲的这些都是传统工艺，我们把它叫作非物质文化遗产。这些传统工艺就是我们"文物医院"的基础之一，我把它归为"中医学"。大家知道现代医学在中国引进比较晚，协和医院是1925年才真正建成的，再早的有德国医院，是20世纪初出现的。现在的北京医院的前身就是德国医院，原来那一块全是德国的租界，1949年以后演变成白求恩医院，后来就是北京医院。还有法国医院，法国医院现在没了。我举这些例子是想说，我系统地检索这些资料以后发现，实际上文物保护这个领域和医学很接近。为什么说很接近呢？我是学化学的，我们从物质的角度来说，化学是研究什么的？化学就是用科学的方法来认知物质的最小微粒。那么物质是由什么组成的？分子。分子是由什么组成的？原子。原子是由什么组成的？中子、质子、电子。现在的科技发展使人又认知了夸克，对不对？认知的微粒越来越多了。化学就是认知物质。那么文物是什么？文物是物质。人是什么？人是物质，人就是有机体。人最后降解成什么？降解成元素，无论用什么方法，是土葬还是火葬，最后都降解为元素。整个世界的物质是不灭的，物质由元素组成，元素会组成各种各样的物质。文物也是一样的道理，对吧？它也是物质的。只是我们人体是有机质，文物更复杂了，比人还复杂，它除了有机质以外还有无机质。书画、丝织品、象牙这些都是有机质；瓷器、青铜这些都是无机质。医学研究人体这个有机质，如何让我们延年益寿，这是医学的目的。文物保护做什么？就是研究所有的有机质文物和无机质文物，让它们延年益寿。从科学的角度来谈，这些都是一样的，都是让物质延年益寿。那我又进一步查询，医学是怎样传承的，怎样发展到现代医学的。它跟文物保护是类同的，只是起步比文物保护早。医学最早在任何国家都是经验医学，我们中医学也是经验医学。李时珍的《本草纲目》就是李时珍自己去尝大自然的很多药，把它记录下来，他尝的药不仅仅是《本草纲目》那一点，他尝了很多。除了李时珍还有很多人，有很多人付出了生命的代价去积累这个

经验。一代一代人传承下来，李时珍将它们记录下来。到了 1840 年，首先是德国的科学家在实验室里发现了 X 光，他发现这个 X 光能穿透物质，那能不能穿透人呢？他就把这个 X 光引入医学，用它去照人，发现了人的内脏、人的肋骨，发现人体里面这么奇妙。所以把 1840 年作为现代医学的起点，也就是说把实验室里发现的科技手段用在了使人体延年益寿上，用在了对人体的保护上。我们可以用一些先进的手段来进一步地认知人体，而不是像以前一样想象人体里面是一个什么样的状况，是实实在在地能看到了。中国的现代医学起源就是我刚才说的现代医院的建立。我经常到协和医院去，在协和医院的老楼候诊的时候，我就看它两边的老照片，那些老照片记载了协和医院在 20 世纪初建院、奠基时的情况，包括它当时的试验室，我看着就很亲切。我们要把科学引进到传统修复技艺里面来，因为传统的修复技艺已经有上千年的历史了，就像中医学一样，一代一代人传承着。现代科学技术的手段也要像医学一样，进入文物保护中。这也是我们"文物医院"的另一个基础，即现代科学技术的手段。为什么使用现代科学的手段呢？因为现在我们处在 21 世纪了，科技已经发展得很好了，各行各业都有先进的技术手段。就像我们学化学的，知道有 X 荧光技术、红外光谱技术，我们为什么不用呢？这些先进技术从实验室走进了文物保护的领域里面，走进了"文物医院"，我们用这些先进技术来研究文物，来进一步地认知文物，让它延年益寿。现代文物保护技术支撑我们去修复文物，给文物做手术。故宫博物院从 2005 年就开始大规模使用现代科学技术。有低温冷冻消毒设备，就在我们地下库房，即一期库房的外面。有熏蒸设备，腔体都是很大的，我们所有的文物从库房里面出来，在国内外展览了以后回来的时候，都要经过灭菌处理。大家知道空气当中的病菌、细菌很多，很多文物最怕这个。比如说书画上的霉菌，这个是最可怕的，如果库房里出现了霉菌，对书画来说都是灾难性的，所有的书画都会被污染。我们现在的仪器设备很多，有几千万元的仪器设备。等 2016 年故宫的"文物医院"真正建成的时候，这些仪器设备都将发挥重要作用。

我现在就跟大家谈一谈如何用科技的思维来真正做文物的科技保护。我在 2006 年来到故宫以后也一直在学习，参观每个工作室，了解传统工艺都是做什么的。我到了青铜修复工作室以后发现，河南省考古研究院送来了两大包刚出土的青铜鼎的碎片，就是前面我跟大家说的那些碎片。9 个鼎混在一起了，他们就倒了一地，铺在那里用肉眼选，这些可能是一个鼎，那些可能是另一个鼎。我一看，说这个办法要改进。大家可能都玩过拼图，我曾经拼过一个 1000 多块的，拼了 3 个多月，很难，而且错误率很高。但是文物修复要求很高，最好没有错误。我就想起来，当时我在西北大学的时候，我们信息学院的院长周明全教授做过一个课题，是国家科技部的课题，是关于兵马俑碎片修复的。大家去看过兵马俑吧？那些兵马俑的俑人都是修复过的，在修复的时候我跟他有过课题的合作。他用先进的技术——三维激光扫描仪，带着他的那些博士生、硕士生到现场去，把每块碎片标上号，用三维扫描仪和三维照相技术把那些兵马俑的碎片都扫描进去以后，在计算机里面进行无数次比对，然后在计算机里面先复原，之后再指导文物工作者在现场修复复原。我一想这个技术可以用于我们青铜器，所以我就跟他联系。我让我们青铜修复室的师傅申请了一个故宫博物院的课题，就叫"青铜器修复传统拼接技术的科学化研究"，这样就把二者结合起来了。周教授带着他的学生来扫描这些碎片，再结合师傅们的传统经验，这样来做修复。这就是模拟拼接的原理，是在计算机上进行的。这就是我说的那些碎片（见图 25）。计算机模拟拼接只是一部分，同时我们还要用 X 光照相技术，对大的碎片进行照相研究，研究了以后发现中间那块大的碎片上有铭文，这个是肉眼看不到的，因为上面全是锈蚀层。当照出它有铭文以后，保护的过程就要特别小心了。当时我们还请了北大的教授来给我们讲这些铭文是什么意思，让我们的师傅加深对这些文物历史价值的认知，这样在修复的过程当中才会更尊重这些文物。文物保护工作者就像医生一样，和文物之间要有交流、沟通和认知，然后才能用心去保护修复它。

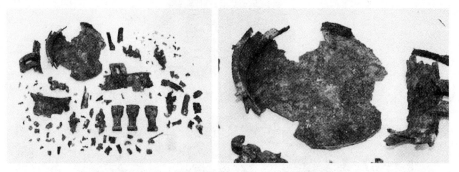

图 25　出土青铜器碎片和出土青铜器底部

这是修完以后的，非常完整（见图 26）。这就是用一整套科学思维、科学的方法来进行的文物修复。

我再举一个例子，这是我们故宫的一个藏品，有文物号，是清代同治皇帝小时候穿过的一件单褂（见图 27）。大家看，这是修复前（见图 28），它的

图 26　完成修复的青铜器

里面有很多大面积的霉斑。我们通过三维视频去看它纤维里面的霉斑是什么状况。当放大 50 倍、100 倍、200 倍的时候，可以在显微镜下清晰地看到霉斑已经在纤维表面形成。图 28 和图 29 是一个对比，图 29 的 3 张显示的是经过保护处理的，在三维视频下 50 倍、100 倍、200 倍的情况。因此，做不做这种文物保护处理，对于文物来说是完全不同的状况。如果做完了文物保护处理，有可能它再放上 1000 年也不会坏；但如果不做保护处理，这些霉菌在里面不停地繁殖，文物很快就会糟朽了。图 30 是修复后的照片。

图 27　修复前的清同治石青纱绣八团云金龙单褂

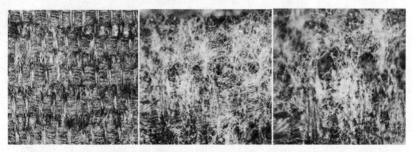

图 28　三维视频显微镜观测霉斑清洗前 50 倍、100 倍、200 倍结构图

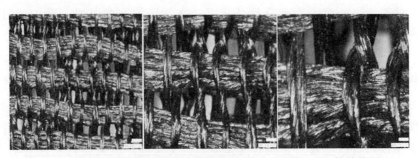

图29　三维视频显微镜观测霉斑清洗后50倍、100倍、200倍结构图

图30　修复后的清同治石青纱绣八团云金龙单褂

还有一些铁器，这是在处理之前的状况（见图31左）。大家知道铁器最容易糟朽，如果不处理好，它最后就会变成一堆粉末。处理前我们也要对它的原材料进行分析，分析它含有哪些元素，我们根据元素就知道它粉末化的程度。我们用X射线对它进行分析研究，根据分析研究的结果再进行处理。要是处理不得当可能就会带来过度的保护。图31右图是处理完的情况。

图31　1979年出土于大武汉齐王墓的汉代铁戟修复前后对比

　　前面我讲的第一大部分就是建立"文物医院"的基础。就中国目前的状况来说，不是每一个文物保护单位，也不是每一所博物馆都能够成为"文物医院"。为什么不可能？我举个例子。中国文化遗产研究院，是国家文物局直属的机构，有 90 多名员工，是全国最大的文物保护研究机构。但是它最大的不足是什么？它没有文物。没有文物，就像一家医院没有病人，你能号称是一家医院吗？我想这就是缺陷。现在的情况是，各地方有了考古现场以后自己把着，它们有文保中心，文化遗产研究院得去跟它们合作。中国几十所大的博物馆我都跑过了，它们有文物保护人员，但是藏品有限。比如上海博物馆，它最强的藏品是瓷器、青铜器这两项，书画还可以，但是不算很强，南京博物院的书画可能要比它强一点。上海博物馆有书画修复的、瓷器修复的、青铜器修复的，但没有其他种类的修复人员，在我看来它就是一个诊所。南京博物院也一样，门类不全，相关工作人员也很少，上海博物馆大概只有 30 多个人，南京博物院也就几十个人，故宫博物院有 90 多个人，跟文化遗产研究院的工作人员一样多。但是故宫博物院每年有 300 多件文物进来，相当于有 300 多个"病人"进来，故宫博物院的文物不能送出去修，只能在故宫里修。大家知道，医学这种动手的学科，只有动手多的才能成名医，看的病例多才能成为名医，毕竟需要在过程当中积累经验，光读书多不行。大概十几年前，凤凰卫视有个很有名的主持人，叫刘海若，她在英国坐火车旅行出事故了，脑部受了重伤。当时英国的专家已经宣布她脑死亡。她家人不甘心，就请凌锋教授去会诊，凌锋教授专门坐飞机到英国去，认为她还有救。她的家人就把她送到北京，结果真的救活了。后来凤凰卫视的记者就采访凌锋教授，这个节目我看了。记者问凌锋教授："当时你到英国去，她家人叫你去会诊的时候，英国的专家都已经宣布她死亡了，没法救了，你为什么敢说她还有救？"他说："英国的专家一年才做多少台开颅手术？我一年做 1000 多个。每天就做好几个。"我一听太厉害了。你想他积累的经验有多丰富，他去一看就知道有救没救。我们修文物也是这个道理啊！每年 300 多个文物由故宫博物院的专家修，而且是各类文物。你说我们再不担负建设中国的"文物医院"的责任，谁来担负？我前面讲的第一大部分说故宫博物院有这个能力建世界一流的"文物医院"，因为我们不仅有传统的修复技艺，就是我们说的"中医学"传承，而且我们还有现代的科技手段，所以我有信心说，我们有建"文物医院"的基础。

二 如何构建"文物医院"

仅仅有基础是不够的，所以第二个部分我想要跟大家探讨如何构建"文物医院"。2007 年我就提出来我们要建文物保护的修复档案。以前所有师傅带徒弟这种经验型的传统技艺，有一种保守的思想，就是徒弟学会了师傅就该"饿肚子"了。以前的人都是这么想的，所以师傅带徒弟就不愿采用文字记载的形式，不利于科学化。我们要建"文物医院"，就一定要把技艺记录下来。我到故宫以后去查他们修过的档案，发现有一个问题，是什么问题呢？文物修的时候他们不记，或者只记文物号、文物名称、修复人、当时文物的伤况，很简单。你看完以后心里会觉得："哎呀，怎么能这样对待文物呢？"一个人去看病，现代医学的流程是，先挂号，挂完号给你一个病历，医生很详细地问诊，然后都记载在病历上，包括你做了什么检测，开的什么药，手术怎么做的，整个过程都是完整的。我们对文物也要像医生一样，进行很详细的记载。在这个问题上，我们就反复地跟我们科技部的几十位同事讨论（因为各个岗位还不一样），关于哪些应该记录，我们做了一个详尽的规划。我们建立了文物修复档案，这个档案在应用过程中不断地完善，而且还在数字化。这几年我们始终在做这项工作，并且要把它做好。等到 2016 年真正的"文物医院"建成之后，我要求的是：所有电脑里的资料调出来，都能清清楚楚地看到文保科技部正在修的文物有哪些，修过的文物有哪些，每个文物修的日志内容。可能 50 年以后、100 年以后这个文物都拿不起来了，但后人调出这个档案，还能看到曾经的状况：做过几次手术，修复人是谁，都是怎么做的，用什么材料做的，工艺的过程，每天都是怎么做的。我想这才是一种科学的精神、科学的态度。下面我就具体地说一说这个档案里实实在在都有哪些东西。

举个例子，这是一个漆盒的修前照片，这是必须要附在档案里面的；修中照，就是修的过程当中的照片，这就是对比照，一半保护过了，一半没保护；最后附上修后的照片（见图 32）。

除了档案以外，我们要做的第二件事情，就是建立标准。科学精神的体现之一，就是大家都要按同一个标准去做，过程要规范。就化学这个学科来说，我的感悟是，在 700 多年的历史发展过程当中，如果没有门捷列夫的元素周期表这个标准的建立，化学就没有基础。门捷列夫发现元素有规律，他

图32　漆器修前局部、修中、修后照

就把它们排列起来。当时他排列的时候中间还有很多空儿，因为科学家没有发现那么多元素。但是他找到了一个规律，就把它写出来。后来人们不停地往里面填空，发现新元素就填一个，又发现新元素就再填一个，这也验证了他的规律是很正确的。所以一个人的思想是最重要的，有了科学的思想才能建立起一个学科。当然，后人也在这种思想的指引下不断产生新的思想，化学学科再细分，就分成无机化学、有机化学、物理化学等，建立起一个新的理论框架。对于文物来说，我们认知它的理论框架，首先是从文物的病态诊断入手，即要进行图示标注，大家要有一个共同的语言。医学有医学的语言，化学有化学的语言，全世界都是一致的，用公式或符号来标示，大家都能看懂，一目了然，这就是所谓的标准。文物保护是一个新学科，大家以前没做过，怎么建立一个共同的标准？我就跟工作室的老师一起讨论。我说："你们在一线，成天看'病人'，可以用通俗易懂的图案来标识这些病害。"下面我们举些例子。这是一个贴落，就是乾隆花园里面的一面墙上贴的一位宫廷画师画的画，一张巨幅的画，大概有五六米长（见图33）。

　　图33a是修复前的照片，如果你只照一张修前的照片放在档案里头，过多少年以后就没法看清楚它的病害。图34是一个病害标识图，这就相当于是一种标准语言。如果只有一张照片，你根本看不出哪里有霉斑。但有了标准语言后就很方便了，一个病害标识图放在档案里面，过100年、200年以后，后人一看都明白。可能100年以后又出霉斑了，一查档案就知道当时是怎么清理的，一目了然。因此，我们一定要在新的学科建立起来的时候设立一种标准语言，一种大家公认的语言。

　　下面来谈一下如何在过程当中会诊。我们目前用现代的仪器设备进行会诊，来确定修复工艺。图35是在为书画拍摄显微照片。显微照片是为了认知书画的材质，因为一幅画是由好多层组成的。图36是我们在显微镜下观察到的纤维结构，观察这个纤维结构是为了制订修复方案，要明确画芯是什么纸，然后背后的命纸是什么纸。

a 修复之前贴落

b 贴落的病害标识

c 修复后的贴落

图 33　贴落修复前后对比照和贴落的病害标识

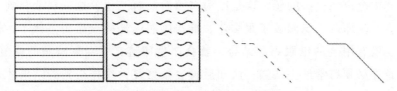

缺失标识、折皱标识、残损标识、断裂标识

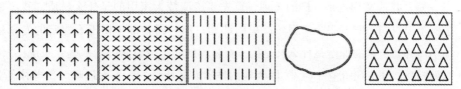

霉变标识、污染标识、变色标识、空鼓标识、粘连标识

图 34　病害标识

图35　拍摄显微照片分析材料的质地

图36　显微镜下观察到的纤维结构

一般的书画装裱后后面是三层，我们要搞清楚是什么纸，这样在揭裱了以后再修复过程当中覆被回去的时候，才能够按原来的纸进行覆被（见图37）。

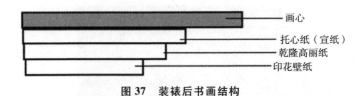

画心
托心纸（宣纸）
乾隆高丽纸
印花壁纸

图37　装裱后书画结构

大家到展厅去看书画展的时候，会发现一个问题，书画挂在墙上会上翘，而且有的书画中间会出现折痕。为什么会出现这些问题？因为书画在装裱的过程当中，有一个步骤叫上墙，上墙的时候一定是平平整整的，然后才能取下来放在桌子上。在装上轴之前都要拿鹅卵石在背后压，打上蜡以后压，目的是让它平整。既然在装裱过程中是那么平整的一幅书画，为什么在展览的过程当中会出现这些问题？这是因为书画后面有三层，这三层纸和画芯之间肯定会产生印迹。老画放了很多年，纸与画芯已经完全融为一体了，揭裱了以后，没有用老的纸跟画芯结合，就会产生印迹，就会影响画的修复保护。所以首先必须科学地去认知，认知后再装裱修复，这样得到的结果才是最好的状态，可能这幅书画过20年、30年都不会再出问题。

修复其他文物也是一样的道理，首先要搞清楚人家用的是什么材质。我再举个例子。我们当时有一个申报到院里的课题，那些器物部里做玉石鉴定的专家就很不理解。申请的课题是什么？是搞玉石材料的科学分析研究。那些专家说："你修就修吧，还去研究它干嘛？"因为他们是学人文社科的，不太理解。我当时在学术委员会的会议上跟他们说："我举个例子来证明为什么要科学地研究它，比如说绿松石，在中国有三个产地，我们用仪器去检测，这三个地方的绿松石里元素的含量都是不一样的。不同地域同一个名称的物质肯定是不一样的，这种差别体现在它的色彩上，包括绿松石里面的黑线都是不一样的。黑线多就是含铁量多，绿颜色重就是铜的含量高。"我要告诉大家，现在每个文物修复工作室里，做木体结构家具修复的就是雕塑系毕业的；做古书画修复的有中央美院国画系毕业的；做漆器修复的有清华美院搞漆器修复研究的；做古琴修复的连制作古琴都会，这些人很能干的；丝织品修复保护的人员中有北京服装学院毕业的、清华工艺美院毕业的。我把文物保护定位为人文社科、自然科学、工程技术交叉渗透的综合学科。实际上医学也是一样的，学医学的人首先要学化学、生物学、地理学等，而且是要求非常高的，他们四大化学都要学。所以在文物修复这一方面，我们对人员的综合素质要求是很高的。例如，对青铜器的修复，我们要利用显微镜观察。图38是一个鎏金佛像的底部，我们用肉眼是看不到的，用显微镜放大几百倍以后才能看到有害锈从里面长出来了，那么就要赶快保护了。

结合保护修复工艺，一定要开展科学研究。医生也一样，每一个病例都要研究，如果不研究他的技术就停滞了。比如利用"落壳"的方法来处理青铜器的粉状锈。最原始的除锈方法很简单，就是剔除；进步以后是氧化磷，是化学方法；现在有更好的方法了——落壳。

图38 利用显微镜观察到鎏金佛像上生长的有害锈

有了"文物医院"，我们不希望文物老到医院来修，是不是？文物最好不要修，就像人，我们不希望人老进医院，我们要每年定期进行体检，要预防，最好不要得病。所以接下来我要强调的是我们要有文物的预防科学。预防科学是医院最主要的一部分，为什么要有预防科学呢？因为不但自然环境有干扰，如火灾、地震，还有人为的风险。图39是故宫一天4万游客的状况，图40是一天8万游客的状况，图41是一天18万游客的状况，图42是18万游客时候故宫的局部情况。这么多人拥进去，给文物带来的潜在危险是非常大的。

图 39　一天参观人数为 4 万时的故宫

图 40　一天参观人数为 8 万时的故宫

图 41　一天参观人数为 18 万时的故宫

图 42　一天参观人数为 18 万时的故宫局部

　　2002 年故宫全年的游客量是 713 万人，当时比卢浮宫少，卢浮宫那年是 800 多万人。2012 年故宫全年游客量是 1534 万人，卢浮宫没有突破 1000 万人。经过我们不停地做错峰宣传，到了 2013 年后稍微降下来一点（见图 43）。从目前财务处报告的购票情况来看，2014 年游客量可能还会突破 1500 万人。

　　2011 年故宫成立了世界文化遗产监测中心，我们从 10 个方面进行监控，包括可移动文物、不可移动文物，故宫里的植物、人员等，这就是预防科学的一种思维。我们不停地监测，提出方案来预防。

三　文物的预防科学

　　下面我要谈核心问题，就是未来的"文物医院"。刚才我谈的那些都是如何去建"文物医院"，以及建"文物医院"的基础。我现在要谈的是未来故宫"文物医院"的状况。我们从故宫的西华门进来以后，首先看到的是中国第一历史档案馆，然后往北沿着西边的城墙，一直到我们研究室所在的城隍

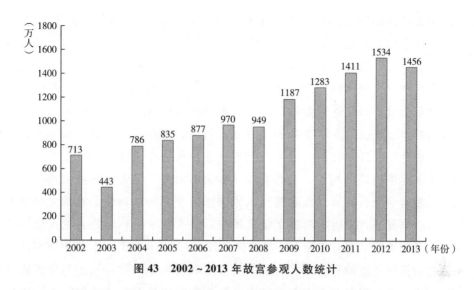

图 43　2002～2013 年故宫参观人数统计

庙古建筑，大概 350 米左右，里面是最现代化的一个"文物医院"（见图44）。

图 44　未来的"文物医院"

　　大家看到两边是两个走廊，中间的门是一个过道，这个过道能看见两边的修复工作室，人们可以参观修复过程，当然刚开始不可能让所有的观众都来参观，只能是供专家和学者交流。这个"文物医院"离我们的一些库房很近，在库房和"医院"之间有一个 20 米的地下通道，将来所有修复的文物都不用运到地面上来，因为我们的库房都是恒温恒湿的，"医院"也是恒温恒湿的。这个"医院"的基础设施 2013 年已经开工了，预计 2015 年底主体建筑全部盖好，2016 年我们整体搬进去。我们现在正在规划里面的设计，就是哪

一块是文物检测中心，哪一块是书画修复中心，哪一块是青铜器修复中心，看看怎么布局合理化，以及 IT 技术、云计算技术等这些新技术如何融入进去。我们最近申请到北京市科委的一个 1000 万元的重点课题，主要研究内容就是如何在"文物医院"里运用新技术。就像大学里的远程教育，在医院里叫作远程会诊。如何远程会诊？比如说大英博物馆里一个来自中国的文物要修复的时候，现在的办法是我们的专家要过去，看看这个文物怎么坏了，然后怎么修理。以后，我们的专家可以先会诊，在这儿通过新技术先看看这个中国文物哪里出现问题了，会诊完了，如果有需要，再带材料过去修复。陕西的昭陵有一个石刻的《六骏图》，《六骏图》里其中的两骏，有两大块在美国。当时修复的时候请陕西省文物保护中心的专家专门到昭陵去把这个石粉带上，拿到美国，跟胶等和在一起来修。我 2012 年去看了一下他们修复的结果，比用美国当地的石材修得好，因为技术和材料不一样。几乎与原件修得一模一样，肉眼基本看不出来差别。远程会诊也会在我们"文物医院"里应用。"文物医院"的中控负责人是现在文保科技部的史主任，他原来一直在陕西电大做总工程师，陕西电大就是做远程教育的，所有陕西做远程的设备都是经他的手一代一代改进的，所以他最懂这些技术，这回这个课题就是由他牵头。那天北京市科委主任还到故宫来跟我们座谈，他说支持故宫永远没错，现在我们每年拿出 1000 万元来支持故宫。为什么呢？因为郭金龙同志当市委书记了以后，提出了一个新的理念，以前说北京是中国的政治中心、文化中心、对外交流中心，现在加了一个，叫科技创新中心。所以在科技方面安排了很多经费，文化方面从中央到地方都很重视，而且温饱问题解决以后肯定要靠文化来解决精神上的问题。大家都认识到了文物保护是一个新的学科，是一个新的领域，空白点太多，所以这一领域可做的事情非常多。我们国家现在富强了，有能力了，基础设施也完善了，但是理念还不够先进。先进的思想可以指导我们的行为，没有先进的思想就没法做先进的事情。20 世纪 80 ~ 90 年代我们是跟着国外跑，都想出国留学去看人家的先进设备；现在我们出国留学回来以后发现中国与他们齐步，我们有了钱，有了先进仪器设备以后，我们是跟他们处于同一水平线的，我们也在国际上发文章了，我们的文章也被 SCI 收录了。那么现在我们要做什么事情呢？现在我们要做的是领跑，是原始创新。我们跟着时代的脉搏不停地走，在此过程中意识到我们要领跑了。不管你在哪个行业，你都要敢为人先，敢去思考，敢去想外国人没有想的事情，敢去做外国人没去做的事情。所以我到故宫这 8 年多，每年都有出国的机会，我们有很多展览在外面办。我每年基本上有两三次出国机会，去了以后我去看国外的文物保护实验室，包括意大利的文保中心、卢浮宫的文保中心、大英博物馆的文保中心。看完以后我敢拍着胸脯说我们能做好"文物医院"。因为国外的管理机制不好，他们的修复比较分散，管器物的就把器物修复的人跟器物部放在一起，管书画的就把修复书画的人跟书画部放在一起。而故宫就一个单独的文保科技部，一共有 90 多个人。意大利的文保中心没有文物，都是哪儿现场需要他们修，他们就去。卢浮宫有它的优势，卢浮宫集中整个法国的文物保护修复力量，不管法国哪个地方的文物要修，都邀请卢浮宫。但是卢浮宫不可能像我们这样专门盖个 13000 平方米的地方，它就是在卢浮宫的地下室使一个一个的部门集中起来的。

我们单院长的设想更棒，他不仅规划了这 13000 平方米，而且在我们的北院区，还要建一个 20000 平方米的修复工作室，加上这 13000 平方米就是 33000 平方米，也就是说我们在 2020 年可能有两个"文物医院"。我们现在头疼的是怎么培养那么多文物修复师，这个是大问题。单院长说让我做个计划，至少到 2019 年，5 年内文物修复师要达到 200 人。也就是说，仅文保科技部这一部门就要增长到 200 人。那时故宫其他部门也会有飞跃式发展，因为北院区除了这 20000 多平方米的文保修复室，还要建 40000 多平方米的文物展室，还要建数字展室、培训基地等，这都包含在单院长的规划里。大家想，按照单院长的规划，故宫的发展要引进多少人？我们故宫的编制是 1400 多人，现在大概有 1100 多人。在座的各位，只要你们热爱博物馆事业，只要你们做好了准备，你们就关注 2014 年下半年故宫网站上发布的招聘信息。我今天跟马院长和刘老师交流，社科院研究生院不是还有好多招博士的老师吗？故宫博物院 2013 年已经申请到了博士后科研工作站，是我分管研究以后力荐的。故宫要成为世界一流的博物馆，一定要有一批高端的人才。我们首先要筑巢来吸引全世界拿到博士学位的优秀人才，各个学科的，包括历史、艺术、自然科学、社会科学、工程技术领域的都需要。我们要吸引全世界拿到博士学位的人才进入博士后科研工作站来工作，不管是哪个国籍。我们现在很开放，在故宫研究所里就有一个在大陆拿到博士学位的台湾女孩，她毕业后在我们这里工作。总之，故宫这个平台将吸引全世界最优秀的人才，最愿意立足于做博物馆事业的人才，每一位年轻人都有机会，它是一个开放的平台，是供大家展现自我、实现理想的一个平台。

主持人：刚才宋院长给我们做了内容极其丰富的讲座，向我们介绍了未来故宫博物院的"文物医院"。相信对我们每一个有志于文博事业的学子都会

有很大的益处。

宋纪蓉：谢谢大家！欢迎你们到故宫来工作。如果有这个意愿，你们可以与进入故宫工作的师兄、师姐交流一下。社科院去的同学很受故宫专家的欢迎，工作特别踏实。

主持人：让我们以热烈的掌声再一次向宋院长表示感谢！这是我们"笃学讲堂"送给您的小礼物，上面刻有《社科颂》和我们的院歌。

宋纪蓉：谢谢大家，大家辛苦了！

（初稿整理：刘强　图片整理：刘强）

千年文化的回响

人生篇

立志与成才——人生发展心理对话

陈云英

主持人：今天下午我们很荣幸请来了陈云英老师给我们做一个关于"立志与成才"的讲座。陈老师是我国著名经济学家林毅夫先生的夫人。陈老师早年在美国攻读特殊教育方面的学位，回国以后，从事特殊教育工作和研究，是我国特殊教育学科发展和科学研究的奠基人。

刚才我跟陈老师聊了聊。我开始也有一个误解，认为特殊教育肯定是针对残疾孩子的教育。交流之后，我理解了，我们每个人都会遇到很多问题，以及困惑、挫折等心理和生理上的发展障碍。"怎么去理解、面对、并解决自己的发展障碍"是今天下午陈老师给我们讲述的主要内容。

陈老师特别希望跟大家有一个互动的环节。希望大家到时候能积极地提问题，并结合自己的人生经历，谈谈在哪方面有什么困惑需要陈老师的启发。希望大家通过陈老师的启发，在自我认识方面有一个提升。现在我们就以热烈的掌声，欢迎陈老师给我们做报告！

陈云英：尊敬的院长，各位老师，还有各位高才生，很高兴来到中国社会科学院研究生院做报告，在座的各位都是国家的栋梁、精英，希望我的报告对各位的成才有所帮助。今天讲座的内容，是特殊教育专业知识领域中的发展障碍，你们应该会比较感兴趣，而且你们也会感到我的专业与你们对自身的发展期望有关系。我今天的讲座题目是"立志与成才——人生发展心理对话"。

我去全国各地给教育界讲课，有很多教师来之前都不大愿意，以为我是要培养他们去教育残疾儿童。但下课之后，大家却排起长龙，各个都想咨询他们孩子的教育问题。

　　我主要研究的是18岁以下未成年人的发展规律，解决人的发展中产生的障碍。发展障碍研究的理论和实践可以让每个人更好地照顾自己，了解自己的内心，从而使自己的人生美满一点，成功一些。发展心理学理论，如果应用于商业，就叫领导力的培训。如果我今天报告的主题是"领导力的培训"，我想大家都会来。但我把它叫作"立志与成才"，很多人觉得不听都知道。然而我要祝贺在座的各位，相信你听完了，会对自己的发展历程的理解更加深刻。

　　人生发展的内容很丰富，你正需要一把开启人生的钥匙，而我正好拿着那把钥匙，想送给你来开启你的人生。贵院给我的邀请函里写着："请陈老师务必要谈一谈，特殊教育与你的人生经历和学生成才的关系。"所以我增加了"我的特殊教育人生"的内容。我的报告是一个立体的结构。在纵向上，我讲各位如何立志成才；在横向上，以我的人生经历为例，讲我怎么去做特殊教育以及跟我人生有关的一些成长中的事例，以此来引发你思考你的自我。我想用我的经历，来引发你思考自我，这就是心理咨询的介入。我就像一面镜子，激发你不断地去思考：什么是你、你的自我、你的人生、你的成才、你的立志。通过这样的方式，你会感觉到你在心灵中和我对话，也在和你自己对话。

　　中国社会科学院研究生院的院志是"笃学慎思，明辨尚行"；院训是"常怀忧国之心，恪尽兴国之责"；"笃学讲堂"的主旨是"治学、社会、人生"。结合当前的社会发展与青年使命体会院训，应该是"顶天下大义实现中国梦"。想要顶天就先要立地，每个人都有一个安身立命之地，我的安身立命之地就是我从事的特殊教育工作。我说我是一面引发你思考自我的镜子，那么你就要思考你的安身立命之地是什么？你正在做什么？你未来要做什么？你的人生应该如何丰富起来？应该如何滋润起来？应该如何快乐起来？最终应该如何幸福起来？

　　我想用一点时间讲特殊教育，这样你就知道了我的思维方式和其他专业的思维方式不一样。每一个人从事的行业或专业，会导致你我看人生、看问题的角度不同，这就是人生美好的地方。如果每个人都学政治学，政治学视角就是一扇窗，我们都用政治学视角看待人生。如果每个人都学心理学，也只有一种人生视角。当不同专业的人在一起，我们就有了不同的视角，丰富美好、灿烂多彩的人生将呈现出来。我们做特殊教育服务的人是做什么的呢？我们做特殊儿童、青少年的教育。社会上有一群特殊的儿童、青少年，需要社会提供各种服务，因此，特殊教育专业人员评估诊断这些儿童、青少年的特殊学习需要。最关键的理念是我们不认为他们是残疾人，我们认为他们只是有特殊的学习需要，因为他们的特殊学习需要，所以专业人员要为他们提供服务项目，开发出教育功能项目，为他们实现自我人生价值提供一切服务。这一切服务具体而言，就是以儿童发展福祉为中心的服务。特殊教育专业人员，看待人生有一个很不一样的角度，我们不像一般人一样把健全和残疾对立看待。事实上，并没有正常与不正常的对立。我们认为正常人会有不正常的行为，会有不正常的思维；不正常的人也会有很正常的人生。我们会看到残疾人当中，意志坚定、有才华的人在某些方面很健全；反之，也会看到健全人也有残缺不幸或者存在障碍的一面。也就是说，每一个人，无所谓健全还是不健全，他们同样是人。当我们这样看儿童的时候，他们同是社会的儿童。

特殊教育的第二个视角，是做什么事情都是以儿童发展福祉为中心。也就是说，当我为儿童服务的时候，我的出发点是他的人生应该怎么样才能更美好，接着才是我该怎么办，最主要的是如何使服务对象的人生更美好。

高考结束后，肯定有很多家庭很失落，因为这些家庭都有个期待，最好家里出状元，考上北大或清华。如果你不是状元那怎么办？那你就很不正常，你很不行，你很失败。但是，从人生发展看问题就不是这个角度。我们知道乔布斯，还有微软的比尔·盖茨，他们都没有博士学位，他们都比我富有，在国际上知名度还很高。我有博士学位，有我的知名度，但我的知名度恐怕只在教育和心理圈子里。在人生选择中，如果你一定要有一个唯一的选择，人生必然是非常悲惨的。我们必须要看到人生是有多种选择的，包括残疾儿童的人生选择。有时候我们服务的对象是严重残疾的青少年、儿童，我们努力要帮助他过上幸福的生活，找到他人生的福祉，为他提供所有的服务。服务项目需培训很多特殊教师，设计课程，开发多种教学方法。特殊教育服务内容除了教育教学，还包括康复训练、辅助技术、社区支持、心理咨询、家庭咨询等。我们经常为了服务一个儿童，做家庭访问，后来我们发现，需要矫正的不只是孩子，孩子父母的育儿观念也需要调整。特殊教育最核心的训练方案叫作个别教学计划，就是设计一个家庭的个别辅导计划。

我所从事的青少年儿童发展工作与你们的专业是有关系的。如果你即将成为政治家，那么你不能不理解儿童。儿童权利是目前全世界都在谈论的权利，儿童权利是全世界最大的权利。你作为政治家，不能不懂得儿童的人权。如果你是学法律的，那么你就要了解《儿童福利法》。我们国家即将制定《儿

童福利法》，如果你不懂儿童，你怎么知道如何为他们制定《儿童福利法》呢？如果你读的是经济学，是经世济民的学问，你的"民"里面包不包括那些不幸的人群、贫困的人群、残疾的人群和处境不利的儿童呢？

发达国家如美国和英国的特殊教育服务覆盖了20%的青少年、儿童人口。他们的观念是每一个青少年、儿童，都可能成为特殊教育服务对象。相比较而言，我们国家法律制定滞后，残疾儿童接受特殊教育的时间较晚。当前需要大力普及特殊教育的相关知识，帮助更多的儿童、青少年得到特殊教育的专业服务。

新闻里经常会报道学生自杀的消息。自杀的学生就是需要特殊教育的学生。如果老师和家长事先学会一些特殊教育的知识和方法，就可能防止一些不幸的事情发生。我们就可以预防在大学里时不时发生的学生自杀事件。有些极为优秀的学生自杀，给社会、家庭带来了巨大的损失。

特殊教育既然可以帮助那些你认为不如你们的人，让他过上幸福的人生，难道不能也帮助你们实现美好的人生吗？打开你的心胸，来探寻你的自我。

我把我们的对话限制在五个关键词里：人生、自我、立志、抉择、成才。

第一个关键词是"人生"。我会不断地引导你思考人生，告诉你我怎么思考我的人生。面对"人生"这个关键词，我们的对话是"我的人生是什么样的，你的人生是什么样的"。当我们谈论人生的时候，我们一定要意识到，没有任何一个人的人生是可以复制的。就是在座的每一位，你们的人生也都是独一无二的，是不可复制的，我的人生也是不可复制的。所以，即使你听完了我的人生，也不是说让你去学习我，去复制我，我是去引发你对你自己人生的思考。

第二个关键词是"自我"。自我是几千年来，所有的哲学家都追问的一个问题。所有的哲学家，罗素、尼采、笛卡尔等，都问过自我。因为从远古时代到今天，人们一直试图区分，神与我是什么关系？哲学家笛卡尔回答了"自我"，"我思故我在"——我思考了，所以我觉得我是存在的。但是很多人都怀疑自己的存在。你有没有怀疑过你的自我的存在？你是真实的，还是虚假的？你的自我在哪里？你非常清晰地知道自我，还是你认为那不是自我？你有没有怀疑过自我？我们经常思考，面对一些事物，我们很清楚我不喜欢，我不愿意，我不想要，我不可以。其实你们每天在不知不觉中，已经知道什么不是自我，什么是自我。在追求自己人生的过程当中，你们会有很强悍的时候，你反复同自己讲："我要到中国社会科学院研究生院去学习！到中国社会科学院研究生院去学习！经过这样的培养，我要成才！"基督教里曾经有一句话："如果你有一个愿望，你敢于大声对神说，你最终就会实现这个愿望。"这是什么意思？意思是，当你的自我非常清晰的时候，你的自我的愿望就有可能实现。其实我们的自我就是心中的神。当你的自我的愿望不明确的时候，你就会庸庸碌碌一辈子，毫无所成。所以说，如果经过今天的对话，你的自我变得很强大，变得很清晰，那就是我希望看到的。

第三个关键词是"立志"。你立志了吗？什么时候立志的？你立志干什么？你的立志如何影响你的一生？你的立志如何影响你的一生，这一点非常重要。你不知道何时何地立志，你立的什么志，你这一生就会过得糊里糊涂，自己心里不明白什么该奋斗，什么不该奋斗，什么该使力气，什么不该使力气。恰好在不该着急的时候很着急，该着急的时候不着急，错过了所有的机会。就是因为你立志不坚，立志不清晰，或者说你立志不确定。你不确定你要成为一个什么样的人，做什么样的职业选择。

第四个关键词是"抉择"。为什么是"抉择"而不用"选择"？我们每天都在选择。你们刚才进来的时候，脑子里在选择，我要坐在第几排啊？是陈老师看得见我的地方还是看不见我的地方啊？我要不要避过文院长啊？你这是在选择。但是抉择跟选择有什么不一样的地方？我理解的选择，是你有五个选项，然后你选一个你认为最好的，那是很容易做出的。刚才你选择位子，其实坐在哪里都没多大关系，所以那是选择。"抉择"是什么意思？抉择是同时有三条路，可能三条路都是彼此矛盾的。你选择了其中之一，另外两个就消失了。那个时候，你很困顿，很难过，这就是抉择。例如，有时候人会面对生死的抉择。抉择还有一种可能，就是说三种选择都非常好，但只能选一个。我经常碰到很多成功的人士跟我说："陈老师啊，三个选择都好，我该怎么办哪！"我回答："但你只能要一个，必须放弃其他的。"接着我会问他，面对"权利、财富、健康、幸福"这四个抉择的时候，你会选什么？他们说都很重要，我全要。当一个人什么都要，什么都不肯放弃的时候，他的人生就不幸了，因为权利、财富、健康、幸福，你全要，要不到的概率极高，要不到的时候，你会很伤心，你就要跳楼了。

第五个关键词是"成才"。你要不要成才？在座的同学，可能有人说"我不要成才"，还有人说"我一定要成才，因为我爸爸妈妈让我成才，我老师非要我成才，我不成才我就完蛋了"。有没有可能每个人都有成才的机会呢？我想问各位，人生、自我、立志、抉择、成才，这些问题你想过了么？都想清

楚了吗？如果你没有想过的话，不妨今天晚上，好好地跟你的自我对话一下，寻找一个很坚定明确的自我。

我所谓的对话，是心灵和思维的交流和沟通。有时候是对你自己的，有时候是对他人的。沟通学里认为，什么时候会产生终生不渝的爱呢？当你跟一个人有心灵和思维的交流与沟通时，痛苦都可以分享，那么你会很深刻地爱上这个人。这种爱不一定是男女之爱，有时候是友谊，有时候是长幼之间的爱。

用沟通心理学来分析，现在人与人之间的人际关系，大都处于很浅层次的沟通。"你好""今天你穿得真漂亮""今天北京雾霾啦"，是最初级的沟通，我们每天有80%的沟通是这样没经过大脑的沟通。如果有人对你说："你今天心情愉快吗？你今天感觉好吗？"说明这个人在关心你，这就进入了第二个层次的沟通——关怀沟通。如果你的朋友愿意倾听你关于自己的愿望，那就是第三个层次的沟通——愿望沟通。第四个层次的沟通是信任沟通，你敢于对这个人说："最近不太好，因为我考试不好，成绩不好。"信任这个人不会因为你的不如意而鄙视你。信任沟通说明你们彼此有很难得的信任关系。第五个层次的沟通，是心灵托付沟通，是生死之交的沟通。你最难过的时候，你要找的那个人是谁？是你的爸爸吗？是你的妈妈吗？还是某个同学？如果你今天要跳楼，你会找谁说？你有这样的倾诉对象吗？如果没有，那你太不幸了，你怎么连一个内心最深刻的知己都没有呢？如果没有就赶快找一个吧！

所有人都需要在心灵上找到灵魂的伴侣。这个灵魂的伴侣，可以是你的同学、你的朋友、你的老师，这个人在你的生命里无处不在，这个人是你人生珍贵的财富。我希望每个人至少有一位这样的伴侣。我有一个朋友，她与我失去联系十五年，几个月前我在微信上又找到她，我写的第一句话是："十几年前在北京跟你道别，毫无留恋，因为以为第二年就可以再见。没想到，人生一晃十五年，从此不见。而且连你的电话都找不着。"然后我们俩就一直在写微信。她找到我，我找到她。我边写边痛哭流涕，我估计她在那头也是痛哭流涕，我心里想："我失去她了，我失去她了，但我又把她找回来了。"这是一个女生啊，大家别以为是男生啊！（听众笑）我们年轻的时候，有过很刻骨铭心的、互相帮助的一段岁月，因此非常珍惜两人之间的感情。什么样的感情会进入灵魂深处呢？一定是同甘共苦过的。所以，如果你只是想要跟一个人共同幸福，共享物质，这是浅层次的情感。你送她一个名牌包，他请你去吃一顿烛光晚餐，现在大家都思考着这样的东西，其实这只达到第三个层次的愿望情感沟通。这样的爱情不够牢固，不够刻骨铭心。如果是男女之恋的话，根据心理学的研究，这种浪漫式的激情维持不会超过两年。只要是理性的人都承受不了虚假的、朦胧的、浪漫的感情。如果你追求一种深刻的情感，那你应该有一个真爱的人！那个人是在你倾家荡产的时候你可以去找的人，在你失败的时候你认为不会瞧不起你的人，在你成功的时候会告诉你小心的人。他操心你的前途与你操心自己的前途是一样的，这才是真爱。好沉重，越来越沉重，呵呵。我敲打了你们的心灵。

什么是人生，你想过吗？你是怎么到这个世界上的？你爸爸妈妈是在什么时候怀上你的？如今你们也经历了几十年的人生，这人生是怎么过的？我们先来讲一点科学，然后再来对话。

从生命孕育的第一天起直到呼吸停止、意识丧失，这就是人生。人生发展学是一门很深刻的学问，是一个多学科的学问，这个学科很年轻。做儿童心理研究的人一定要学习这门学科。虽然我们做 0～18 岁的心理与教育研究，但是我们要让这个人 18 岁之后有个美好的人生。人的一生要经历胎儿期、婴儿期、幼儿期、少年期、青年期、中年期、老年期这一系列漫长的岁月。随着科学技术的发展，人的寿命越来越长。以我为例，我很有可能活 100 岁，在座的你们很可能活 120 岁，你准备好了吗？有 120 年的岁月你怎么过？如果你有 30 年的岁月随便浪费掉就算了，但想到你有 120 年的人生，你就会现在天天清早去跑步，因为要是把最后的 40 年花在病床上就太不值得了。你们要通过学习人生发展有关的知识，来理解自己的人生。

你现在处于青年期还是少年期？当然我讲这个话题不是用你的生理年龄来计算的，是用你的心智来计算的。有人年纪很轻，心理已经垂垂老矣，对人生毫无热情。直接接触我的人，很多人都认为我很年轻，但我今年已经 61 岁了。（听众很惊讶）

我的博士生今年要毕业了，想庆祝一下，可是我很不喜欢在一起吃饭，所以我说："这样吧，我们去看一场电影吧！"于是我带着几个博士生和硕士生去电影院看了一场电影。你知道他们多感动啊！他们好几年都没有进电影院看电影了。他们说："陈老师，你怎么还有这种热情去看电影？"我也很惊讶，可是我就觉得要到电影院看电影。他们说："现在不都在电脑上看电影吗？"我说："那是不一样的，音响不一样，环境也不一样。"你想想，你捧着一大盆爆米花，一大桶可乐，从来没有这样放纵过。我是从来不喝饮料的人，我很怕长胖，那一大桶可乐会长胖的，所以那是一个多么放纵的晚上啊！当

整个电影院的音响响起来的时候，你的生命、你的神经都被它激发起来了。电影里面的恐怖也好，热情也好，悬疑也好，都会让人激情昂扬。年轻人怎么可能不去电影院呢？

我们怎么回想我们的人生呢？我们每个人都希望自己的人生是成功的，没有人不希望成功。如果你活到 120 岁怎么办？你想把成功定义成什么呢？我认为应该有效地管理自己的人生，实现自我生命的价值。每个人的生命都是有价值的，但各自的人生价值是不一样的，你要把它找出来。如果我们都可以在追求人生价值的过程当中度过自己的人生，每一个人的人生就都会很成功。我对于人生怎么看呢？我认为每一个人的人生都是一幅波澜壮阔的画卷，你应该想好在上面涂上什么色彩，画上高山还是流水，你准备在人生当中摔打多少次来体现人生给你带来的苦难，人生的苦难也是你人生的价值，因为你感觉到了苦难才知道没有苦难的岁月是多么美好。你们有过的最大的苦难是什么呢？现在大多都是独生子女，父母亲保护你，你最好别摔跤，最好没有人对你口出恶言，最好社会没有对你不公正。

现在开始打开我们的人生。你问过你的父母你是怎么来的吗？你的父母是怎么回答的？（大家开始议论）我小时候问我父母我是怎么来的，他们说我是大水冲来的，所以我觉得大水是我的妈妈。我在台北市生活，台北每年都有水灾，每年都刮台风，万华区淹水，家都淹到第二层楼了，我就要求我爸爸把我放到一个水桶或水缸里，我要坐在大水里面。每次淹大水的时候，大人都在发愁，家具都坏了，没钱了，要生病了。我却坐在水桶里面唱歌。我现在想到这样的场面还觉得我很幸福，我爸爸居然这么纵容我。

每一个人的童年都有许多不同的经历，每一个人的经历都是真实人生的一部分，要接纳、认同这些人生的经历，不要用功利的心理排斥童年的记忆。经历了一生的历练，每个人的人生都是一本可读性极高、内涵丰富的书卷。

你们的爸爸妈妈是不是也说你们是大水冲来的呢？有没有人要来对话一下，你是怎么来的？你的爸爸妈妈是怎么说的？或者到今天你还是不知道你是怎么来的？（听众笑）

参与者：一般有个标准的答案是：垃圾堆里捡来的。

陈云英：哦，是垃圾堆里捡来的。你们有几个是垃圾堆里捡来的？

参与者：他们不好意思举手，起码应该有一半儿。

陈云英：有没有不是垃圾堆里捡来的？你是吗？没问过？从来没问过你是怎么来的？那一定要问，要不你的自我会很模糊的。（听众笑）你一定要清楚知道你是怎么来的，你的爸爸妈妈在什么情况下怀有你的生命，这就是我讲的自我的人生的起点，我们今天对话的终极目标是帮你找到自我，帮助你强大自我。我认为你的自我如果很清晰、很强大，你的抉择都是适合你的，你就会有成功的人生。

认识主体对自身的认识是自我意识，也就是说自我意识是自己对自身的认识，是人的自觉能动性的表现之一。自我意识包括自我观察、自我评价、自我体验、自我监督、自我教育和自我控制（见图 1）。自我观察，就是每天要通过与自己思维的对话、日记和选择来观察自己。就像照相机，如果把自我的对焦对得特别好，照出来的照片就会特别漂亮，因此自我观察是理解自己的第一步。自我评价，其实每个人每天都在不知不觉地评价自己，包括今天怎么穿衣服，在镜子里面会有一种什么样的感觉等。当你穿上一件衣服，觉得不喜欢，然后脱下去拿上另一件的时候就是在自我评价。自我评价不一定是刻意的，有时是很常规的、很自然的一种行为。

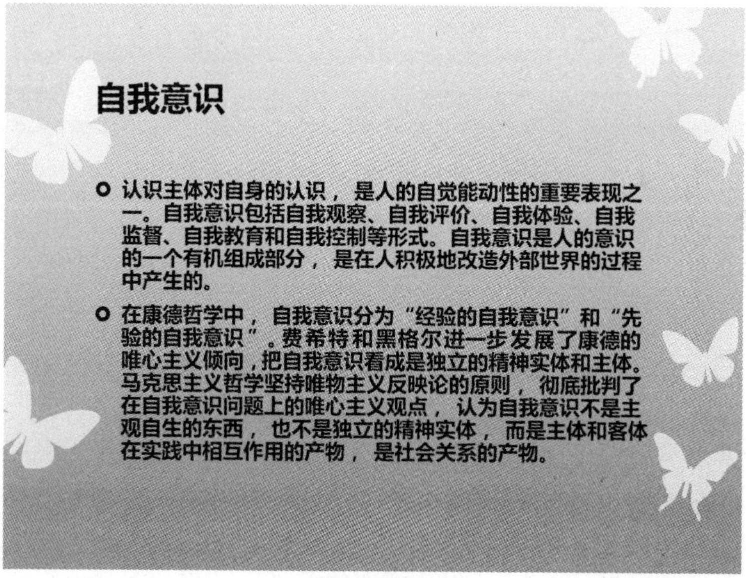

自我意识

○ 认识主体对自身的认识，是人的自觉能动性的重要表现之一。自我意识包括自我观察、自我评价、自我体验、自我监督、自我教育和自我控制等形式。自我意识是人的意识的一个有机组成部分，是在人积极地改造外部世界的过程中产生的。

○ 在康德哲学中，自我意识分为"经验的自我意识"和"先验的自我意识"。费希特和黑格尔进一步发展了康德的唯心主义倾向，把自我意识看成是独立的精神实体和主体，马克思主义哲学坚持唯物主义反映论的原则，彻底批判了在自我意识问题上的唯心主义观点，认为自我意识不是主观自生的东西，也不是独立的精神实体，而是主体和客体在实践中相互作用的产物，是社会关系的产物。

图 1　自我意识

例如，我平时会穿一些比较随意的衣服，但今天我要给你们讲自我意识，我在镜子前面意识到，我怎么呈现自我呢？于是我就挑选了一件蓝白色衣服。但我还觉得这样不太好看，因为社科院的学生都是高才生，所以我还特意戴了一串平时很少戴的珍珠项链，这就是我今天的自我评价。你们今天来听我

的课，有没有特意换了衣服？来见陈云英老师要不要打扮一下啊？（听众笑）把皮鞋刷亮一点，还是无所谓？你每天穿的衣服都在呈现你自己，你的穿着也是一种语言，但是有很多年轻人没有意识到这一点。有一些女生在心理咨询时跟我说，为什么我出去以后男生都对我毛手毛脚的。她没有意识到她穿的衣服在告诉别人她是一个很随意的女人。所以我就教育我所有的学生，你想告诉别人你是谁，完全体现在你的衣着款式和颜色、你的发型、你的举止上，这些都可以成为你潜在的语言。

　　你今天呈现的自我在告诉你的朋友、你的老师、你的同学，你是谁。我们每天去见任何人的时候，都在告诉对方我是谁。我是一个知性的女性；我是一个高雅的女性；我是一个追求自身完善的人；每天的穿衣打扮都在强化这些信息。通过这种强化，别人会对我更理解，他们想跟我合作的时候会变得很容易，不会提出让我为难的事情。偶尔听见"你好美"的赞美声，我会说"谢谢"，然后走掉。其实我不是想呈现美丽，我想呈现的是一种高雅、一种自信、一种智慧。我认为自己对智慧的追求高于对美丽的追求。我讲这么多想表达的是什么呢？你有你的自我评价，你有你的自我呈现，那么你要从外到里都这么呈现。

　　自我体验就是你是怎么感觉自己的：你喜欢自己吗？你爱自己吗？我们经常对一个人说："多爱你自己一点点。"大多数人是不懂得爱自己的，也就是对自己的体验不够。往往做一些事伤害自己，说一些话也是在伤害自己。

　　我再给你们讲一个例子，这样你们的体会会更深一些。今天早上接我的那个出租车司机，他着急送我到目的地，然后他还要交班。我们的汽车经过一个车道，这个车道是唯一可以右转的车道，而且是个单行道。这时对面来了辆逆向而行的车，我们的车就进不去了，出租车司机就说这个车是怎么开的，我也跟着说了几句批评的话去评价对面车的司机。听完我的责备，出租车司机就很开心，避开了那辆车。到了目的地后我告诉他我是个心理学家，我刚才那几句话是为他平稳情绪讲的，因为我怕他生气，会出事故，所以我给他做了心理咨询，让他顺利通过那个单行道。听完我的话他哈哈大笑。什么意思呢？其实当时他在自我体验，他在生那个人的气。因为我是做心理学的，所以我知道他在自我体验，就顺便帮他解套了。假设你能够知道你的自我体验，你能给自己解套，你就骂他两句："可恶！可恨！"新闻里时不时地报道一些对人行凶的人，而认识凶手的人都说这人平时是很安静的。那些无法表述自己愤怒的人，积压久了，就变得暴力。

自我监督就是我们还要监督自己。通过自我监督使自己的行为收敛。自我教育就是除了接受他人的教育以外，自己也要教育自己。最后还有个自我控制。

综合来看，自我意识就是由自身发起的让自己成为一个更为善良的人、一个更完美的人的一系列心理活动和行为，是研究一个人的神经、心理的核心命题。自我意识是人的意识的一个有机组成部分，是在人积极地改造外部世界的过程中产生的。也就是说，我们不单单改变外部世界，同时在这个过程中对自我也要进行调整。只有在跟社会接触的同时不忘记调整自我，才会产生我们希望的结果。如果我们不进行自我调整，就会跟社会产生对撞，就像刚才提到的两部车在单行道上对立了。

在康德哲学中自我意识分为经验自我意识和先验自我意识。黑格尔进一步发展了康德的唯心主义倾向，把自我意识看成一个独立的精神实体和主体。而马克思主义哲学坚持唯物主义，彻底批判了在自我意识上的唯心主义观点，认为自我意识不是主观、自身的东西，也不是独立的精神实体，而是主体跟客体在实践中相互作用产生的结果。我无意去批判康德，无意去批判黑格尔，也无意去批判马克思，在这里我只是呈现了他们曾经有过的观点。

人的自我意识有许多功能，但人的自我意识也很容易出现障碍。自我意识障碍在精神障碍里面是一种严重的障碍。当一个人出现真正的自我意识障碍的时候，会出现危害自己或危害他人的行为，因此自我意识的健康很重要。"认识你自己"是在希腊神殿上的唯一的一句话。神希望人能够认识自己。我想说的是你经历的一切都是自我，你恨了，你爱了，你哭了，你笑了，你伤心了，你不自在了，你不愿意了，你劳累了，你疲乏了，你崩溃了，你无助了，你孤独了，你冷漠了。对一切经历的感受都是你的自我，这些感觉是真实存在的，不能回避的。今天晚上你可以问你自己，你伤心了吗？我伤心了。你无助了吗？我无助了。你孤独了吗？我孤独了。你必须去面对所有的这些自我意识里面的内容，你只有安放这些感受才能给自己找到出路。

自我的心理试验告诉我们自我意识开始得很早。1997年有一个很有名的自我试验，试验对象是两个幼儿。心理学家做试验的时候分别在两个幼儿的鼻子上点一个红点，然后让孩子照镜子。18个月以下的婴儿看到镜子里面的婴儿有个红点后不会摸自己的鼻子，因为他以为在镜子里的孩子是另一个孩子；18个月以上的孩子就会碰自己的鼻子，他知道镜子里面的那个孩子是他自己。这个叫"镜中我"的研究。

现在神经心理学非常发达，经过验证，发现婴儿两个月就开始有自我。我举一个与我专业有关的试验。试验中一个妈妈抱着她两个月大的婴儿照镜子，采用连续拍摄方法，第一张婴儿没有看镜子而是看妈妈；然后妈妈就把孩子的脸转过去，拍第二张的时候婴儿就是看着镜子，而且他会看好长时间，接着就再回头看妈妈，然后再回头看镜子，最后回头趴在妈妈的肩膀上笑了。这说明什么？这说明这个两个月大的婴儿有自我了：我和我的妈妈。

我为什么要讲这个试验呢？其实我们每个人的自我意识在我们两个月大的时候就有了。如果你自我意识很模糊，你就要赶紧去找，因为这是你智慧的源泉。"我和我的妈妈，我和我的爸爸，我和我的衣服"，当一切开始有"我"时，一切才开始有意义。如果这个"我"是不清晰的、不明确的，其他的意义就会很淡薄，就会变得很不重要。

自我意识和立志有关。你什么时候立志的？孔子说："吾十有五，而志于学。三十而立，四十而不惑，五十而知天命，六十而耳顺，七十而从心所欲，不逾矩。"孔子描绘了自己的一生，他说他十五岁就立志学习了。你几岁立志学习的？我是七岁立志学习所有知识的。在什么样的情况下我立志学习呢？我六岁的时候，有一天到朋友家去玩，我去他家以后我一下子心思就乱掉了，他家有的电器，如收音机、电子钟，我家都没有。当时我就惊呆了，玩了一会就回家了。回家后我就跟我母亲说："妈妈，××家有什么，我们家怎么都没有？"当时我母亲直视我的双眼，非常认真地对我说："我们家是没有钱的人家，但是我要你记住，别人的金屋、银屋不如你的狗屋，你要爱自己，爱自己的家人。"而且她看着我的眼睛有一点哀伤。我的母亲捕捉到了教育小孩最关键的话题。这句话就在我小小的心里刻下很深刻的感受，我不断地重复思考她的话。有一天我豁然开朗：虽然我的父母是贫困的，但我不愿意贫困，那我怎么办？我要读书！我要读书成才，摆脱贫困。后来父母富有了，我的弟弟妹妹就没有我用功。她们问我："姐姐，你以前读书都不跟我们玩，可是你为什么没有在我们玩的时候告诉我们要读书呢？你为什么没有告诉我们读书的重要性？"可见小时候的我就知道埋头苦读，都忘记了要告诉弟弟妹妹要读书。对于我来说，学习非常拼命，所以最终苦读成才，摆脱贫困，而且我这个苦学是终身的追求。到了我要去读硕士、博士的时候，我跟父亲还有一段深刻的对话。我父亲说："你都三十岁了，都结婚了还有两个孩子，你还去读书，你读什么书啊？"我说："爸爸，我就认为我的书没有读完嘛！我就一直认为自己没学问嘛！所以我得去读书。"

一旦立了志，是终身不能忘的。如果你随时会改变，你就是没立志。我七岁开始的人生，我生命的使命就是读书，做一个有学问的人。我刚才问你是要选择财富、选择权利、选择爱情还是选择健康？我选择知识。我跟我的学生讲，选择知识不可怕，因为我有知识，别人要得到我的知识，社会就会有我的一席之地。

还有一种体验很重要，只要你立志了，你做了一个选择，其他的都会跟着一起来。比如说我选择知识，我有没有官衔，我有没有一点小小的权力？我也是有一点小小的权力的，我是全国人大代表。我也拥有小财富，我有房子，我不差钱，我还拥有健康。就是说人们想要拥有的东西，因为我有了知识之后，那些东西就自然来了。

目前你们在社科院的阶段其实是选择了什么？选择了知识。你如果不是选择知识，就完全没有必要来读硕士、博士，你本科毕业后就可以就业了。到这个地方关着读书，你的追求是什么？我七岁志于学，是因为我不想要贫困。其实这个贫困与自我意识是相关联的，我不认为我父母贫困，我就应该贫困，我的命运可以自己掌握。现在很多人很不孝，跟自己贫困的父母要钱，为什么会这样呢？他认为贫困是他的父母给他的，他没有意识到贫困是他自己的。他管贫困的父母要钱，说："你得给我钱，别人的父母给他钱，你为什么不给我钱？"可是你要明白，贫困的父母有能力给你钱吗？年轻人需要有改变自己命运的决心和勇气。

现在我再讲成才。我跳过了抉择，直接讲成才，为什么呢？因为你的成才过程充满了抉择。成才的过程是一个艰苦卓绝的过程，人世间没有简单的幸福，人世间充满了痛苦、障碍、挫折，不幸比幸福的时刻还多。父母、教师为孩子们描绘了一个美丽的人生，因此当你遇到困难的时候你不知道该怎么办。

孟子为我们描述的成才过程极其艰苦，"故天将降大任于斯人也"，当上天要托付给你重大的任务的时候，"必先苦其心志"，让你内心痛苦；"劳其筋骨"，让你的身体劳累；"饿其体肤"，让你饥饿难忍；"空乏其身"，让你身上一无所有；"行拂乱其所为"，经常扰乱你的作为，好像你做什么事都不行；"所以动心忍性，增益其所不能"，所以使你的心得到一种激动、一种鼓舞，扩充你的能量，"忍性"，培养你的心性，让你能够忍受挫折，让你能够承受不幸。"人恒过，然后能改"，人是经常在错误里生活的，所以知道自己错了再改过自新。"困于心，衡于虑，而后作"，内心经常苦恼，像你们这个年龄

段的一定经常苦恼，我该交朋友了吗？我该找工作了吗？我该挣钱了吗？我该把论文做完吗？我该回老家还是该留在北京？天天思考这些很烦，但是很正常。"而后作"，你思考了很久之后，你才采取作为，这是你的抉择。

刚才我说了，有三个很好的选项，你选择哪一个？你不能三个都选择，只能选一个。那么三个都是不好的，你怎么办？假设从社科院研究生院毕业后，你要失业了怎么办？现在失业的博士生随处可见，不仅是在中国，在美国的旧金山，15% 的大学毕业生失业。我 15 年前就在人民代表大会上谈青年人的未来，鼓励青年人创业。在市场经济的社会，创业也是就业的一种选项。

1984 年我拿到硕士学位第一次回国的时候，当时在美国遇到的不论是香港的、台湾的还是内地的博士生、硕士生，都劝我不要回去，都说："人家往外跑，你还往回跑？" 1984 年我来到北京的时候，北京的女人都是不穿花衣服的，就穿蓝褂子、黑褂子，比较简单的衣裤。我当时还问人家："你怎么辨别男女？" 就是说男女衣服的区别不鲜明。那时的北京是经济不发达的北京，这样的一个北京，你觉得我为什么会做决定回国呢？北京的经济不够发达恰恰是我决定回来的理由，因为满街都是需要提供服务的人。有这么一个关于企业管理的故事，有一个制鞋企业的总裁派两个人去非洲考察。有一个人打报告说："千万别来非洲卖鞋，因为他们没有任何人穿鞋"；另一个人打报告说："赶快来设厂卖鞋，所有人都没鞋，公司一定会赚大钱。" 当时内地的特殊教育刚刚开展，我想赶快来开展特殊教育，研究特殊教育，所以抓紧时间回美国读博士学位，读完博士学位连毕业典礼都没参加我就回国工作了。

你们知道我回来迎接我的是什么吗？现在很多人拿着博士学位回来，希望赶快被提拔，成为正教授，再占一间房，有 30 万元研究经费。现在我们国家都这么招揽海外人才吧？我当时的情形是什么呢？我到处问人家，我是特殊教育的博士，我要找工作。所有的大学不要我，他们不要我不是说我不好，是说你这个特殊教育学我们不要人，我们要高等教育学。所以我失业半年，怎么办呢？每两天就跑到教育部，找教育部的领导，他快 60 岁了，我问他："您这儿有什么工作要做吗？我去做义工，做志愿者。" 当时有国外代表团来参观中国教育，但没什么英语人才，我在美国学习了五年，英语算是很不错了，所以他们就让我陪同。我的第一份工作是免费的陪同，不拿工资的，像司机一样陪同。当年的陪同待遇很低，不跟专家一起吃饭，也不跟人家同坐，就像仆人一样。这不是人权问题，因为当时国家经济不好，所以外国专家来，国家为了接待他们都有一笔特批的经费，但没特批陪同经费。

所有的人才必须具备这样的能力，什么能力？你能够委屈自己，委屈到把你自我摆到几乎可以让人踩踏的地步。从许多企业家、许多伟人的经历中，都能看到他们的挫折和不顺利的经历。我这样的陪同不是一次两次，有很多次，就在我找不到工作的那六个月中。后来你们知道我怎么进中央教育科学研究所（现称中国教育科学研究院）工作的吗？人家教我一招，这招管用，今天教给你们。我跟我们所长说："我不要破格评职称，我不要加工资，我不要特殊待遇，我不分房，简称'四不'。"当时整个中央教育科学研究所几乎全部都是本科学历，有几个硕士学历，没有留学生，也没有博士学历人才，我是唯一一个。不要多加工资，不要破格评职称，等于我是和本科生一起评职称。你们看我的简历，我是1987年拿到的博士学位，可是我评上正研究员的时候已经是1997年了，但这并不会影响我成长。为什么？我在教育部做翻译、做陪同的过程中，认识了教育部的几个司局领导，学会和教育部做项目，建立合作关系。另外，因为我没有破格评职称，中国教育科学研究院的许多同事对我另眼相看，认为我是真正爱国、真正奉献的学者。（听众笑）

我35岁就当了中心主任，工作六个月我就是处级待遇，他们都是55岁当系主任，为什么呢？当时外国基金会的主席来了，问："你们这儿有做特殊教育的吗？我们捐款只想做特殊教育。"特殊教育是国际所有的基金会都愿意援助的专业，因为这个专业最需要帮助。于是我工作第一年，就去巴黎、斯德哥尔摩，进出国际各大城市的国际会议，代表国家做中国特殊教育发展状况的报告。我的报告帮助我争取到相当充足的研究经费做研究，推广特殊教育。所以我认为，你曾经被弄瘪的时候你就知道你可以很强大。就像皮球一样，没有人踩你的时候，你弹不起来。要恨不得被每个人踩，把你们踩得瘪瘪的，以后就强大了。

孟子说要"征于色，发于声，而后喻"，就是说要像我这样好好地告诉你、吐露出来，你才能明白。"入则无法家拂士，出则无敌国外患者，国恒亡"，一个国家，如果没有真正很在意这个国家应该怎么治理的人，如果没有意识到有可能被敌人入侵，这个国家可能就会不长久。"然后知生于忧患而死于安乐也"，在忧患的环境里人们能够求得生存，在安逸的环境里反而容易灭亡。中国的伟人里面，像孟子这样的人，认为有苦有乐的人生，才是完全体验的人生。

就我而言，我是生于忧患，在第二次世界大战之后，我父母正在白手起家的创业艰辛和奋斗中，生下了我。我也能死于安乐，我做特殊教育，把很

多学生培养出来，把很多未来的专家培养出来，人生就达到了一个自我心愿实现的境界。

我还要再讲讲负面的情况。成才的过程中遇到了怀才不遇、孤独无助的时候怎么办？范仲淹说："先天下之忧而忧，后天下之乐而乐。"如果你是了不起的人，那么别人还没有发愁，你就已经看到危机要来而开始发愁了；别人在那里享乐，你却乐不了，因为你还有继续努力奋斗的目标。

至于自我的迷失，刚才讲了，你会遇到各种诱惑。比如有人对你说你跟他做一件事，你会得到 10 万元钱。你第一次得到 10 万元的不义之财，第二次就希望得到 100 万元的不义之财！贪官污吏就是这么来的，因为人的欲望是不会有止境的。人的欲望是必须克制的。我的父亲在关键的时候教育了我关于钱财的事情。小时候有一个阿姨到我家来，这个阿姨十个手指头上戴了八个戒指，金光闪闪。这个阿姨走后我很认真地问父亲："爸爸，这个阿姨好有钱啊，她带了八个戒指，不得了啊。"父亲与母亲一样很在意女儿的品德成长，非常严肃地看着我的眼睛："孩子啊，这个阿姨手上的戒指值多少钱我不知道，这个阿姨在我们街坊里是一个很普通的人，也许她的每一个戒指都值十万元，她把八十万元都戴在手指头上面。但她是一个很普通的人，别人会认为她的每一个戒指只有十块钱，她只戴了八十块钱的戒指。"我父亲的话像警钟一样敲醒了我，父亲说："孩子，有一天你有成就的时候，你戴着十块钱的戒指，别人都会认为那是十万块的戒指。"我要感恩我的父亲在我八岁的时候告诉我不是物质给我的身份定价，是我来给这个物质的价值定价，我的自我强大了。你有这样强大的自我吗？

你可以抑郁，可以难过，可以焦虑，然后你会做什么？在座的男性朋友，"借酒浇愁愁更愁"，对吧？那我告诉你答案：走出去找回自我。有些物质，有些环境，有些人际关系对自我的持续发展是有害的。也就是说，假如有一个人他使你堕落，有一个人他拉你去做坏事，有一个人使你变得不是你，那么这个人对你就是有害的。我劝你走出去就可以得救，你不要这个物质、你不要这个环境、你不要这个人。因此如果两个要离婚的人来向我咨询，我就要判断这个关系是有害的，还是有利的。如果这个关系是有利的，我就撮合他们和好；如果这个关系是有害的，我就会劝说他们，让他们非常高兴地离婚。心理学的道德观认为，让那个人幸福、健康就是最好的咨询结果。

我想要呈现的知识体系是广大的，尽管我今天用了很生活的话语，我报告的内容也涉及好几个学科。你们有兴趣的话，可以通过读书增进自己的认识，你们可以阅读一些自我与人生的哲学书籍，以及与人生发展有关的心理学和社会学书籍，伟人和成功人士的传记也可以帮助你深刻地认识自我。

人皆有才，人人都是可以成才的。我用孟子的一句话作为结尾："舜发于畎亩之中，傅说举于版筑之间，胶鬲举于鱼盐之中，管夷吾举于士，孙叔敖举于海，百里奚举于市。"他们出身都不一样，但他们个个成才。舜是种田的；傅说是搞建筑的；胶鬲是卖鱼的；管夷吾可能是读书的，做公务员的；孙叔敖可能是航海的；百里奚是在市场上做买卖的。

今天讲的这些内容很多都是我几十年的学习和体验，如果有讲得不到位的地方请大家理解。我讲完了，谢谢。

我们还有一点时间，所以我希望跟你们互动一下。

学生1：陈老师您好，特殊教育对我们来说是一个没有开启的宝藏，您手里这些开启宝藏的钥匙，最常用的钥匙是什么？您经常跟这些需要特殊教育的人用什么方法沟通？是言语沟通还是行为沟通？谢谢。

陈云英：好，谢谢。沟通学里讲沟通是通过多种感官的沟通来实现的。眼神直接对视时也是沟通，眼神里面有很多符号，当你看一个人用善良的眼神时他就会感觉到善良的愿望。当然也用语言，还有手势与肢体。肢体有很多语言，当你想向一个人亲近的时候，你的肢体会倾向他。当你不大愿意的时候，我在这里可以看到你的身体是往后仰的，就是说你在排斥。我们沟通的时候，任何沟通都挺随意的。我不知道你指的是不是跟听力有障碍的人沟通，用手语是吧？

学生1：比如像对自闭症的孩子，当我们提供的信号他们接收不了的时候，我们会用一些什么方法？

陈云英：在特殊教育里面有很多种方法，我们有的时候用图卡，有的时候用字卡，还有的时候我们用他身上的某个部位来代表某种意思。比如说如果我们要他向前行，我们就推他的肩膀，让他向前。有专门的语言治疗师，经过语言治疗师的评估诊断就知道这个孩子怎么学会与人沟通。讲一个特别成功的例子。婴儿的语言是要在24个月之前开发出来的。如果一个儿童在24个月之前还不讲话，对我们来说就要进行抢救。有一个小孩在24个月前什么语言都没有，什么表情都没有。这种情况我想很多人给他评估诊断以后应该会判定成孤独症，可我的评估诊断是他属于情感障碍。特殊教育的专家工作时很像医生，我们会开处方，做评估诊断以后就相当于医生，你感冒了就给你感冒药。我开的处方是要他的妈妈去训练他，别人都做不了，我把这种治

疗称为脐带式治疗。我让他妈妈找一个地方跟他 24 小时在一起，他妈妈跟他玩，跟他说话，跟他吃饭，跟他睡觉，我告诉他妈妈如果能坚持下来，就可以打开他的心灵，他就可以讲话。现在这个孩子非常正常。

孤独症不是绝症，但必须经过专业的评估诊断。特殊教育是门科学，要会像医生一样治病，但一定不能错过了治疗的时间段。如果给我一个 7 岁的孤独症、不会说话的孩子，那我也不能让他说话。这里面有很多神经心理学的原因，因为我们的神经心理是在 5 岁以前发展的，就是说在神经心理还没有发育到 80%、90% 时，我们的训练可以矫正神经的机制。越小越好调，岁数大了难度也大了。

学生 2：我还是接着刚才那个孩子的孤独症问吧。我有一些朋友的孩子不爱说话，很多孩子 2 岁多、3 岁多话都说不全，就感觉这个孩子不会说话。我想问一下孩子孤独症的判断有什么标准吗？还有一个问题就是，一般我们认为孩子的家庭环境对他影响最大，他的妈妈或者他的爸爸不爱说话，很内向，就造成孩子不爱说话，这有什么关联性吗？

陈云英：我们做儿童心理卫生诊断有很厚的一本诊断手册，里面有上百种儿童的障碍，千万别以为孤独症就一种。其实孩子不是不爱说话，是语言发展落后了。

学生 2：有很多很小的孩子说话能力很强，但有的孩子给人感觉就是根本不会讲话。

陈云英：我刚才讲了，儿童发展障碍不是只有孤独症，还有智力发展落后、情绪发展障碍、注意力缺陷等，也有可能是儿童抑郁症。我见过几个月大就活得很痛苦的孩子。在北京市儿童福利院有一个才六个月的盲童，眼睛全盲，心脏也不好，他被遗弃了。因为是全盲，老师就不带他出去，这孩子就很抑郁，不吃饭，这孩子在萎缩。我对老师说，你要每天带他出去晒太阳，因为太阳的温暖能让这个婴儿感觉到爱，感觉到生命的希望。只有他想活的时候，我们才能救他，他不想活的时候我们是救不了他的。他的自我必须强大起来，他必须有活下去的愿望。所以心理学是要开发你的自我，告诉你活着的价值。你说的一个孩子很会讲话，而另一个不会讲话，如果按我们的专业研究，简单地说，那个不大会讲话的孩子可能是有发展障碍的。

学生 2：这个孩子的母亲很内向，我们的理解是他的母亲很内向，造成他内向。

陈云英：不是，他母亲很抑郁。抑郁的人群有多少你知道吗？包括你们，每一个人的一生当中都有过抑郁的经历，只是我们可能幸运地存活了。我们每个人都是幸存者，没有自杀。我刚才讲了人生很艰难。作为一个小小的婴儿他是很难的，作为一个妈妈她也是很难的。没有爱，没有营养，没有人的关心，怎么可能活得好呢？人跟花一样脆弱。你看阳台上的花，如果把窗帘拉上，没有让阳光进来，出差五六天回来，那花就死了。人也一样，如果一个人三天听不到任何一个人对他温暖的问候，几乎就会感觉人生毫无意义。你的父母对你说一句温暖的话，你的同学对你说一句温暖的话，你的老师对你说一句温暖的话，就是阳光。所以我经常对我的学生说，你上学校的时候跟自己说两句最爱自己的话，晚上睡觉前说，"我是很美丽的，我是很高雅的，我是愉悦的，我是幸福的"，尽管你是伤感的。别人没给你爱，那你就自己给嘛，但是这样到底来说太直白。

最好每个人给自己创造一个环境，周围有父母的爱，有兄弟的爱，有同事之间和朋友之间的爱。所以你要关怀一个人，不吝啬对任何一个人说一句赞美的话，哪怕是一个你不认识的陌生人。这是从小我父亲教我的，我父亲说你长了一张美丽的嘴，为什么不对人说一句美丽的话。学会用赞美的语言去温暖别人的心，也是一种美德。我父亲说："说赞美人的话你又不花钱，为什么你这么吝啬呢？"我培养我学生的时候，我就用我父亲的话说。女人最喜欢听赞美是吧？在座的男人，如果你买几千元钱、几万元钱的礼物送你的女朋友或者妻子、母亲，都不如发一个短信、打一个电话说"我好想你，我喜欢你，今天过得好吗？"女人对男人，男人对女人都是一样的。还有一个非常重要的心理学的研究认为，男人比女人的情感脆弱。我们中国的文化里面有一个错误认识，认为男人应该刚强，男人不需要爱，男人不需要甜言蜜语，所以也导致很多女人对男人随便说话，妈妈对儿子随便说话，女朋友对男朋友随便说话，妻子对丈夫随便说话，因为你刚强嘛，骂你两句话你也不会死。（听众笑）

根据西方的心理学研究，其实男人的心理比女人脆弱。西方有一本心理学的书，翻译过来叫《好好地照顾好你的男人》。在座的男人，你要知道你是脆弱的，你要告诉你的女伴、你的妈妈、你的姐妹，"说爱我吧，对我说好听的话"。在座的女人，如果你有一个你喜欢的弟弟、哥哥、爸爸，你要对他好，因为男人需要这种爱。我的父亲到了78岁，他最喜欢的礼物是什么？是我妹妹送给他的一小罐男性香水。他觉得他是全世界最美丽的男人、最帅的男人。这种爱的情感的传递对人是无价的。

学生3：陈老师您好，我大学的时候在一个儿童看护中心做过一段义工，工作的形式是我们一对一地与心理障碍或是孤独症的儿童接触。我们结束工作后还会有其他人来接手工作。我们没有经过这种专业的康复训练，而且每个人的性格不同，有些人可能不太有耐心，这种方法适当吗？您怎样评价在特殊儿童看护过程中社会力量的参与呢？

陈云英：提得很好，你有很深刻的思维。在所有接受志愿者的场合中，一定要给志愿者提供专业的培训。如果不掌握沟通、做事的方法，志愿者有时会伤害到他人。例如，有的志愿者看到脑瘫儿童吓得要死，马上就伤害到这个孩子了。不用你做什么事情，你的表情已经让他够绝望了。脑瘫儿童还有一个很大的特点，他的外表残疾严重，但大脑很聪明，所以你对他伤害是巨大的。

有的人经常以为傻孩子是不懂事的，没有情感的，所以当着傻孩子的面说："你看他好傻，他孤独症……"没有经过培训的人经常做一些不该做的事。我训练过很多重度残疾的孩子，他们跟我们完全一样，他完全懂爱与不爱，只是不能沟通。

我的一个朋友，她要做善事，学习特殊教育，周末把孤独症的孩子带到她家去，他们一起画画，孤独症的孩子在画里面把我的朋友画成星星。如果画里面有星星就表明这个孩子今天感觉到了爱，心情好。很多重度孤独症小孩会在他的画里面表达他的情感和愿望，有专门的分析师用图画来分析他们想表达的意思。所以你是对的，要经过专业的培训，不能随便接受志愿者。其实你要准备的也很简单，你需要带着情感与欢乐。你们作为志愿者一个最重要的作用，是让他们心智的窗口打开。即便最严重的智力残疾人也有心智在他的脑核里，只是他的心智没有打开，或是他打开的时间非常短暂。你们志愿者的作用就是增加这个心智打开的次数。你跟他互动，他的心智就为你打开。

我上大学的时候，在课余时间给盲人读书，我就是从做志愿者开始，慢慢从事特殊教育的。我这样做的时候就感觉我很幸福，可以把我的爱给别人的时候我的生命就显得特别有价值，所以我就做这样的工作，不觉得劳累。

世界上也有这样的研究，什么样的人最有幸福感？是最有钱的人还是做大官的人？其实是做公益事业的人幸福指数最高。公益事业是贵族行业，世界各国都是皇家在做公益事业，为什么呢？你很有钱，你不差钱，对吧？你人格高尚，你不差功名利禄。所以你做一个无名英雄你也可以接受，但是一般人如果没有这样也不勉强。你可以短暂高雅，如果你一生高雅真是难得。

学生4：陈老师您好，我现在感觉到家庭教育对我的成长非常重要，跟您一样，我小时候我爸爸的一句话就让我印象非常深刻。我现在就想问您一下，您的家庭教育有没有教会您一些在您成才的道路上您一直坚持的原则？请您跟我们讲讲，谢谢您。

陈云英：其实我父母都不是很有学问的人，但是他们给我很正确的价值观，就是要做一个真实的人。例如，我父亲告诉我说不可以说谎，所以我是一个特别真实的人。如果我不喜欢你，我没必要跟你敷衍，我自然会很冷淡。你会觉得我冷淡，但是不会觉得我虚假。我父母要我做一个真实诚恳的人，还要我做一个善良的人。"救人一命胜造七级浮屠"，就是说你可以救人的话，你就积了家里几代人的福荫。我一生当中救过很多人，帮助过很多人。有些时候在莫名其妙的情况下会有人帮我，我感觉这就是我妈妈说的善报。

我爸爸妈妈还教给我一点就是要"遵守自我"，我觉得影响非常深刻。他不让我瞧不起我所经历的一切事，包括我们贫困的家庭。然后他们就给我讲故事，说有些人有成就了，就会不承认自己的父母，说"那不是我妈妈，那是我家的保姆""那不是我爸爸，是我家的司机"。我妈妈就说你长大了会不会也这么介绍我、介绍你爸爸？我爸爸妈妈不是很富有，但是我特别敬重他们。

当然学校教育也给我们很多正确的道德价值观，就是对人要忠诚，对人要仁爱，讲诚信，跟人相处尽量要和谐，不要争吵不要打架。将心比心，你想要成功你就帮助别人成功；你想要你自己富有，你就帮助别人富有。中国古代讲的"天人合一"，就是说所有的幸福愿望不是我一个人独享的。佛教有一个说法就是所有人幸福我就幸福，多么好的禅宗理念。

学生5：陈老师您好。现在家里面都是独生子女。刚才您讲到了，需要有一些隐忍的东西。我觉得现在的孩子缺少一种突破的动力，我想知道您怎么看这个问题。

陈云英：现在的家庭都不再是我幼年那种贫困的家庭，让孩子降低物质的欲望是关键。我的两个孩子带回北京的时候，别人认为两个留美博士带回来的孩子应该是穿金戴银的，穿最时髦的服装，但是我给他们穿北京黑色的布鞋。当时我们两个留美博士给人做报告都是拿美元的，物质上应该不成问题。但是我认为降低孩子的物质欲望对他的人格培养是有好处的，所以我不随便给他们买昂贵的东西。我认为所有昂贵的东西应该靠劳动得来，不应该

我给，直到今天也是这样。他们大学毕业后我就不再给他们一分钱。

美国的大企业家的传记，我小时候读了很多，看到了很多家庭的兴衰。财富是可以迷惑一个人的心灵的，这个道理已经经过心理学验证了。心理学的试验验证了延迟自己的欲望而得到物质的孩子智商比较高，不可以延迟的孩子智力比较低。他们是怎么做的试验呢？他们告诉孩子："现在有一块饼，你可以选择马上就把这个饼吃掉。但是如果你忍十分钟，就可以得到第二块饼"。他们就这样试验了很多孩子，发现那个不能忍的孩子智力比较低。

我特别害怕让孩子觉得他们的财富是我赠的，因为我感觉是我使他无能，我是有罪的。他本来自己是有能力的，我送给他一个重要的东西、贵重的东西，我使他无能。如果我七八十岁的时候我的孩子出问题了，我该怎么办，后悔也没用了。所以不能做这样的事。为人父母，你可以给他很普通的东西、很普通的用品，偶尔给他稍微好一点的东西。

我再讲一个故事。有一次我去幼儿园接我孙子，我看到一个五岁的男孩拿着所有孩子都想要的最贵的玩具——一个超大的变形金刚。我孙子的就是小小的，我们花几十元钱买的，弄坏就算了。但是这个孩子拿了这么大的一个变形金刚，站在幼儿园操场的中央，没有任何一个孩子跟他嬉戏。我的孙子没有这样的变形金刚，却跟所有小孩在一起玩。就是说这个昂贵的变形金刚使这个孩子孤独，所有的孩子都嫉妒他，就不跟他玩了。

学生6：我们现在的年纪可能要面临结婚，成为父母，特别担心以后对孩子的引导和教育。现在可能自己做得不够好，怎么能让自己做好了再教育别人？

陈云英：你问的这个问题很好。我发现现在最负责的父母都是不断地在学习。我儿媳妇经常读幼儿心理学的书，时不时还问我这样对吗、那样对吗，诚惶诚恐地去做父母。这样的父母一定是好父母，一定不会做差。我回想自己教育子女的过程，做父母的永远有一种愧疚，我永远觉得在某一个时间段里面，我可能会做什么事，但是我那时候却没有想到去做，或者我那个时候没有钱，或者我那个时候没有理解，或者我那个时候没有心思，然后我就觉得有些亏欠子女。但是这种时候往往是我心理比较不健康的时候。我心理比较健康的时候我会认为，我已经尽了我的努力，能给他们的都给他们了。没能给他们的，是因为当时我没有时间、我没有钱、我没有能力、我想不到，但是我没错。你的父母对你也有这种感觉，这就是为什么父母见到我们的时候，赶快去给我们做饭，他们总是觉得没有把我们爱够似的，好像还差一点点。因此我们才需要把我们的爱也传达给别人，也许传给的不是自己的子女，因为我们拥有这么多父母给我们的爱和养育的恩情。一个人如何才能心理健康呢？不能只去接受爱，还要不断地付出爱，当你付出的时候你会觉得很幸福。你不断对别人好，不断去帮助别人，你的自我就会变得强大，然后就会有幸福感。这就是为什么行善的人会觉得幸福。

学生7：陈老师您好，刚才听您讲座，感觉您遇到自己人生困境的时候，总是特别阳光，积极地去面对这种挑战。那么我想问陈老师在遇到困境时有没有很失望、很郁闷的时候？这种情况您是怎么处理的？第二个问题就是大家都知道您和您先生是非常传奇的，那么我想问你们这种比较传奇的抉择是怎么做出来的？你们是怎样在事业和家庭这两方面做得这么成功的？

陈云英：我刚才讲动心忍性嘛。我经历了几次心理困顿的时候，每一个人都有这样的经历，你们也有。我接触过很多很普通的人，当他们敞开心扉与我讲他们的人生体验时，都有那种过五关斩六将的人生经历。我的痛苦如何解决呢？我觉得每个人都要开发出来缓解痛苦的力量。我的这个力量首先是我父亲给我的。我小时候痛苦了就会钻在棉被里哭，哭得肝肠寸断，因为我是一个特别感性的孩子，受到一点挫折就会难受，要死要活的。我父亲经常在这种时候掀开我的棉被，问我："你都这么痛苦了，你学到什么没有？如果这么痛苦你却什么也没学到，不就是白痛苦了吗？你怎么能让你的这种痛苦没有结局、没有收获呢？"他的提问，强调在痛苦中学习体验，成长智慧。这个力量一直支持我到今天，现在我最痛苦的时候依然是钻进棉被里哭，可是当我要痛哭的时候，我父亲的那一句话就出来了，"你都这么痛苦了，你学到什么没有？"这个时候就会有一个另外的我，好像跟我父亲对话，我会说："我是陈云英，我不能被打倒。我不能只是痛哭，我的痛苦是有代价的。"于是，我就会坚强地迎接挑战，寻找出路，战胜困难险阻。这是"置之死地而后生"的道理，只要不放弃自己，就会有办法的，每个人都有绝处逢生的能力。

心理自我咨询有一个办法。如果你很痛苦，想要自救，但自问自己的力量还不够的时候，你可以写给自己：我为什么痛苦？谁让我痛苦？什么事让我痛苦？痛苦了怎么办？一直写，很快地写，因为是你和你的大脑在对话，而不是要记录这件事情。用文字写出来对话，写的速度与大脑思考的速度达到一样的时候，写到你都没得写了，你大脑里面所有的痛苦也就都写在纸上了，放空了。这时你会发现有一个健康的声音在与你对话："这件事情算不了

什么。"

至于你问到的抉择，我觉得人生其实没那么多抉择。如果一个家庭要有两个人成功，这种抉择其实相当于一种对抗。当时我们两个人在美国都要读博士，就面临着到底是我读博士还是他读博士的问题。你们看我的简历，我是在美国乔治·华盛顿大学读书，我先生在芝加哥大学读书，就是说我们分居两地读书。我回国以后很多人叫我女超人，一个女人带两个小孩，一个4岁，一个6岁，读了硕士又读博士。可以想象到我父母给了我极为刚强的意志，也证实了七岁立志不是假立志，是真立志。这样的抉择是自主选择，自主选择的目标就会愿意付出代价去获取。如果不是自己，是我的父母让我去读硕士、博士，我就会读不下来。每过一段时间我就会觉得自己没有知识，我对知识的追求仿佛在梦里雾里，时而有时而没有。前不久我在我们中国教育科学研究院做了一个报告，我说："每天都在已知与未知之间生活着。早晨起来我似乎对某一个知识理解了，懂了，可是晚上回家后我似乎对这个知识产生了新的疑问，导致第二天要比前一天更认真地去追求知识。"所有知识分子、科研人才大概都有这样的经历。每天都在已知与未知之间生活着，在不断地求知当中，成就了自己每一天前进的道路。

学生8：陈老师您好！我的经历跟您有点相似，我是留学回来读博士。我快40岁了，一方面我想在学术上再跨一个台阶，另一方面又想找一个男朋友结婚，成立一个家庭。我的困惑在于，我的能力能不能让我既追求事业，又追求一个完美的家庭。虽然我父母说等我以后结婚了会来帮我带孩子，但我又感觉小孩子肯定要自己去照顾。我们现在很多同学都有这种困扰，虽然有些同学年纪还小，20多岁，但是他们很多人也觉得有了孩子会阻碍他们追求事业，没有孩子可能会更好一点。这方面您有什么指点？

陈云英：你的例子非常典型，就是想得多、做得少。我经常鼓励大家要知行合一。你知道你想要什么的时候，要赶快行动。你可能还不够勇敢，只是在想象拥有美好的事业、美好的家庭、相爱的丈夫、自己的子女，可是你还没有勇气去做。人生是一个过程，拥有是一个过程，你要去行动。我经常劝我的学生和朋友，行动比思考更重要。在想的时候，太多的消极想法阻碍了你。有一个离婚的女人找我咨询她8岁女儿的问题行为，我发现女儿的问题行为出在母亲身上，我跟她说："你今天晚上就约会去，把你女儿放家里。"她离婚了，也想再有家庭。她总是想如果我跟一个男人谈恋爱，然后组成一个家庭，他可能不爱女儿。在我咨询过她的女儿后发现，这个妈妈已经开始对女儿有虐待倾向，妈妈自己不觉得，她觉得这是在爱。她把太多的注意力放在女儿身上，对女儿极为严苛。妈妈每天给女儿一个面包，女儿丢到冰箱后面去，有一天妈妈就发现冰箱后面放了很多个面包。妈妈对女儿要求过于严格，女儿怀疑她妈妈意图不善，不敢吃妈妈给的面包，甚至不敢回家，放学后在外面游荡，直到不得已才回家。妈妈认为，工作以外的时间都在陪女儿，还能说我不爱她吗？但是她的身心不一致，天天陪着女儿，心里想的却是还应该跟另外一个男人谈恋爱，还应该重新再创造一个家庭。这样内心就有冲突，冲突的时候行为表现就不一致。所以要是我给她提建议的话，那就是今天就去谈恋爱。打个电话给你想约的男人，一起喝茶，（听众笑）但是你要告诉那个男人，我没有多爱你，只是跟你喝茶，因为感情是渐进的。从心理学的角度来看，实际上你心里还想这件事情，你有一种很想遇到感情的愿望，可是感情很多时候又是会迟发的，这可能是因为你接触的异性不够多。在座的很多女性，你们可以有一些异性的同事、同学、朋友，即使你结过婚也要有一些异性同事、异性朋友。这种异性关系的作用是保持你对男人的理解，你跟男人交朋友后才知道选择什么样的男人适合你，可以和你携手人生。当然，有时候你会选择错误，尤其在你接触的男人很少的时候。比如你觉得对你甜言蜜语的男人非常好，恰好有很多品德好的男人不会甜言蜜语，这就比较糟糕了。因此你要接触好多类型的男人，你才会知道哪一类型的男人对你是最合适的。

我的一个朋友嫁了个文学家，生活细节都不在意，文学家整天就是看书、写小说。我的朋友很有事业心，做了单位的领导，两人的生活正好互补，各得其所。在婚姻里，最适合自己的就是最好的。很多人都按着别人的路线，向往别人的人生，但人生的成功是不可能被复制的，幸福也是各不相同的。最近有很多老年人谈恋爱结婚，但是离婚率特别高。我一看到这个消息就用心理学去分析。人年纪越大是越有个性的，不是你的年龄不好找，而是你变得非常有个性，所以适合你的类型必然很少。这从他们离婚的借口中就可看出一二，有一个男人跟他的妻子离婚的理由是，妻子每天晚上两点起床吃饼干。（听众笑）

还要回到我们这个主题上来。你要想拥有幸福的生活、婚姻、事业，就要勇敢，就要去做与这些愿望有关的事。你要分析自己，我是谁，我为什么是这个样，我是怎么生下来的，我父母是怎么教育我的，老师是怎么教育我的，我有多少刻骨铭心的经历？我有一句话概括自我：你所经历的一切都是自我，你

欢乐的过往是你的自我，你痛苦的过往也是你的自我，你不幸的过往还是你的自我。与这个自我和谐互补的他，就是你的对象，是你的另一半。

学生9： 别人说我找的男朋友都是一个类型的，但是都不适合我。可是喜欢我的男性又是另一种类型的，所以我觉得可能还是缘分没到吧。

陈云英： 你不要掩饰自我，要展示自我，你穿什么颜色的衣服，留什么发型，你穿什么鞋子，从头到尾所要呈现的都是自我。每一个人都要做你自己，穿出来你自己，说出来你自己，展现你自己，行动成你自己。你做事说话都不用违背你自己。我觉得有时候掩饰你自己，有人就会错误地解读你，所以也就遇到了不合适的人。

学生10： 因为我是1977年出生的，从小父母就教育我小孩子不能"我想要这个，我想要那个"，哪怕我想要表达都不可以，家长要你怎么做你就得怎么做。我去德国以后感受到了不同的环境，也没有爸妈管了，才有点放开。但是我回国以后，觉得国内的社会好像很多时候还是不让你表达你自己。比如你在工作单位，想做一个项目，说了你的想法，但是领导和其他同事就会说你锋芒毕露。

陈云英： 当然外在环境很多时候有一些限制，但这并不代表你要丧失自我。我们每年都有青年研究员到研究院来工作。他们刚来的时候，总是觉得与别人格格不入。即使孤独也不必害怕，如果你愿意孤独。你不一定非要和别人一样，你要做你自己。社会就像一个容器，它有必要把你塑造成完全跟它合拍的人，但是如果你完全跟它合拍，你又会成为很平庸的人。所以你看事业成功的人，哪一个没有自己的个性？但是我又不同意"个性张扬"这个词，我觉得应该叫"个性呈现"。因为张扬是放大十倍，讲话很狂妄，做事很狂妄。社会发展提倡集中力量办大事，我说社会也可以集中力量做美事，对不对？你要做的就是呈现你自己。

学生11： 陈老师您好！我特别想请教您，怎样才能放下心中所想，开始新的生活？我是一个特别专一的人，我喜欢一个人就是喜欢，他可能不喜欢我，但是我还是喜欢，所以就没法放下，开始新的爱情。我都二十多岁了，还没谈过恋爱，我是一个标准剩女。父母都很着急让我去相亲，但是我觉得不能违背自己的意愿，因此我从来没去相过亲。长此以往我注定是剩女了，然后是"圣斗士"。

陈云英： 这个女生很勇敢，说话的方式也很潇洒。其实这也是你的抉择嘛，你想做剩女就做剩女。你不想做剩女，不想单身？

学生 11：对，但是又放不下心中的执念，喜欢就是喜欢，没法开始新的感情。

陈云英：我觉得你比较保守，你的交际圈应该比较窄。交际圈窄，你选择的余地就小。这个与你的嗜好有关，有相同嗜好的人就特别容易交心，如果你有某方面的兴趣，你就找也有这个兴趣的团体，男的女的都没关系，在这种环境下，你就会知道哪些人对你是合适的，而且那些人自然就会找到你，也就是说物以类聚。可能你没有与你交心的人在一起的机会。你要是交友广阔，就会找到你的同类人；如果你交友很少，就不知道谁是你的同类。就像血型基因匹配，几万人才配到一个。男女朋友或者配偶也是几万人中才能找到跟自己匹配的那一个。有一句话在我年轻的时候很鼓舞我，我想用这句话鼓舞你："不是只有你这么辛苦地在寻找他，在世界的另外一个角落里有一个男士，也在很辛苦地寻找你。"不只是你找不到他，他也找不到你。所以你要努力走出去，让你的"能见度"高一点，人家才能看见你。他在辛苦地寻寻觅觅，你也在辛苦地寻寻觅觅，始终他没找到你，你也没找到他，就是因为你窝在宿舍里，哪儿都没去。

学生 12：陈老师您好！我觉得我说话、办事是一个比较随意的人，很少考虑到别人的感受，说完做完很容易也就忘记了。所以我给人的感觉是很不靠谱的。说完有些话、做完有些事自己也很后悔，觉得跟人交往、沟通的时候有一种障碍。

陈云英：害怕与人讲话吗？还是害怕对人承诺？

学生 12：害怕与人讲话。我跟我老公沟通没有任何障碍，因为我想说什么就说什么，他也是很宽容的人。但是跟别人交往的时候就不是那样的，不知道为什么。感觉只有跟我老公在一起的时候才会很放松。所以到目前为止我很害怕跟别人沟通，越害怕反而越做不好。

陈云英：用我们的眼光看你有一点点的交往障碍，就是你形容的"害怕跟人沟通"。沟通就会有结果，你认为这个结果往往会给你带来不好的影响。你今天晚上回去可以做个自我分析，分析一下给你带来不好结果的是什么事情，是不是你很随意地讲话？如果你跟人讲话的时候说："我跟你开玩笑的。我说话从来都不算的哦。明天就忘记喽。"这种矛盾是你在开玩笑的时候含羞半遮面，其实你又喜欢又不喜欢，所以你假装喜欢，又假装不喜欢，然后对方可能就陷入你的那种状态。你让对方陷进去以后你又不想收拾后果，不想负责任，最终的结果肯定就是不愉快的。

我们每个人的一言一行都会有一个结果，这个结果有时候是好的，有时候是不好的，心理学研究也叫作行为的科学。所以要用心理学来解读我们每个人的行为的话，即使是一句开玩笑的话，你都要谨慎。人有潜意识的愿望，如果你有重复的行为，就是你潜意识里要做这样的人，也就是说，你现在反感的这个"我"是你的本我，是你真正的"我"。而你从另外一个层面上表现出来的这个"我"是装饰过的"我"，也就是说你那个沟通有障碍的"我"恰好是本我，你在压抑本我。

心理学里面有"超我""自我""本我"，还有"父母的我""儿童的我"和"事实的我"，"事实的我"就是你这个年龄应该有的"我"。按你的分析，你现在就是"儿童的我"，你那种小孩的个性就像是四五岁小孩不负责，然后你又有"父母的我"在控制着不让"儿童的我"出来。这样的话，你的矛盾就会很大。所以通常我们要使一个人心理健康的话，就让这三个"我"在不同的时间出现。就像在父母面前、在老公面前是"儿童的我"，很随便；在一般性的、工作或读书的时候就是常态下的"我"；在追求最高人生价值的时候必须要用"超我"，是灵魂最深处的。但这个"超我"有一个特殊的效果，"超我"老出现就会扰乱你的精神，因为你的"我"里面有个暴君，经常在打你，在虐待你，也就是自虐。

总之，你要让你的"儿童的我"在丈夫、父母面前抒发出来；你读书的时候还是那个常态的"我"；只在你追求人生终极目标的时候用到"超我"，其他时候的你就不要用"超我"了，你把"超我"锁在抽屉里，让他别出来。人都不是神，人都是会犯错的，而且天天在错误当中生活，只是尽量让错误的度轻一点、少一点，量小一点。

我发现今天真的是在做心理咨询，而不是做报告。

学生13：陈老师您好！首先我对自己的认识，是一个比较爱思考的人。我有两个问题想向您请教。第一个是关于我自己的：其实我属于非常愿意跟大家交流的那种性格，但因为我这个人有时候会很认真，不太会开玩笑，所以有的时候很难跟大家打成一片。要是刻意地改变自己然后去跟大家交流，又会觉得自己挺痛苦的。于是就想做自己，能走到一起就走到一起，不能走到一起就算了，也只能这样子。我想知道遇到这种状况自己的这种解决办法是否是可取的？

再一个就是我父母的关系不是特别好，平常我跟父亲交流多一些，跟母亲的交流相对会少一些。他们现在有一些感情问题，我父亲又是一个特别重视感情的人，对什么都特别容易放不下，我觉得他挺痛苦，所以我很想帮助他，让他走出来。但是各种方法都试过了，仍然感觉效果不好。我现在真的有些束手无策。您能不能给我一些好的建议？

陈云英：因为你还很年轻，很多年轻人都会觉得跟别人格格不入，认为有些人思维比较肤浅或者比较俗气，自己的思维更加深刻，这很正常。我也经历过这个阶段。随着你的人生阅历越来越深刻，你会发现其实很普通的人也有很深刻的人生，你就不会自命清高了。

我原来是一个非常自命清高的人，我四年级就能写诗；我读初中的时候，讲话都是像作诗一样讲出来的。你可以想象一个十几岁的小女孩一讲话就这么讲，班里有没有人愿意跟你讲话？所以也是很孤单的。但是我觉得我还好，我一方面知道我很自命清高，另一方面我内心又渴望跟别人交朋友，因此有些活动只要不是太让我难过，我还是会去参加。我的圈子虽然不大，但我还是有几个朋友的，我这几个朋友也比较喜欢看书，我们有共鸣。也就是说，你要尽可能地扩大你的兴趣圈、朋友圈，但不要太勉强。

与此同时，我觉得人生就像坐火车，你经过一个山洞看另外一座山的时候，人的境界是不一样的。我就觉得我人生的阅历改变了我对很多人的看法。我现在可以跟一个很老的农民聊天，会对他感兴趣。年轻的时候我不会对他感兴趣，一个老男人本来就不是太让人感兴趣，再加上一个农民，生活上也没什么共同点，让我去认识他、理解他是不可能的。但是随着我的人生阅历越来越丰富，我就感觉每个人都是一本书。刚好老农民这本书我还没有看过，就想体验一下看一本自己没有读过的书的那种心情。过了这个山头你就会有一种"柳暗花明又一村"的感觉，所以你不用太在意，不要刻意地把自己塑造得很清高就可以了。你是谁，你就是谁，很自然的，你完全不用勉强自己。

至于你的第二个问题，行为科学有一种用来辅导别人行为的方法，人的行为是有后果的，我们现在来看看你父亲的这种行为的后果是什么？因为他希望得到爱，所以他痛苦，又因为他痛苦所以你去爱他。从心理学角度来解读，因为他的痛苦得到了你的爱，他的痛苦就不会结束，也就是说你爱他恰好是你害他。正确的做法是当他不痛苦的时候你去爱他，当他不痛苦的时候你去赞美他；而当他痛苦的时候你不讲话。你的父亲自然会知道你不希望他痛苦，你想让他走出痛苦。我母亲之前经常跟我讲让她很痛苦的事情，她现在不跟我讲了。神经心理学研究，一个人重复回忆，讲述痛苦的事情，这些痛苦的神经会得到发展。母亲一直重复那件痛苦的事，其实对她和对我都没

有什么好处。因此当我母亲跟我讲这件事情的时候我就走开，我说："妈妈，我要倒一杯水。"然后再回来，妈妈讲一半的话，结果接不上了，就不讲了。这样几十次下来，妈妈在我面前就不讲了，她也就慢慢淡忘了。

哲学里面有一句经典名言一再地提醒我们：世间万物的本质原是一个样子，只是我们人的心灵不一样，看到了感觉不一样。同样一件事情，有的人看到了痛苦，有的人看到了快乐，有的人看到了没有感觉。世间万物本质都是一样的，因为人的心思不一样，所以同时看一个人，有的人很讨厌他，有的人很喜欢他。喜欢他的人看见了他的优点，讨厌他的人看见了他的缺点。所以说没有缘分，怎么看这个人都是坏的。要是有缘分，看到丑的女人，爱她的男人也觉得全世界就她最美。你要让你的爸爸在见到你时不讲痛苦的事。人都会有痛苦，要理解痛苦是自然存在的。还有一个观点：人其实是跟心理的和生理的痛苦共度一生的。人都希望自己绝对健康，有一天得了病，一下子就崩溃掉了。其实没有必要。人可以和自己的病痛一起老去，医学很发达，现在疾病和人一起生活 30～40 年是没有问题的。提到抑郁症大家都觉得非常可怕，但有一个研究表明，最好的艺术家都是有一点抑郁症的，淡淡的抑郁症创作了最伟大的艺术。一点抑郁症都没有的人也许不能成为大艺术家。北欧文学、哲学都有杰出作品，其原因是那里冬天的日照特别短，人都有点抑郁。他们在那种情况下画画，在那种情况下写书，创造了杰出和美好的作品。对痛苦、抑郁、焦虑也不要用绝对排斥的、消极的态度，这些负面的情感也是人生自然存在的一部分。

今天的讲座到这里就结束了，谢谢大家！

主持人：我来做一个简短的结束语。很感激陈云英老师，她传递给我们的不仅是知识，更重要是一种心灵上的碰撞、共鸣和感动。下面有请我们的学生代表向陈老师赠送纪念礼物。

陈云英：太感动了，谢谢！

主持人：今天的"笃学讲堂"即将结束，我相信同学们在陈云英老师的谆谆教导下都受益匪浅，让我们再次以热烈的掌声感谢陈老师为我们献上的这一场精神盛宴。谢谢大家！

（初稿整理：阎沐杉）

健康理念及养生的有效方法

谷晓红

主持人 马跃华（中国社会科学院研究生院副院长）：今天谷晓红教授来给我们做健康理念及养生方法的讲座。谷教授 1962 年出生，现任北京中医药大学副校长，主任医师，博士生导师，兼任中国老年学及老年医学学会保健康复专业委员会主任，中华中医学会感染分会副主任委员，从事中医教学、科研临床工作 30 年，师从全国名老中医、首都国医名师孔光一教授。谷教授在长期的临床实践中，积累了丰富的诊疗经验，擅长内科、老年病、妇科、儿科等疾病的治疗与康复保健。现主讲北京中医药大学本科生和研究生的温病学课程，是国家级重点学科中医临床医学基础学科的温病学学术带头人。主持了多项国家的中医理论研究，先后发表学术文章 100 余篇，主编了《温病学》《温病精义》等著作，由此获得了教育部科技成果一等奖和北京市教学成果一等奖。谷教授曾多次应邀出国进行学术交流，近年来，谷教授主张的"不治已病治未病"的健康理念，在很多媒体上也有发表。下面让我们以热烈的掌声，欢迎谷教授开始为我们做讲座。

谷晓红（北京中医药大学副校长、博士生导师）：谢谢马院长的介绍！尊敬的老师、同学们，非常高兴今天能有这个机会，来社科院研究生院的"笃学讲堂"。大家都处于紧张的复习、考试、做论文、写文章的过程中，今天下午请各位把心放下，然后随着我喝一次"下午茶"，享受一下明媚的阳光和蓝天白云，徜徉在健康的海洋里。

关于健康话题，我想从健康理念讲起，再谈一下有效的养生方法，随后再留一点时间和大家互动。请大家以纸条的形式提问，这样可以保护你的个人隐私。

在座的各位都是人才，有着非常高的综合素质。然而可能在思想当中，还没有把健康放到很高的位置上。我做医生30年，从事医学教育也30年了，在这样的经历中，我深深地感觉到一个人的健康是最重要的。今天在座的各位这么捧场，我想一方面是捧我的场，另一方面也是因为感觉到了健康的重要性。我们常说健康是"1"，事业、家庭、亲情、爱情、财富都是"0"，有了前面的"1"，后面的"0"才有意义。因此，我们要以健康为本。

什么是健康？只有身心两方面都健康，才可以构成健康的完整含义。在体检过程中，如果发现心电图或B超等已经有异常表现，一般就会认为这个人有疾病，如果没有这些方面的问题，就会认为没有这方面的疾病。但是有一个概念需要搞清，没有疾病是不是就是健康的呢？不是，没有疾病不一定是健康的，没有疾病也可能存在虚弱或失调。例如，你每天都觉得特别累，别人可以一连看上五六个小时的书，而你别说看五六个小时，看了两个小时的书思想就不集中了；或者上午上课到11点的时候，你可能感觉到脑子不太转了；还有的人常会心慌气短，爬四五层楼就觉得气喘吁吁。以上情况都是虚弱的表现。回去之后同学们也可以问问自己的父母起夜不起夜，如果他们晚上已经起两三次夜，那就是肾气开始虚了。这个跟我们化验指标当中的尿素氮、肌酐指标没有一点关系，它就是在西医"病"之前的"证态"。中医是讲究辨证的，这是一种虚弱的证态，不能叫健康。所以，躯体、精神和社会，适应完整良好的状态，才构成了世界卫生组织在1948年提出来的健康的完整含义。而早在中国古代文化中，就有"体壮曰健，心怡曰康"的说法，由此可见健康有两方面含义，中国古人的智慧也体现在这里。

在座的各位都是哲学社会科学领域的，请问你们在做人生规划的时候，做过健康规划吗？你的导师会对你们做规划，比如我的团队想在五年中拿到教育部的奖，或者科学院的奖，或者国家级的哲学社会科学大奖，这就是一种规划。那你们做健康规划了吗？健康的规划和其他任何组织或系统的规划一样，都需要有目标，有了目标，才会有一系列的方案和措施。那健康的目标是什么呢？用俗话说就是你想活多大岁数。大家想过这个问题吗？

从今天开始，我们要设计一个目标，比如说我的健康目标是100岁，那我就为这100岁的目标去努力。那么有健康规划是不是就可以健康呢？不行，我们还要有健商。在我所写的《养生有方》一书中，我曾提出"健商"的概念，当前关于情商、智商、财商等的研究已经很多了，然而对于健商的研究并不多。健商是一种身心健康程度，以及本人对健康的认知、管理的水平测试。它的内容，既有社会层面上的、生物层面上的，也有心理层面上的、环境层面上的，还有先天体质方面的，即主观的、客观的都有。我们可以将不同人的健商分为四类：聪明人投资健康，明白人储蓄健康，普通人忽视健康，糊涂人透支健康。例如，你如何看待外界因素对你的不良影响？看待问题的角度不一样，对身心健康造成的影响也不一样。同样一个消极信息，如果我"刀枪不入"，则说明我的健商高，然而如果消极信息可以马上影响你，则说明你的健商低。世界卫生组织（WHO）指出健康有四要素，分别是父母遗传占15%，社会自然环境占17%，个人生活方式占60%，医疗条件占8%（见图1）。我们可以看到，四要素中最重要的就是个人的生活方式，包括怎么吃、怎么喝、怎么睡等。因此，下面我将花更多的时间谈生活方式和养生保健的方法。

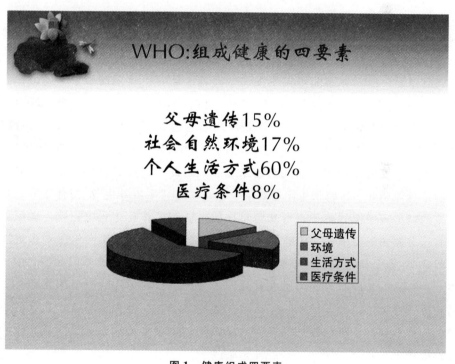

图1　健康组成四要素

　　健康四要素中第二重要的要素是社会自然环境。前几年我还能给北京的环境打12分，雾霾多了以后，只能给它10分，我不知道这一分值还会不会下降。也许随着这次APEC会议的召开，还会再涨涨分，但是需要多长时间才能改善，10年还是20年，这是很难说的。我们这代人20年后都已经是老

朽了！也许不到那个时候有人就弃北京而走了。

健康四要素中第三个重要的要素是父母遗传，占15%，因此，我们需要了解父母的健康状况，一方面是关爱他们，帮助他们去调理身体状态；另一方面也是为自己设定一个健康管理的基础。假如你的父亲或母亲有高血压、高血脂或糖尿病等常见疾病，虽然现在你还年轻，你可以说这与我没关系，但是10年以后不一定就没关系了。因此从现在开始，你就要绷紧一根弦儿，这就是"防病于先""不治已病治未病"的思想。如果你的父母都有高血压，即使你现在没有高血压，10年以后得高血压的概率也高达48%，但是如果父母都没有高血压，那10年以后你得高血压的概率只有4.8%，差了多少倍？10倍！再如近视眼，我小学五年级就是近视眼，上大学前我特别理解不了，我的同学中有跟我一样用功看书的，但是人家一直到高考的时候眼睛还非常好，我就不行了。后来我学医了，才知道原来近视眼是因为父亲的遗传，我的父亲是高度近视眼。然而对我来说，他遗传给我的并不是近视眼，而是我抗近视的能力弱。我们每个人，抗某一种病的能力都是有强有弱的。这就跟智商有差异一样，你不能不去正视这个问题。还有更重要的一点，我记得我十几岁的时候，当时社会上患不孕症和不育症的夫妇数只占1%，即100对夫妇中只有1对夫妇生不出孩子，但是现在已经达到10%以上了。这是很危险的一件事情，如果照这个速度发展的话，人口就会大幅度下降，即使可以生育，我们也发现体弱多病的儿童越来越多。因此，父母的遗传很重要，只有你们把身体调好了，将来生出来的下一代，才是"零岁养生"。身体不好，生出来的就是病怏怏的孩子，将来会对你的生活和工作产生很大影响。大家如果有这方面知识需求的，请到网上去搜一下我的实名，然后会出现"多贝网络教室"，就是讲准妈妈、准爸爸的健康管理。"80后"的孩子们胎停育的太多了，有的第8周、第9周胎儿就死了，为什么？因为你的整个内在条件不适宜孩子再长了，胎儿就不长了，就优胜劣汰了，其他原因还有一次次的流产，或者本身种子有问题的情况。人民医院的生殖中心常常人满为患，说明问题很严重。

健康四要素的最后一个要素是医疗条件，占8%。应该说，在座的各位绝大多数将来都会享受到这8%，但是在中国广大的农村地区、偏远地区、贫困地区，尽管政府在农村合作医疗方面已经做了很大的努力，但是如果有大病，医疗保险的补偿还是杯水车薪。我们的健康现状是堪忧的，中国的经济、国民的生活在改革开放这三十多年来都有了很大的提升，但是我们的腰包鼓了，体重也上去了，疾病并没有因为我们经济生活水平的提高而减少，这是一个非常严重的问题。症结在哪里？就是国民的健康理念、健康教育很不够。同时，政府对健康战略的重视程度也还不够，因为我们现在不是以人为本，而是物本主义、物本思想。在中国的历史文化中，以人为本始终是主导思想。这些年来，有的时候我们走偏了一点，因此我们的健康战略在未来需要一个很大的改变。当然，大家已经可以看到很多改变了，例如，2014年习主席在澳大利亚签署各种协议的时候，就有北京中医药大学的校长和西悉尼大学的代表，签署成立中医中心。上医是治国的，中医是治人的，下医才是治病的。我们做社会研究的人，如果了解、熟悉中医的一些思想、方法，还是很有助于对社会的管理和研究的。因此，大到社会组织，小到每个家庭、每个人，都需要健康管理。

其实健康管理是一个时髦的现代词，在中国的历史当中，有一个更加原创的词，就叫"养生"。"养"就是保养、调养、补养、护养，而"生"是生命、生存、生长之意。"养生"不是光让你活着就行，你活着却没有生活质量，达不到养生的最高目的。保养是指保持健康人的状态；如果一时性功能失调，比如熬夜赶写文章可能会有一时性脏腑气血失调，那就需要调养；有些人可能长期性虚弱，那就需要补养；外界有许多不良因素，无论是细菌、病毒，还是雾霾，排除这些因素的伤害，就是对生命的护养。这都是属于养生内涵的。因此，所有人可以分为三个状态，第一个状态是未病的人，就是健康的人；第二个状态是已经有病的人，比如说患有脂肪肝、高血压、糖尿病或乳腺增生等，就是已病的人；介乎这两者之间的是欲病，就是现在说的亚健康状态。亚健康的人群，在中国的城市人口，尤其是一线城市的人口中，可以达到70%～75%，而其他两者为5%～10%，不同的城市可能会稍有差异。这三类情况都需要健康管理和养生。然而健康管理是分层次的，就像中医也是分层次的：上医是维护健康的养生医学，它是防病于先的；中医是早期干预的预防医学；下医才是针对疾病的治疗医学。也就是说，医院里大夫干的事，实际上都是下医的事，而我们做健康教育和普及的，实际上做的是上医的事情。

健康教育在当前的国民教育中是比较差的，因此从教育的角度来说，还需要加强。我们当前强调的是文化课的学习，强调应试分数，却连绿豆是凉性的还是热性的都不知道。但是你会发现，不识字的老奶奶都知道绿豆汤冬天不能喝，因为冬天是寒凉季节，只有夏天清暑的时候才能喝。现在的孩子

们冬天也吃冰淇淋，这就是健商极低的表现，冬天怎么能吃冰淇淋呢？你有数理化的知识，有文化，但你不一定有健康的文化。我们每个人都要了解一下自己所处的状态，在座的各位同学都经过生长，也进入了青年到壮年，我们的老师们现在都处于壮年，但是有很多人提前开始走下坡路，这就叫未老先衰，在科技、文化界尤其严重。三年前我曾经在《光明日报》上发表过《上医医未病之病》，被《新华文摘》全文转载，我觉得并不是因为我的水平有多高，而是《新华文摘》认为，健康这个话题应该被提升到更高层面上。虽然走下坡路是一种生命的规律，谁也不能违反，但我们可以决定自己开始走下坡路的时间。从医学上说，女性50岁，男性60岁，才应该走下坡路，然而你会发现，现在有很多人，40多岁甚至30多岁就开始走下坡路了，这就说明健康管理有问题。我们晚几年再走下坡路也是可能的，这就需要满足两个基本条件：一个是有稳定的经济收入，健康是需要储蓄和投资的；另一个是需要有比较好的科学文化素养，即健商要高。只有这两点都具备了，我们才可能延长健康的高水平线，推迟走下坡路的时间。即使要走下坡路，也不能走得那么陡，比如才60岁出头，一场大病后就坐在轮椅上了，那就没有生活质量了。我本人是中国老年学及老年医学学会老年保健康复专业委员会的主任委员，做老年医学研究的，目标是让中国的老年人在晚年可以有尊严地生活。大家可能认为这句话比较虚，在中国这样一个民主法治的社会，怎么会没尊严呢？我指的是另外一个层面的尊严。大家试想一下，你的亲戚朋友在被推进手术室的那一刻，他们有尊严吗？没有尊严！当他们想上厕所却不能自己上，需要别人陪伴的时候，你觉得他们有尊严吗？没有尊严！因此我们要想有尊严地生活，就要从现在开始，我们要让自己的父母有尊严地去迎接自己的老年，因为你们的父母依靠不了孩子了，几乎每个家庭都只有一个孩子，又不可能常在身边。那怎么办？就得靠他们自己才能把晚年过好。因为你们太忙，一个人管好几个父母，怎么能管得了，你们将来面临的是中国发展非常重要的时期，我们作为父母的也不可能拖你们的后腿，应该放手。在这样的情况下，父母的健康应该从现在开始就高度重视。

在健康管理和养生方面，中医有一套体系是具有顶层思想观念的，即整体观。我在后面讲方法的时候，会谈到很多渗透整体观的方法。人与自然是一个整体，人与社会是一个整体，人本身也是由多个子系统构成的一个整体。人生病是内外因素作用的一个综合性疾病状态。我们在整体性思想的指导下去认识一个人，无论是健康的人，还是患有疾病的人。对于患有疾病的人，我们将会从不同的角度去调整，直到其恢复至健康状态，因此中医大夫看病有时会跟你聊天，聊半个小时甚至更长的时间。我昨天看的一个女性病人就是，因为睡不好觉，两个月内长了 15 斤肉，为什么？因为家里有变故，她的前夫把两人的几套房子全部出售了，她在这之前一点都不知道，所以备受打击。在这个时候我告诉她的是："你要把这个事尽快放下"。她的亲人们也一直在帮助她。她的女儿九岁就已经来月经了，也在我这里看病，因此她家里整个管理是比较混乱的。我用了 20 多分钟的时间来调整她的思想和心理，我说："你看，这么多亲人在帮助你，你也应该给力，我们一起走出这个阴霾。我再给你加上药，三分治七分养，你要养心，要真正地放下这事。你看你才 35 岁，未来的路还很长，你会恢复得很好。为什么你这么胖呢？就是因为思虑过度，脾虚了，虚弱的人容易长胖，所以瘦身就要健脾，对不对？这样才叫治病。当然还有正气为本的防御观，你看最近这个病毒性的感染，它肯定是钻正气虚弱的人，你最近熬夜，不好好锻炼身体，不好好吃饭，你本来就有点虚弱，这个时候周围有人感冒了，首先就把你传染上。""正气存内，邪不可干"，"邪之所凑，其气必虚"，从这个角度来说，就体现了中医正气为本的防御观。"非典"的时候，也不是所有人都得非典了，为什么？还是与自身的内因有关系。我们说有的人老是过敏，花粉过敏，家里有一点装修的家具，或者买个小汽车也过敏，可是有的人就没有这些情况。原因是什么？就是因为你自身内在的条件差了，所以所有东西都变成了过敏源。当你身体好了，这些东西就都不会成为过敏源了。造成过敏反应，它就是过敏源，不发生过敏反应，它就不是过敏源。因为我们整个人体的细胞数，都没有在体外包围着我们的细菌病毒数量多。虽然身边这么多细菌病毒，但我们并没有生病，是因为我们有强大的正气，强大的抵抗力和免疫力，不怕身边的细菌和病毒，能够跟它们和平共处。

中医还有"三阴三阳"的辩证观，即面对不同的时辰、时节、年龄、性别、环境，我们养生和健康管理，都要随之而灵活地去变动，也就是说具体问题具体分析。中医是最讲究个体化的，养生如此，治疗亦然。养生和治病的中药药方，都是私人订制的。而我今天要给大家讲的下面这些内容，是我们共性的东西，通过共性与个性的结合，有一些规律可鉴。那么在讲方法之前，我们首先要明确，养生与治病都有需要遵循的原则，即要综合调养，持之以恒。

第一，童心，保持一个单纯、简单、快乐的心态。心态的"态"字，就

是"心大一点儿"。心态很重要，我去过很多全国有名的长寿之乡，长寿之乡有一个标准，就是要有百岁老人。在众多百岁老人当中，有的爱吃肉，有的爱抽烟喝酒，有的爱吃甜的，有的爱吃咸的，五花八门，但是唯有一点，百岁老人没有一个不是心胸开阔、心态好的人。心态好，就能简单、快乐。我们有的同学总是说今天郁闷了，明天郁闷了，那你就少两天快乐，尤其是郁闷，如果别人惹你郁闷，是用别人的错误来惩罚自己，那更是傻。所谓100岁，一共36000多天，如果从我52岁的现在开始算，我已经走完了一半，后面剩下的不多了。所以我对于自己有这样的要求：生命短暂，要珍惜每一天，每一天都愉快地学习，愉快地工作，愉快地与他人相处，助人为乐，然后再实现自己的价值。

第二，蚁食，即有意识地少量多餐，暴饮暴食对身体不好。

第三，龟欲，各种欲望不能过高。每个人都要做一个自我判断。每个人的健商是不一样的，有一些是无法改变的，健康中父母遗传因素所占比重是15%，健康不健康，这15%就已经是注定的了。我们每个人都可以被比喻为在中国社会的高速公路上行驶的车辆，其中有的车是奔驰，有的车是夏利，身份不一样。当然，我没有贬低夏利车的意思，只是说，从性价比的角度看，夏利不如奔驰。如果说，奔驰以200迈的速度跑，没问题；但夏利车跟着奔驰一起飙车，也不知道能飙多久就发生故障了。因此大家可以看到，如果把人比作一辆车，我们现在有很多现象就成为悖论。车，每年有年检，有大修、小修，但是许多血肉之躯的人，反而不大检、不大修，也没有小修，什么时候抛锚了再说。尤其是年轻人，很自信地认为自己身体没有问题，这样反而容易出问题。所以，我们要根据自己的身体状况来设计我们追求什么样的名和利。

第四，猴行，是指动静结合的运动养生。现在出现了一大批宅男宅女，只静不动。《新华字典》都有"宅女""宅男"这两个词了。更有甚者，淘宝网上的一个女店主，一个月没下楼，结果死在了出租屋里。当然也有只动不静的，天天像空中飞人一样，也会消耗人体的正气，体力透支得很厉害。12月到1月是最能判断一个人身体素质的时节，一看你这个人，我就知道你之前的11个月是什么状态，大家都应该反思一下。

因此，我们需要自我管理，第一类方法是从情绪开始。年轻人怎么调节自己的心理？学业压力大，工作还没有着落，硕士毕业了能不能读博，读哪个老师的博士，问题很多对不对？到底是留在北京还是不留在北京，北京的确是平台较好，但是当房奴怎么办？父母在家里卖三套房子在北京都不一定能买上一套房子，怎么办呢？这些都是导致你心理问题的原因。而心理方面，除单纯的各类问题之外，还有情绪不好这一因素可以导致你的免疫功能下降。所以各位，在长期的忧郁、苦闷、焦虑和强压力的影响下，你的免疫功能会大大下降。现在为什么得肿瘤的中青年那么多？就是因为压力太大了。我们不如我们的爷爷奶奶活得轻松，对不对？我们的困扰很多，我们不能摆脱的东西很多。如何选择性地放下？要适当地做加法。年轻人肯定是要做加法的。我经常跟我女儿说不要熬夜，她说："你不能这样要求我，你现在'功成名就'了，可以放下很多东西，把最重要的东西留下，但是我才二十几岁，我需要做的是加法。"我说："我不反对你做加法，但是你要选择性地做加法，就像我选择性地做减法一样。"这个她认同。年轻人要有一种精神，就是追求卓越。在座的各位也存在情绪管理和怎么对待压力的问题。情神管理，神在于养，情在于节，要养神。曾经我给大学的校长讲课的时候，有一个理工科的校长说："你讲的这个养神有点儿消极吧。"我说："怎么就叫消极呢，养神，是对自身认识的一种回归，它是集精神、意识、情感和思维于一体的修炼活动。这是一个高境界、大格局，在这样的指导思想下，我们才看到了淡泊名利、宁静致远，这不仅是一种人生观和价值观，同时还是一个健康观。"我们可以看到，中国的传统文化、东方精神，儒家的正气、道家的清气、佛家的和气——"正""清""和"都是围绕着境界的追求。这些追求，会影响到你的身心健康。它是同一的，形神同一、身心同一、和谐，所以我说"养德就是养生"。在历史上和当代，很多大家的境界很高，也很长寿。"文革"期间，很多的科学家或老干部，因为受到了不公的待遇，所以得心梗去世了，要不就是得了肿瘤。心中郁闷，气息不畅，这就容易生病。但也有几起几伏，怎么打都打不倒的人，那就是一种精神的养生。用国学大师季老做一个榜样，季老是山东人，"文革"期间在北大是扫厕所的，他的学生后来说，季老师扫厕所，比现在的清洁工扫得干净，扫得认真。扫完以后再去做他的梵文研究，他梵文研究的巨著就是在"文革"这十年形成的。那是多么高的一个境界啊！留德多年回来，当时却在扫厕所。到晚年百岁的时候，中央领导同志每次去看望季老，说："您是国宝，您是国学大师。"他说："我不是啊，我就是北大的一个教员。"他连"教师"都不愿意说。这是一种什么境界啊！我推荐大家去看看季老的书。

另外，精神养生中，还有一个内容是调摄情绪，也就是要节制我们的情

绪。一般说来，怒可以伤肝，你要是肝本来就不好，更不能生气，越生气你的肝越不好。有的人有肝炎、肝硬化，就是因为生气，所以肝出了大毛病。女子以肝为本，一生气以后，就会乳房疼痛、乳腺增生，甚至会得乳腺癌，这个我在临床上见得很多。情绪是可以致病的，过度伤心和兴奋都可能导致心脑血管的意外。现在你的父母年龄还不大，你几点打电话都行，但是你要想给爷爷奶奶打电话，晚上9点以后就既不能报喜也不能报忧了，否则可能会出问题。我在临床上急诊就见过这种情况。6月23号高考成绩公布的时候，18岁的孙子给爷爷打电话："爷爷，我的分今天出来了，高出一本线80分，那就是'985'大学了。"他说完了就去玩网游了，结果他爷爷晚上睡不着觉，到凌晨两三点钟，因为心梗被送到急诊了。大喜过望，心气涣散，过分激动，心脑血管也就容易发生意外。喜伤心，思虑过度伤脾。最近总是琢磨论文，结果吃不好饭，睡不好觉，越来越胖，喝水都胖。有没有这样的人？有。越用功越胖，绝对不是心宽体胖。如果有老师要批评你，你告诉他："谷老师说了，我不是心宽体胖，我这个胖是虚胖，是劳倦伤心脾了。"这是因为脾不能运化水液，水液就驻留了。所以，健脾就可以瘦身，水液出去了，废物出去了，自然就瘦身了。减肥时不吃饭，还腹泻，那都是偏激的方法。还有的人思虑过度，伤脾，瘦瘦的，吃啥都不胖，这就是因为脾虚，不能把饮食入胃的东西消化吸收成营养。我发现现场的同学们气色几乎都不怎么样，我估计有一部分营养不良的同学不是因为吃饭或营养品种不够，而是因为你自己脾的运化不够。悲伤肺，在文艺作品当中所谓"背过气去了"，就是伤肺气。恐惧伤肾，表现就是大小便失禁，因为肾是主大小便的。小孩子使用"尿不湿"，就是肾气不足的缘故。随着逐渐长大，他吃辅食了，肾气充足了慢慢就能控制大小便了。还有我们的爷爷奶奶上了年纪，大小便次数增多，这就说明他们肾气虚弱了。恐惧会使得肾气乱，导致失禁。这是节制的一方面。还有一些转移疏泄方法，今天可以把我的经验分享给大家。

第一，你要有两三个知心朋友，可以24小时打电话的那种。可以是女性朋友，也可以是男性朋友，不管多大年龄，就是知己。共同的价值观、人生观，甚至消费观可能都一致，这样的人，可以做终身的朋友。这几个人，一到两个月要有一次聚会，叫"话疗"。说话聊天可以有治疗作用。这就是一种宣泄，做倾诉者和倾听者，朋友之间可以相互抚慰，这是一个方法。

第二，转移疏泄的方法，我就是写毛笔字。我在琉璃厂买荣宝斋的笔墨纸砚，如果感觉到今天气息不太舒畅，我晚上下班以后就先不回家，而是会写字。写上一个小时的字，基本上就可以把大脑里那些不良的东西排空了，情绪平和，就可以达到"阴平阳秘，精神乃治"的程度。

第三，运动。运动可以排解自己的情绪，影视文学作品中经常是小伙子失恋了以后，跑步机上跑啊跑，使劲儿跑，这就是一种转移。女同学还有一些转移的方法，是什么？购物、逛街、唱歌，这些都是有效的方法。

第二类方法，四时养生（见图2）。中医的健康观和生命观中，离不开人与自然的和谐统一。自然界当中，万物之生长，都是顺着"春夏秋冬，生长化收藏"这个规律的。今年 APEC 会议，大家看到晚上的焰火就展示了"春生、夏长、秋收、冬藏"的中国文化。中国的文化，绝对是博大精深。人只是万物之一，只不过我们自认为高级了一点儿。我从来不认为人类高级，人类实际上现在有点自我膨胀，就是自大，自大加一点儿，就"臭"了。人类现在做很多事情都是因为自大，自认为能够征服大自然、改造大自然，结果被大自然惩罚得即使不让你五体投地，也让你每天戴口罩，对不对？人应该敬畏自然，敬畏生命。

四时养生

季							
春	阳长阴消 春夏养阳	防风养肝木	春捂秋冻 防春困	夜卧早起 勤晒被褥	葱姜蒜韭菜	多室外活动	养肝戒郁怒
夏	夏至阴生		防暑热，防空调病	睡眠充足，通风凉爽	清淡清暑健脾益气	清晨或傍晚散步	养心节狂喜
夏		长夏防湿养脾土	防湿邪，保睡眠，备防暑饮料	避免着凉	淡补，如西瓜、绿豆。忌冷饮		养脾忌忧思
秋	秋天防燥 秋冬养阴	秋天防燥养肺金		防秋凉感冒	清润甘酸百合	太极八段锦	养肺减伤悲
冬	冬至阳生	冬天防寒保精血	避寒防病	开窗换气不蒙头睡觉	进补	御寒室外	养肾避惊恐

图2 四时养生

　　在不同的时期、不同的季节，我们要顺乎自然之性，保持健康。春天，阳长阴消，从春天开始直到夏天，都是养阳气的。大家回忆 10 年前，长身体长得最快的时节是春天，这与自然界阳气生发是一致的。春天的时候草开始长起来了，禾苗长起来了，小树也发芽了，即阳气生发。而人这个时候，也是阳气生发，所以立春要吃春卷，春卷里头有韭菜，还有豆芽，它们都是发阳气的食品。中国的养生知识和方法是生活化的。春天还要养肝目，肝不好的人，春天一定要慎重，要防止生气，防止摄入过多的化学药物等，这些都容易伤肝。更要注意少喝酒或者不喝酒，多做室外运动，在阳气生发的春天在大自然中采阳气。因此，春天的时候去踏青，会让人感觉到情绪很好，身心都舒服，这是因为阳气充足了。如果天天在地下室待着，你会觉得不舒服，这是因为阳气被遏阻了。你住在山的阳坡或阴坡，你的房间在阳面或阴面，感觉是不一样的。尤其对于女孩来说，你在阴面房间待的时间久了，手脚都是冰凉的，因为阴盛则损阳。

　　到盛夏季节，大家要防暑热、防空调病，不建议大家这个时候去跑马拉松。每年跑马拉松都因为暑热出意外事故，暑热可以导致人暑厥、暑风，这样的危险事例是真实存在的。我记得很清楚，大概四五年以前，一个 27 岁的小伙子在北京火车站排了七个小时队，刚买上回家的火车票，就倒在广场再也没有起来，就是因为中暑出现了暑厥。所以夏天的散步运动要选择清晨或傍晚，要考虑到心脑血管问题。另外到长夏季节，也就是梅雨时节，雨特别多的时候，要注意多吃一些清利的东西，比如冬瓜、苦瓜、西瓜、绿豆汤等，这是因为清利湿邪。有的时候，还要吃点辣椒，为什么？辣椒是可以燥湿的。这就是为什么四川人吃辣椒，因为四川地区很潮湿，在潮湿的地区吃辣椒以后，女孩子的皮肤越来越好，辛辣可以燥湿。当然在北京天天吃辣椒是不行的，因为北京干燥，并不潮湿，吃辣椒过多只会导致上火。在多雨、湿气比较重的长夏季节，就可以稍微吃点辣椒，再吃一些利湿的药和食物。住在运河或大海边，有时候也需要多吃一些清利的东西和辣椒。我今年夏秋季节在枣庄第四临床医学院发现，枣庄人吃辣椒的很多，我不明白为什么，枣庄是一个内地城市。后来我发现，枣庄紧邻运河和微山湖，形成了潮湿的气候，所以无辣不成菜。因此，我们要结合地域和时节才能保证自己的健康。健康饮食习惯的形成，实际上是人们主动地在调节自己的身体。

　　秋天阴长阳消，秋冬是长阴的，所以要多吃水果，多喝粥。很多从南方来北京的同学会发现，第一个秋天很难过，因为嘴唇发干，皮肤发干，嗓子、鼻子都是干的，十分难受，容易生病，这就是因为没有注意养阴生津。

冬天要保精血，是进补的好时节。我们从1月份到11月份都在透支身体，越到年底越忙，学生要复习考试，老师还要总结、任期考核，太累了。但是没有办法，不同的时段就要做不同的事情。大家要注意，冬天要保精血，就像冬天的树，落叶归根，化为泥土营养，为了第二年春天的来到。这就是所谓"厚积而薄发"。冬天"厚积"，就像冬眠的动物，人虽没有那么幸运能够冬眠，但是也需要"藏"。即使不冬眠，也要为了下一个春天来到时有阳气的第二个循环，来充分休息和恢复。如果冬天养不好，春天就会出现各种问题，诸如睡不好觉，心情烦躁，女孩子月经不调。一时抑郁，一时焦虑，这就是因为冬天就没有藏养好。

第三类方法，环境养生。在这里讲的环境，有大环境、小环境，有自然环境、居住环境，还有我刚才已经谈了一点的居室环境：通风阳光。各位同学的宿舍一天要开两次窗，天气好的时候，早晨起来要开半个小时，晚上睡前要开半个小时，保持空气的通畅。对家庭来说，如果是新装修的房子，一定要注意，甲醛和苯对人体的毒害是最大的，常常引起家庭成员血液系统疾病和呼吸系统疾病、经常性过敏、鼻炎、咳喘，甚至睡眠不好，女性月经不调，都与这些化学毒素的污染有关。虽然壁纸很漂亮，但贴壁纸需要用的黏合剂里面就含有甲醛和苯，复合家具也会含有同类黏合剂。为什么新买的汽车里有甲醛和苯？因为汽车的皮座皮椅也需要用黏合剂，所以新购入的汽车内部甲醛和苯都可能会超标。现在的汽车还没有强制性安全标准与法律保障。但是我真见到过这样的实例，女孩大学毕业以后在北京找到工作，买了一辆小汽车，结果七个月后查出再生障碍性贫血。入职体检的时候本来很健康，所以生病实际上与这辆新买的汽车有关系。这是化学里的小环境的影响。还有就是电磁辐射这一类的因素，这与我们每个人都相关。电磁辐射中排在第一位的是手机，所以一般来说接打电话最好用耳机，如果没什么秘密就用免提，如果不愿意用免提，又不愿意用耳机，那就应该接通电话等三秒钟，然后再拿到耳朵边听。我看到的情况是很多老师、同学给家人和朋友打电话，问"走到哪儿了，怎么还不到"，就这样一直放耳朵边。在电话接通的一刹那，辐射是最严重的。手机的电磁辐射与脑瘤的发病有关系，这是能够通过医学科学实践证明的。北京一位医院的副院长，曾经与一个手机供应商朋友吃饭，老板的亲戚希望副院长给他做开颅手术，副院长说："你不必给我礼物，也无须请我吃饭，你只要少卖手机，我就可以少做些手术，我能吃得好

饭，睡得好觉，这就是你对我的感谢了。"现在脑瘤发病率的上升速度过快，与手机使用不当有直接关系。第二位的原因则是微波炉和电磁炉。很多同学愿意去吃电磁火锅。大家知道，电磁火锅的安全距离是30厘米。但是我去量过，30厘米那个位置吃着不合适，我们肯定要靠近，靠近的话，电磁辐射就会对身体有伤害。所以电磁炉和微波炉都有一个使用原则，就是使用的时候要远离，不要在设备附近等候。第三位是电吹风机。家里常用的电器如电脑、冰箱、彩电，都没有排在前三位。第四位是儿童使用的防近视台灯，这种台灯使用的时候，不能太靠近，所以大家要注意。实际上很多种电器对身体都有一些潜在影响，美国的中学生曾经做过一个实验，对照同一批的两组植物，有路由器的房间放的植物和没有路由器的房间放的植物的生长状况大相径庭，放在没有路由器的房间的植物长得非常好，有路由器的房间的植物长得非常不好，植物受影响，我估计人也应该会受到潜在的影响。这是环境因素。

第四类方法，顺时起居（见图3、图4）。这个很有意思，今天我们谈健康的时候，是从宏观方面，从特别远距离的镜头，慢慢拉近，拉近到一天。从四季变成了一天当中的12个时辰24个小时的规律。这12个时辰中，不同的时辰也有规律可循。5点到7点，大肠经最旺，最有利排泄，所以早晨解"大手"。一天当中一到两次大便，是健康人。三次以上不健康，两天一次、三天一次，甚至临床可见有一个星期才一次大便的，绝对不健康。排便不健康可以是胃肠神经性的，也可以是炎症，或其他的原因，要保持大便的通畅，最好早晨喝一杯加蜂蜜的温开水。另外，平常多吃粗粮，比如玉米、芋头，还有多纤维的蔬菜，苹果、香蕉，都有通便作用。当然，反过来说，腹泻的话，这些东西就要少吃，可以喝养脾胃的小米粥。早晨7点到9点是胃经，一定要吃早饭。同学们，这个时间是多好的时光，好好吃饭，好好读书！我最怕同学们不吃早饭，等到三十七八岁以后，体检检查出胆囊结石。大家既不抽烟又不喝酒，油腻东西又吃得不太多，那为什么有胆囊结石？就是因为早晨不好好吃饭。所以早晨吃饭，应该是"做皇帝"，也就是要多种多样。晚上不熬夜的人，晚饭应该"做乞丐"，吃得要以素为主，熬夜的人还要吃些肉类，量也要多一些。像我这个年龄，绝对要"做乞丐"，因为我们不熬夜，那就吃上一二分肉类，然后八分素食，而且吃到八分饱即可。你们年轻人现在可以吃到十分饱。上午9点到11点是脾经，是人最美的时候。人身体不好，五官长得再怎么端正都不美。

顺时起居养生（一）

子时十一月（农）阴盛，阴极生阳；午时五月阳盛，阳极生阴

一天内气血在不同时辰流经到不同经络

- **5~7（卯）大肠经最旺** 最有利于排泄
- **7~9（辰）胃经** 吃好
- **9~11（巳）脾经** 最美
- **11~13（午）心经** 天地气机的转换节点 午休
- **13~15（未）小肠经** "大内总管" 喝水
- **15~17（申）膀胱经** 排毒
- **17~19（酉）肾经** 贮藏精华 补元气
- **19~21（戊）心包经** 愉悦
- **21~23（亥）三焦经** 孕育
- **23~1(子) 胆经**阴气最重，务必睡觉保护初生阳气
- **1~3（丑）肝经** 血归于肝
- **3~5(寅)肺经** 气血由静到动的转化过程

图3 顺时起居养生（一）

顺时起居养生（二）

①起居有常：起卧有时；劳逸适度；生活规律；口腔保健、三叩九咽

②浴身保健法：水浴、日光浴、空气浴

③服装顺时适体

④排便保健法：保持小便、大便通畅

⑤常梳发、常搓面、常揉鼻、常伸肢、常运目、常叩齿、常旋腹、常弹耳、常提肛、常摇头

图4 顺时起居养生（二）

生命分为三个层次：精、气、神。首先，精的层面，精是细胞物质的组织结构；其次，气的层面，是指脏腑功能活动；最后，神的层面。这三个层面构成了生命的整体。如果说只有精的层面，肺细胞还在，但是没有呼吸，没有肺气功能，那么就没有生命的存在。如果肺气功能完好但是没有精神意识的话，生命也是残缺的。这三个层面一定要齐全，且能够相互转化。要有这样一种精神：我一定要活着，所以我一定要好好吃饭，因为我还有未竟的事业，我的家庭还需要我。这时你会发现，你的生命、你的精神，在支撑着你吃饭，摄入的物质就会再转化为气息，气息又转化为精神，奇迹就可能发生在你身上。如果精神垮了，那一切都垮了，人如同行尸走肉，严重者甚至会丧失生命。因此，精神可以转化为物质，物质当然也可以转化为精神。中午11点到下午1点是心经，是阴阳转换的节点，就跟太阳在中午1点钟开始西下一样。这个时候正值阴阳重叠，准备交替，需要午休。下午1点到3点，气血流经小肠经，要喝水。我看很多同学都拿着水杯，但是杯子不对。可以用金属杯、搪瓷杯、陶瓷杯等，一般来说，不能用塑料杯。塑料杯可以短期用。人一天要喝八杯水，不包括早中晚喝粥、喝汤、喝牛奶和豆浆。为什么要喝这么多水？因为人体的70%是液态。流水不腐，新陈代谢。下午3点到5点是膀胱经，要排毒。下午5点到晚上7点是肾经，这就是吃晚饭的时间。最晚是7点，因为它补元气，是肾所主。有好多人晚上不好好吃饭，尤其是想减肥的女孩子，我最近就见了好几例这种情况，体重减下来了，结果不来月经了，这就是肾精虚弱了，减肥减得内分泌失调了。所以大家要注意这些问题的互相转化。晚上7点到9点是心包经，是人最轻松的时候。跟老师汇报工作，8点以后打电话，不要6点或者7点，这个时候，他的气血还不平和，你自己的心理也不平和，这是有生理基础的。晚上9点到11点是三焦经，正是孕育的时候。晚上11点到夜里1点是胆经，这个我要重点说。按理说，这个时候是睡眠养生。睡子午觉，就是11点睡觉。如果不能11点睡觉，那就12点睡觉。偶尔可以超过12点。各位，你们自己看一看手指甲"月牙"，如果是长期熬夜的人，你的"月牙"就小而且少。如果你只有大拇指有，那不算，像你们这个年龄，起码应该有8个小"月牙"才行。因为我还有6个。阳气好、阳气亢的人，"月牙"就大而且多。当你不熬夜时，你会发现，阳气受伤比较少一些，"月牙"就出来了，身体的状态是动态的表现。当然这不是绝对的，也有先天没有"月牙"的。夜里1点到3点是肝经，长期熬夜的话就会伤肝。前年的时候，有个36岁的高级白领，年薪在七位数，他的哥们儿给我打电话，说他得原发性肝癌了。他百思不得其解，自己怎么就得了肝癌？第一，他没有肝炎病史；第二，没有不良服药史；第三，没有不良的饮食嗜好，如吃发霉的东西、酗酒等。我说只有一个原因，可能是熬夜。电话那边儿说："是熬夜，他后半夜两点以前就没有睡过觉。"紧接着，我说："那大概熬了有 8 年到 10 年"，他说："他整整熬了 10 年，从研究生毕业 26 岁到 36 岁。"长期熬夜，免疫功能失调，可以导致许多疾病，这个病人就得了原发性肝癌。因此，要到点睡觉，白天把效率提高一点。

顺时起居当中，还包括服装顺时适体和排便保健。还有，经常有人得一些颈椎病，包括年轻的同学们，容易脑袋疼，脖子紧，后背发酸。这叫颈肩综合症，再进一步发展，可能颈椎就长骨刺了，就得颈椎病了。所以，要常伸肢，看两个小时电脑，就可以做那么一分钟到两分钟。手臂 180 度打开，然后手心朝下，像大雁一样。常摇头，你的颈椎就会好，但别使劲儿摇，要像打太极拳一样。可以写大米的"米"字，活动你的整个肌肉群。还可以写"凤凰"两个字，最好写繁体字，这是不同方向的活动，对你的颈椎病会有一些预防作用。要像打太极拳一样，不能剧烈运动，颈椎这地方最薄弱，这个大家都知道，颈椎出问题，做手术是慎而又慎。有人讲防身术当中有一个动作，如果是一巴掌打在颈椎，就可以让对方晕厥，因为这里有颈动脉，还有很多穴位。各位别把颈椎不当回事，很多颈椎病可以导致猝死。此外，常叩齿，中医讲，肾主骨，齿为骨，牙齿不好，跟肾有关系；常提肛，我们都是坐着多，所以要改善盆腔的血液循环；常旋腹，饭后半小时，揉腹 10 分钟，增加胃肠的驱动力，胃胀、肚子胀、大便不通畅等症状都会减轻。这一共是十常，大家可以按照这个口诀去做。这就是常用的有效的起居养生方法。

第五类方法，睡眠养生。从时间上来说，要睡子午觉，此外，睡眠要有姿势。清醒的时候，以右侧位为好。因为右侧卧位，血液都归于肝，脾气又可以得到舒展。要格外重视睡觉的禁忌。首先，切忌七情过极，睡前不能太兴奋。其次，切忌多言。再次，切忌饱食、饥饿。中医讲，胃不和则卧不安，有好多人的睡眠不好，是脾胃的问题：太饱了，胃不和；太饿了，就会睡得不踏实。大家要掌握好。最后，切忌大量饮水，睡觉前一个小时，一般不大口喝水，如果口干，就抿一口。睡前一个小时大量喝水有两个害处，一是加重了肾脏负担，影响你的睡眠质量；二是如果睡觉前大量饮水的话，到一定年龄就会长眼袋，特别难看。睡前还要注意不能喝浓茶和咖啡。咖啡还有一个作用是利尿，而且喝多咖啡也容易上火（见图 5）。

睡眠养生

① 睡眠时间和质量：子午觉

② 睡眠方位与姿势："卧如弓"；右卧以舒脾气，归于肝。

③ 睡眠与卧具（床铺、枕头）

④ 睡眠环境与宜忌

⑤ 睡眠禁忌：切忌七情过极；切忌多言；切忌饱食、饥饿；切忌大量饮水、浓茶、咖啡

图 5 睡眠养生

第六类方法，饮食养生。有一篇文章表明，全球的早逝群体中47%源于饮食摄入不当，现在又过去了14年，这个数字还在提升。而在中国，我们国民的饮食结构还有很大的问题。我们绝大部分是农耕文化民族的人，即以汉族为主。汉族的饮食结构，应该是以吃蔬菜、五谷杂粮为基本，吃肉是很少的。而游牧民族，比如维吾尔族、哈萨克族、蒙古族，他们吃肉就可以多吃一点。中国这些年也吸收了西方的饮食，麦当劳、肯德基遍布大街小巷。你会发现，中国现在高脂血症、高血糖或者糖尿病、痛风等病人很多。胃病本身是农耕文化民族常有的疾病，但是现在不但是胃病多、胃癌多，连游牧民族的、欧美的常见病——大肠癌也居高不下，于是又变成胃癌多，肠癌也多。究其原因，在于没有选择适宜的饮食品种。《黄帝内经》提到"五谷，五果，五畜，五菜"，你非要违背，非要吃那么多煎炸的东西，血脂不高才怪，因为你根本没有那么强的消化代谢的基因。因此，我们应该审视自己的状态和自身的能力，合理调配，五味调和，饮食有节。

中国人的饮食当中，有很多是药食同源的，好好吃饭就可以补养身体，同时要注意有一些饮食对你有帮助。"一日不可无绿"，每天都要吃绿色蔬菜，绿色蔬菜里富含多种维生素和纤维。"一日不可无豆"，喝豆浆、吃豆腐、喝豆粥，一天可以选择一种。"一日不可无菇"，菇类的东西，比如木耳、香菇等，

都可以调节免疫，同时又排除毒素。我们现在面临着饮食不太安全的问题，处在社会转型时期，很多商人唯利是图，不管食品安全问题，但我们人又不能离开这个社会，不能什么东西都自己制造，那怎么办？就是要多吃一些中和毒素、排除毒素的东西，所以我才倡导吃菇类的东西。最高级的菇类就是来自云贵高原的松茸和鸡枞，我们一般人吃普通的香菇就行了。"一日无茶则滞，三日无茶则痛"，要养成喝茶的习惯。要多吃天然食品，少吃合成食品。对于我们这些同学来说更要注意，方便面、奶油蛋糕、火腿肠等，有大量添加剂，有的添加剂甚至是过量的。一袋方便面需要一周的代谢排泄，而且你得消化代谢好才行。所有的半成品和超市的东西，都有添加剂，只有吃原生态的东西，才是最有利于健康的。还要注意少吃肥腻煎炸烤品，温度越高的食品，对身体越坏，温度越低的越好，比如说生菜、沙拉就好。煮的菜比炒的菜好，炒的菜比炸的菜好。馒头一定比面包好，因为馒头只有100℃，但是烤的面包，高过100℃，温度越高，营养的损失越大。少吃生冷的东西，这是非常简单的饮食和起居的管理。少吃辛辣，尤其在北方干燥时节。

除了少吃方便食品外，也要少喝饮料。在新加坡，少年儿童是限制喝碳酸饮料的。酒，一般青少年更是禁止喝的。碳酸饮料对青少年有不良影响。国内有这样的个例：27岁的男孩子得了尿毒症，就是因为他从会喝水的那一天起，他的妈妈就每天给他喝可乐。他都是以可乐代替水，从来不知道白开水。就这样喝到27岁，肾功能不全了。所以，吃得好，并不一定吃得对。要多喝汤和粥。大家如果经常吃点凉的就胃疼，那就千万不能喝绿茶，因为绿茶是凉性的，龙井、毛尖这些是不行的。这种人应该喝红茶。但是如果你经常上火，大便干、小便黄、嗓子疼，那你不能喝红茶，你应该喝绿茶，因为你的体质是偏热性的。介乎两者中间的，就属于比较中性的，如铁观音和乌龙茶，台湾茶和福建茶就属于这类，是半发酵的。普洱茶不影响睡眠，尤其是熟普洱，调节肠胃也很好。如果上火，眼睛老是发红，老熬夜，就应该喝点儿菊花茶。冬天如果觉得眼睛发干，有一些阴血虚弱，那就喝枸杞大枣茶：大枣三枚剥开，和十粒枸杞子放在茶杯里，每天泡着喝，最后嚼着吃了，这是补阴血的。金银花、金莲花、玫瑰花这些东西，对治疗上呼吸道感染有帮助。如果女孩子脸上长点儿斑，那就用玫瑰花，三五朵就够了，活血化斑美容。如果是特别疲劳的人，就在杯子里放西洋参片，是补气、抗疲劳的。关于饮酒，首选红酒，第二是黄酒，第三才是白酒，白酒要喝高度的，不喝低度的，但是一般来说，每天喝一到二两酒，有助于健康。因为百药之王就

是酒，酒是药引子，但是喝过了量就会伤肝。黄酒补气血、保脾胃，尤其是配姜丝和话梅，话梅是甜甜的、酸酸的，姜丝是辣的，然后再加上这个酒，辛甘化阳，酸甘化阴，阴阳气血双补，这对脾胃是有好处的。

第七类方法，运动养生。比如气功、五禽戏、太极拳、八段锦都非常好，这是中华民族传统的体育保健疗法。2008 年，北京中医药大学有 2000 多名志愿者，在奥运场馆和媒体村做这些工作。我们是理疗志愿者，可以做针灸、推拿等。第 29 届奥运会的志愿者，在全世界这么多届当中，是最亮眼的一道风景线。志愿服务中还包括了十几门精品课程，其中有一门《中医健康养生与志愿者暑期保健》就是本人主讲的。要保证百万志愿者不战斗减员，既要服务好奥运会，自己身体也要扛得住。如果一晒就晕倒了，还怎么服务别人？其中，我做过一个中华传统健身操，这个你们在网上也能搜到。中华传统健身操，一共五节，对五脏还真是有帮助，后来我通过一个教育部的课题，发现中华传统健身操既可以减肥，还可以增高，所以它是一个综合性的调节身心的运动。

我是中国大学生体育协会民族传统体育分会的会长，我不能天天打拳，我的运动方式就是快散步。现在美国硅谷有两种绿色运动，公司里都搞这种竞赛，一个就是快散步，另一个是自行车运动。快散步是有要领的，第一点，就是步幅是 70 厘米；第二点，是手臂要高出心脏，手臂摆得要高；第三点，头要前倾，脚掌先着地。不能在外面运动的时候，可以在家里原地踏步走：九十度，抬高腿，每天走 8000 步，可以买一个计步器。走路太好了，一是省钱，二是时间可以自由支配，三是锻炼身体，还可以瘦身，血压、血脂、血糖的数值如果之前在临界点的话都可以走下来。前几年，湖北有一个暴走妈妈，可能在座的各位有人知道。她儿子 31 岁，肝功能衰竭，需要肝移植，妈妈的肝配型成功了，但是她的肝功能不正常，有重型的脂肪肝，血压、血脂等其他的一些指标也不正常。大夫说，你没法吃药，你只能运动。就这样，他妈妈就在坝上，整整走了七个月。所有的指标，全部都走到正常，成功地移植了肝。这说明运动有时候是非常重要的。当然如果现在你爸爸妈妈的血压、血糖已经高了，吃着健康药物，不能一下子全部都停了，只去走路，这可能还需要循序渐进的过程。为了防止将来得老年痴呆，就要勤动脑，活到老动到老，这个很重要。

第八类方法，房事养生。房事不可无，房事不可多。你们都是成年人，也可能有结婚了的，我们要知道有这一部分的养生。没有房事，不利于健康，我指的是有家庭的成年人。

第九类方法，娱乐养生。琴棋书画，旅游漫步，读书看报，花木鸟鱼，都有助于健康。著名的画家、指挥家，很多都是长寿的，为什么？他们把职业和业余爱好，以及养生方法结合为一体了。大多数人没有那么幸运，但也要找到适合自己的娱乐养生方法。

第十类方法，针灸按摩。这方面我不想做太多解释。在理念上，大家要知道，中医院的针灸按摩科，并不是有病的人才能去，亚健康的人也可以去。在人体当中有十二经脉、数百个穴位，它们既是人体脏腑经络的一部分，也是与外界天地气息相互转换的通道。因此，有的时候你接受针或灸会发现得气了，脏腑也舒畅了，经络也畅通了，气至病所。针灸这一块是中医药当中非常重要的组成部分。美国国务卿基辛格最早认识中国，就是从针灸开始的，他对此很感兴趣。

第十一类方法，中医体质辨证。未来的医学，是生态医学，是生命医学，是健康医学，是整体医学。这些概念，与中医学的概念是高度一致的，这是未来生命科学的走向。我想大家要了解一点中医的体质辨证。我们学校有一位"973"项目的首席教授，叫王琦，也是国学大师，他研究了数以万计的样本，将中国人的体质分为9种，大家可以看看，你属于哪一种（见图6）。

9种体质的调护方案

类型	饮食	生活起居	体育锻炼	情志调摄	药物调理
平和质	应有节制，细粗粮合理搭配，多吃杂粮、蔬菜、瓜果，少食过于油腻和辛辣之物	应有规律，不要过度劳累，饭后宜缓行百步	适度运动。适当跑步，老年人可适当散步、打太极拳	保持乐观，开朗，积极进取	不提倡用药
气虚质	多食益气健脾食物，黄豆、白扁豆、鸡肉、泥鳅、香菇、大枣、桂圆	宜有规律，夏季午睡，注意保暖，不要过于劳作	柔缓运动，在空气清新之地散步、打太极拳、做操。按摩足三里	多参加有益的社会活动，交朋友	常自汗、感冒者，可服玉屏风散预防

类型	饮食	生活起居	体育锻炼	情志调摄	药物调理
阳虚质	多食牛肉、羊肉、狗肉、鳝鱼、韭菜、辣椒、葱、蒜、胡椒。少食黄瓜、柿子、西瓜	夏季避免长时间在空调房间。注意足下、背部、下腹部防寒保暖，防止出汗过多	舒缓运动。适当慢跑、适当散步、打太极拳，按摩足三里、关元。可适当洗桑拿、温泉浴	多与别人交谈，对不顺心的事情从正反两方面分析	酌情服用金匮肾气丸
阴虚质	多食瘦猪肉、鸭肉、龟、鳖、绿豆、赤小豆、海蜇、芝麻、百合	宜有规律，睡前不饮茶、锻炼和游戏。早睡早起，节制房事，戒烟酒	中小强度、间断性锻炼，如太极拳、气功等；锻炼时控制出汗量，不宜桑拿	克制情绪，遇事要冷静，可练书法、下棋，多听舒缓、轻柔的音乐	酌情服用六味地黄丸、杞菊地黄丸

类型	饮食	生活起居	体育锻炼	情志调摄	药物调理
痰湿质	清淡。多食葱、蒜、海藻、海带、冬瓜、萝卜、芥末	宜干燥不宜潮湿。晒太阳。不要过于安逸，贪念床榻	长期坚持运动，慢跑、羽毛球、游泳	心境平和。节制大喜大悲。培养业余爱好	白术、苍术、黄芪、荷叶
湿热质	多食赤小豆、绿豆、空心菜、芹菜、丝瓜、葫芦、冬瓜、藕，少食羊肉、狗肉、韭菜、辣椒	宜干燥环境，通风。不要过于劳累，盛夏暑湿较少户外活动	大强度、大运动量的锻炼，中长跑、爬山、游泳、球类、武术	克制过激的情绪。培养广泛的兴趣爱好	六一散、清胃散、甘露消毒丹

类型	饮食	生活起居	体育锻炼	情志调摄	药物调理
血瘀质	黑豆、海藻、海带、紫菜、萝卜、金橘、橙、李、山楂、醋、绿茶	宜有规律，早睡早起。不可过于安逸	太极拳、各种舞蹈、步行、健身操	保持愉快，多听一些抒情柔缓的音乐	桂枝茯苓丸
气郁质	小麦、蒿子秆、黄花菜、萝卜、葱、蒜、山楂、金橘、槟榔、玫瑰花	安静环境，睡眠规律，睡前避免饮茶、咖啡、可乐等	增加户外活动，较大量运动锻炼，跑步、登山、游泳、武术	培养开朗、豁达的性格。多参加有益的社会活动，交朋友	逍遥散、舒肝和胃丸、开胸顺气丸、越鞠丸

类型	饮食	生活起居	体育锻炼	情志调摄	药物调理
特禀质	宜清淡、均衡，粗细搭配，荤素合理。少食腥膻发物和含致敏物质的食物	通风、清洁。春季花粉较多，减少外出。不养宠物	各种体育锻炼，增强体质，注意防寒保暖	合理安排休息，正确处理工作、学习的关系，避免情绪紧张	酌情服用玉屏风散、消风散

图6　9种体质的调护方案

第一种是平和质。我觉得在座的大部分人应该都是平和质。因为平和质就是健康人。

第二种是气虚质。气虚质的人就经常疲乏，他的舌头上总是有齿印。因为舌头大，放在牙槽里头，就磕出印来了，叫齿印。

第三种是阳虚质，就是怕冷，有的则是吃凉的东西就拉肚子，大便总是稀的。这种人，舌头上有齿印，舌头的舌苔上还有很多水，这就是阳气不化。如果地上有很多水，在没有太阳的情况下，这些水是不是就蒸发不了啊？人体也是这样。阳气不足的人，津液就不能化，就变成了水湿，舌头上有非常多的水，我们叫水滑苔。有的人睡觉冰凉，甚至屁股都是凉的。这是阳虚质。这两种人，往往免疫力下降，容易感冒，抵抗力下降很厉害，甚至可能还容易出现一些肿瘤。

第四种是阴虚质，形体瘦长，前面的类型则是形体白胖，从形体上，我们大概就能知道，你属于哪一种体质。阴虚质不耐热，手足心热，喜欢摸凉的东西，晚上睡觉，脚最好是放在被子外面，一伸舌头可以看出来，舌头是瘦红瘦红的，脾气也比较急躁。如果是老年人，比如你在家里的时候，你一看，爷爷怎么冬天脸上这么红，这一定不是好现象，一定要让他看看脑血管。十七八岁的时候脸是红红的，那是正常的、健康的红色，如果岁数七老八十了，变成了红色的脸蛋儿，就像喝了酒一样，那多是阴虚阳亢的人，容易出现脑血管的意外。大家要注意这是常识，不要认为他是健康的。

第五种是痰湿质，形体肥胖，腹部肥满，性格温和，稳重恭谦，善于忍耐，这种人一般情商都比较高，但是胸闷痰多，舌苔白厚白厚的。这种人三天吃肉、两天吃鲍鱼，血脂高、血糖高，血尿酸也高，可能会发生轻度、中度的脂肪肝，这时代谢就出现了障碍。你们回去看看父母，有没有这种情况。

第六种是湿热质，形体偏胖，面部油光。我不瞒大家说，你们在座的里面，就有湿热质的。容易生痤疮粉刺，小便是黄的，大便是黏马桶的，黏黏糊糊，拉不干净，桑拿天非常难受。这种人往往未来容易出现血脂高，也可能出现其他一些代谢的问题，还有内分泌的问题。每一种体质的易感性，以及将来可能会发生哪些疾病，是有选择方向的，因此大家要对号入座。

第七种是血瘀质，这种人瘦的比较多，性格内郁，容易有疼痛，女性容易有痛经，面色晦暗，性格内郁。这种人容易出现良性肿瘤和恶性肿瘤，舌头上有很多瘀点、瘀斑。昨天我就见到一个 25 岁的姑娘，有瘀斑、瘀点，像这么小的年龄出现瘀斑、瘀点，原因可能是：第一，精神上有重大创伤，遭遇家庭的变故或是本人情感的大的创伤；第二，过去在上学的时候，可能居住的环境很恶劣，很冷，寒主凝滞，就导致血瘀状态，多少年都可以影响她。

第八种是气郁质，形体偏瘦，内向，不稳定，忧郁脆弱，敏感多疑。《红楼梦》当中林黛玉就是气郁质，这种体质女性为多，最容易出现妇科肿瘤。这种人老是使小性子，感情敏感、细腻，总要看看人家的手机，谁给发的短信、微信，特别累。有个患者成家以后生了个儿子，可把她气死了，因为她儿子七八岁的时候，特别讨人烦。她真的跟她儿子生气，我就劝她说："你想想，再有十年你儿子就上大学离你而去了，他不跟你交流了，你要珍惜这十年，关系应该融洽一些。你人生的这段都是美好的，下一段又是另外一种生活了，你这样去想。你哪能真生气，把自己气得得了乳腺增生、子宫肌瘤。"我经常在临床上做这种女性的思想工作，就是肝郁气滞。

第九种是特禀质。有一些先天的生理缺陷遗传倾向等。

大家看看，你属于哪一类型啊？我在这里讲的这9种体质是最标准化的，然而理论上13亿人是13亿种体质。一个爹妈生出来的兄弟俩，一个娶了一个南方媳妇，另一个娶了北方媳妇，做的饭不一样，他们两家的体质就会有变化。说体质，不仅是先天，还有后天的环境影响，比如职业、生活饮食等，也包括地域的差别。所以，各位是混合型也是正常的。至于体质如何调补，遵照9种体质的调补方案，如果您是混合型，您就把那几种混合，然后作为你的调补方案就可以了。

第十二类方法，药物养生（见图7）。在药物养生中要提到的是，中药当中具有药食同源的道理，好吃的中药都在您家的厨房里。比如，大枣、葱、姜、蒜、肉桂、花椒、大料、红豆、绿豆、莲子、山药、藕等，都是好吃的中药。不好吃的中药，才在药房里。当然有条件的可以在医生指导下，把这个中药从药房买回去，在你家厨房煲汤、煲粥，比如玫瑰花就可以煲大米粥喝，黄芪就可以泡水、熬水，放在小米、大米、豆粥里，就叫黄芪粥。南通市有一个国学大师朱良春，将近百岁了。老先生每天要喝50克黄芪水熬的粥，现在老人家还出门诊呢。我们平常可以做参汤之类的，做到面里边，比如韩国人参面。此外还有山药粥、阿胶做的菊花糕、龙眼肉、鲜百合粥、枸杞子的粥和汤等。岁数大的老师们每天晚上，吃一到两个核桃，要多吃点儿干果，到了他们这个年龄，生命之源已经被消耗了，需要外在的具有生命力的东西，来补充身体的不足。年轻的同学们，如果晚上吃多了就要弄点儿山楂丸、萝卜片吃吃，那就顺气儿消食了。如果皮肤不好或者长脚气，就要多喝点儿薏米粥。

药物养生

- 饮食进补
- 对症进补：
  - ①益气：如人参、党参、西洋参、黄芪、山药等
  - ②养血：如当归、龙眼肉、阿胶等
  - ③滋阴：如枸杞子、百合、桑椹子等
  - ④补阳：如鹿茸、杜仲、肉桂、核桃等
  - ⑤清热：如菊花、金莲花、金银花等
  - ⑥消食行气：如萝卜、陈皮、山楂
  - ⑦活血通脉：如玫瑰花
  - ⑧利湿：冬瓜、薏米等
- 补勿过偏
- 不无故进补

图 7　药物养生

今天一共讲了 12 类养生方法。这些方法要综合运用，只说喝红小豆粥就能长寿，这一定是骗子，不是真正的养生专家。因此，要综合 12 类方法，将其渗透在每天的起居生活、饮食运动中，这样坚持一周、一个月、三个月、半年、一年，甚至十年，你就比别人有大幅度的提升。要持之以恒，养生不分年少年老，从现在开始，从自我做起，要实现《黄帝内经》当中养生箴言的目标——"恬淡虚无，真气从之"。我们要以这"六多六少"来共勉：多一些运动，少一些应酬；多一些天然，少一些合成；多一些蔬果，少一些鱼肉；多一些粥汤，少一些鲍翅；多一些茶饮，少一些烟酒；多一些休息，少一些加班。最后，祝在座的各位老师和同学们，以及你们的家人，健康快乐，谢谢！

学生 1：怎样治疗女性宫寒，月经量少，周期短？

谷晓红：第一，要好好吃饭；第二，加强锻炼身体；第三，我教给你一个方法，艾灸，用艾条灸肚子上的关元穴。冬天艾灸最适于手脚冰凉、宫寒的人。不行的话，还可以加点儿中药。你最好找个中医医生给你看看，中医院的妇科。因为女孩子将来还要结婚生孩子，你现在可以调整，别等得太晚。

学生2：长白头发怎么办？有时候还掉头发。

谷晓红：少白头往往是因为血热，所以你要少吃煎炸的东西，少吃辣的，少吃羊肉、虾等。你应该吃一些凉血解毒的，可以吃中药，另外少熬夜。但是要知道，有一些白头发是因为遗传。我建议大家不要过多地染发，尤其是颜色越浅的、越亮丽的对身体越有害，越鲜亮的颜色让头皮一吸收，对血液的伤害也就越大。有一部分慢性的血液疾病与染发有关系。

学生3：如何治疗高血压？

谷晓红：你如果已经吃上高血压药了，那就得接着吃，因为西医建议终身用药。如果说现在还没有，那就吃中药来降压。中药的降压不是硬压的，而是用疏导的办法，所以副作用相对还是小得多。如果现在你已经吃上西药了，但想用中药来顶替，是可以的，但是不要马上把西药停了，而是慢慢地顶替，西药酌减，中药慢慢增加。同时，我们刚才说的其他养生方法最好都用上，睡眠好了，血压就会平和，睡眠不好，血压就会忽高忽低。大家一定要注意，尤其在年轻的时候。我们学校有一个管理专业的老师，非常优秀，是国家职业大典的专家，但上个月脑出血，在天坛医院差点儿没抢救过来，算是命很大，他就是血压的问题。

学生4：老师您好，不困，但打哈欠，每天上午9点、下午3点，经常这样，应该怎么办？

谷晓红：这也是一种亚健康，就是脾虚。9点是脾所主。脾胃差，你的脸色也不会好的。一旦发现气虚，你可以喝点儿黄芪水，吃点儿山药。我说的是淮山药，就是河南那个铁棍儿山药，而不是那种粗的水山药，那种疗效不好。淮山药是细的，十几块钱一斤，比较贵，这是补脾气的。当然喝西洋参也可以，可抵抗疲劳。

中药对很多的病都有优势，不仅是我前面讲的病毒性感冒，对很多脾胃的病、肝炎、肾病、心脑血管疾病、儿科病、妇科病，都有很好的调节作用，包括肿瘤病人，手术完了以后康复更重要，这也需要中医的全面参与。这是影响生命质量的、非常重要的环节，大家千万不要忽略了。还有就是老年性的疾病，多脏器都有问题，吃了这个药把那个脏腑给伤了，怎么办？多脏器的调节是需要中医的辨证论治和整体观念指导的。301医院和北京医院是中央保健局的老同志、老干部指定的医院，这两个医院的中医科是很强大的，其他的综合性医院都不可能有这样的水平，为什么？因为越是老年性的、多系统的衰竭，越需要中医药的整体辨证，去缓解一些病症，同时减轻副作用和

不良反应。中医在很多病上有优势，但是也有西医有优势的。所以一般你的家庭成员发生疾病了，首先要做"顶层设计"，到什么样的医院做什么样的治疗，什么阶段用什么样的医生，你自己脑子里一定要非常清晰，就像我们做课题有技术路线一样，绝对不要乱投医。我经常跟我的朋友说，"顶层设计"很重要，预后截然不同。像职业的规划、人生的规划需要"顶层设计"一样，我们的健康也需要"顶层设计"。

　　主持人：刚才谷校长运用坚实的中医理论和她丰富的临床经验为我们讲了健康理念和养生方法，相信大家受益匪浅。刚才的提问环节也为大家提出的具体问题做了非常细致的、有效的回答，我想这给大家的益处不仅在当今，而且会终身有效。你们的健康，会惠及你们的子孙。我再次提议，大家用热烈的掌声对谷教授表示感谢！

　　　　　　　　　　　　　　　　　　　　（初稿整理：韩育哲）

科学创新与人生

何满潮

主持人 文学国（中国社会科学院研究生院副院长）：各位同学，今天我们请到了中国科学院院士、中国矿业大学教授何满潮老师给我们讲"科学创新与人生"。何老师虽然是科学家，但是对人文社会科学也有非常深刻的了解，曾在多所高校与青年学生一起畅谈科学与人生。今天我们非常荣幸能够有机会聆听何老师关于科学创新与人生问题的高论，下面让我们以热烈的掌声欢迎何老师给我们做演讲！

何满潮（中国科学院院士，中国矿业大学教授）：各位老师、各位同学，今天非常高兴能够来到中国社科院，跟研究生院的同学们一起聊一聊科学和人生。坐在这里，我感觉还是有些诚惶诚恐，诚惶诚恐之余呢，觉得也很正常。我们搞自然科学的就应该多到社会科学院，跟研习社会科学的同志们多聊一聊，多学一些社会科学的知识。所以说，今天能够有机会和各位一起探讨科学和人生，共同体验、分享我的一些感受和感悟，我觉得还是非常荣幸、非常高兴的。关于科学和人生，这个题目太大了，我想谈三个方面，大约用一个小时的时间，最后我们可以互动讨论一下关心的问题。

首先，我想和大家聊一聊"科学创新与人生"这几个字的含义。我们有一个词叫"望文生义"，看着这几个字，我们能挖掘什么样的信息。其次，科学创新需要勤奋的精神，我们聊一聊怎么样才有可能做到科学创新，需要有什么样的勤奋精神。最后，我想谈一下在我们这个时代，科学创新和人生体现什么样的价值，价值体现在什么地方。

首先，我们看看"科学与人生"这几个字的含义。"科学"的"科"字

很有意思，一半是"禾"字，另外一半是"斗"字，什么意思呢？就是在一个很广阔的田野里面，长着很茂盛的庄稼，生活着广大的人民。人民在做什么呢？在斗争。和谁斗呢？和天斗、和地斗、和人斗，包括和自己的思想斗，也就是要超越自己的旧有观念。我们在与天斗、与地斗的过程中，就创造了自然科学。我们与天斗，就会创造天文学；与地斗，就会有地质学。天地物，数理化，最后形成了一个科学的体系。与人斗，包括我们与敌人斗争，也包括我们与自己斗争。超越自己就是和自己的思想斗争，我们思想里面既有代表先进的部分，也有代表传统落后的部分，它们之间也在斗争。在这样的斗争过程中，我们就形成了社会科学。这是我个人的体会和认识。那么社会科学和自然科学的概括总结是什么？是哲学。这样整个科学体系就形成了。"科"字右半部分的"斗"字很有意思，它实际上讲的是分析问题的方法。一横一竖加上两点，横是横向分析，竖是纵向分析、深入分析，两点就是要在这两个问题上重点分析。与人斗、与天斗、与地斗实际上是一个分析的过程，是一个横向分析、纵向分析的过程。在这个过程中我们不断总结、不断提炼，最后形成了整个的科学体系。所以我觉得"科"字里有很多信息是可以挖掘的。

我们再看看"学"字，"学"是什么呢？"学"字中间一大横，上面有三点，下面有个"子"字。中间一大横，就像我们这个讲堂，听众和讲台之间有一个界限。讲台上面有黑板或投影，上面写的是什么呢？三点！哪三点呢？与天斗、与地斗、与人斗，实际上就是哲学的东西、自然科学的东西和社会科学的东西，这在前面已经讲了。那么下面都谁在听啊？学生。学生正在学习，学习与天斗、与地斗、与人斗的过程中形成的科学，我们要把它继承下来、学习下来，然后发展下去。这是"科学"两个字。中华民族的文字不像英文的26个字母，那里面有啥啊？你挖掘不出来什么。中国的文字里面蕴含了许多信息，是需要我们去挖掘的，特别是我们社会科学院的研究生们要去研究。

我们看看"创新"里面含有什么意思。"创新"的"创"字左半部是一个"仓库"的"仓"字，仓库里面放了什么？右半部那个"刀"，在原始社会，实际上是犁杖。城市里长大的孩子可能没见过犁杖。犁杖的样子就像那个"刀"，是犁地的东西。一个新生命的诞生需要土壤，而土壤需要犁杖疏松，这样种子才能撒进去，才能孕育一个"新"的生命。"新"，实际上强调了"创新"是一个漫长的过程，有多长呢？"新"左半边是"立木"，就像种一棵树，十年树木，百年树人。所以创新是一个漫长的过程。"新"字右半边是"斤"，这个"斤"是什么？"斤"指的是黄金。过去黄金重量论"克"，积克为两，积两为斤，从一个很小的数量积累到一斤的重量，这也是一个过程。所以"创新"连在一起，意味着一个真正有价值的东西的诞生，需要经历一个客观、漫长的过程。首先你要去松土，然后撒种子、培育，最后才能结出果实。科学贵在创新。科学创新和人生的关系当然非常密切。我们再看看从"人生"里面能感悟出什么。"人"字是一个构架，我们广大的人口当中，其中一半是男人，一半是女人，这一半和另一半互相支撑，共同构成了人类社会。那么"生"字是什么？可以把它看作是一个"人"在"土"地上辛勤耕作，培育了"科学"里面的那株"禾"苗。所以人生是一个细心耕作、不断收获的过程。耕作和收获的过程也就是一个不断创造新生命的过程。作为开场白，我首先和大家聊聊科学、创新与人生里挖掘出来的一些含义和我个人的一些感悟。

科学创新确实需要很勤奋的精神才能实现。一位伟人曾说："一个天才十分之九是血汗，十分之一是灵感。"他的表述中，十分之九在前面，十分之一在后面，那能不能把十分之一放在前面，我先有灵感，就不必流血流汗去追求了？这个是不行的。只有勤奋努力付出，你才能有灵感。不可能不经过本科的学习，不经过研究生阶段的学习，就要搞科研，要成为科学家，这个目前来看还不太可能。这就是我们社会科学里面讲的从量变到质变，必须有量的累积，才可能有质的升华。所以有一句话叫作"量小非君子"。创新是什么？创新实际上就是那份灵感，但是必须要有十分之九的勤奋作为基础。什么叫勤奋？国学大师王国维曾讲过做学问的三大境界，其中一个境界是吃苦到什么境界，奋斗到什么境界，叫"衣带渐宽终不悔，为伊消得人憔悴"，其实这是诗人的一种无病呻吟，不叫勤奋。

大家可能觉得我是学习矿业的，给你们社会科学院的研究生讲社会科学的东西，是不是有一些距离。我回顾一段历史，每一个人都离不开社会。我17岁高中毕业，后来在农村待了4年，到1977年才参加高考。我认为这4年是上了4年社会大学，这4年学习的东西让我受益终身。20世纪60年代我上小学的时候，社会的大背景是"读书无用论"，不像现在。实际上我每次见到你们年轻人，我就想到我当年。你们非常幸福，我们那时候正是知识青年上山下乡，我父亲告诉我："城市的孩子上学都上到咱们农村来了，你在家你还能读到哪去啊？还能读到城市去吗？"这是一个很尖锐的问题。他劝我："咱

不上学了，咱回家干活，给家里挣几个工分。"那个时候我并不同意这种观点，但是没有理由来否定这种观点，只能在这种环境之下坚持去学习。我记得我们上中学的时候，十二三岁，一放假就要到生产队去干活，生产队干活的时候很不公平。社会科学里面一个基本原则是讲公平，那时候哪有公平啊？他们干一天活挣 10 分，我干一天活挣 5 分，为什么？因为你是半劳力。"哪里有不公平哪里就有反抗"。我父亲虽然识字不多，但他上过私塾，在农村那种环境里还算知识分子，我和他讲道理，他一般还是听的。其他人没上过学，哪听你的？谈不拢说不定就打起来了。我很幸运，我的父亲对我还是很民主的。我和他讲这事，后来他说："你有什么想法？"我说："能不能不让我跟他们一起干活，而是让我去割草。"割回来干什么呢？沤肥！一桩肥大概半个立方米，沤一桩肥可以挣 4 分。我每天割两筐草，可以沤两桩肥，就可以挣 8 分，这样就能给家里多贡献 3 分。我父亲觉得我这个想法很有道理，就让我去割草。割草也有学问，草有两种割法，什么割法？草有带刺儿的，有不带刺儿的，带刺儿的草长得很茂盛。一般割草不割带刺儿的草，要割那种没有刺儿的，或者刺儿比较小的。我割草割什么？我去割那个带刺儿的。带刺儿的别人割手疼，我割也手疼，那怎么办呢？我先割一把不带刺儿的，然后用这种草衬着，再割那种带刺儿的，很快一筐我就割完了，别人用 3～4 个小时，我用了不到 1 个小时。剩下这几个小时干什么？读书啊！我们割草那个地方叫"狼窝"，大家到动物园看过豺狼吗？那个狼窝就是豺狼出没的地方，在那个地方看书是很危险的。你回来看书不行，家里不愿意啊。那怎么办呢？我们那个地方有一种柿子树，那种柿子树不像香山上的柿子树一样长得很苗条，而是分好多叉，并且树杈很平，可以弄一些不带刺儿的草往上一铺，坐在树上，看着一望无际的禾苗、庄稼，呼吸着新鲜空气，在那里就可以开始读书了。那时候读什么呢？我记得我在那种树上读过"勾股定理""黄金分割定理"。我们那时候读书没有课本，不像你们现在书多得读不完。我姐姐读完的课本，我来读；我用完了，我妹妹再读。那时候也没有写字的本子，怎么办？没有条件创造条件也要学习。怎么创造条件呢？那时候农村有一种防止庄稼长虫的农药，叫"六六六粉"，它的袋子很厚，那时候叫牛皮纸，一共有六层，我到地里拣用完了的袋子，然后用剪子剪开，用针和线把它穿起来，订成本子，就在上面写作业、做数学题。但是，这种本子有一种非常浓烈的"六六六粉"的味道，其毒害远超过 PM2.5，最起码是 PM250。我们过去读书就是这样走过来的。后来考上大学，读研究生、读博士，从一开始上学到博士后毕业，整整 24 年。我的导师是陈志达教授，陈先生大家可能不知道，但是你们一定知道陈先生的老师钱伟长，陈老师是非常勤快的。钱伟长曾被打成右派，紧接着我的导师也被打成了右派，最后被贬到中国矿业大学，当时叫矿业学院，不是去教书，是去烧锅炉。他就在烧锅炉的膛火下做学问，1978 年改革开放，他用他在那里做的学问写了一本书，书名叫《有理力学》。他老人家曾对我说："如果不耽误那 4 年，如果在农场那 4 年能够正常读书，那么你现在可能能够取得更大的成绩。"当时我非常坚定地回答："我不这么认为。我认为没有那 4 年在农村所受的苦，我就不知道社会最底层的人民是怎么生活的，大学以后，再让我上 12 年，我就上不下去。"吃苦和坚持受教育还是有关系的。后来导师听完以后还很同意我的观点。

大家可能会想，勤奋到底能给我们带来什么好处呢？我做研究生的经历与感悟，让我明白一个道理：你只要非常勤奋地做学问，非常勤奋地读书，这种勤奋带给你的好处将是无穷的。首先，它会激励你坚持不懈地努力学习，摆脱考试的烦恼。我们读书的时候最怕什么？最怕考试。学期考试、学年考试、研究生考试、博士生考试，现在甚至评个职称都要考试，各种考试无穷无尽，数不胜数。在这里我给大家举两个我亲身经历过的例子。第一个例子就是我经历的人生第一关——高考。我高考的那年是 1977 年，想必大家都知道，那是"文革"后恢复高考的第一年。整整 10 年啊！多少人就盼着这一时刻的到来，多少人在这一时刻同台竞争，只为实现心中一直执着的那份梦想。当时参加高考的人，年龄最小的 18 岁，而年龄最大的都已经 36 岁了，我自己当时也已经 21 岁了。虽然早已过去多年，但对那一幕依旧记忆犹新。当时考试的时候我们最怕写作文，因为谁也不知道会出什么题目。1977 年的那场高考，不同省份的考试时间是不一样的，各地经过选拔的高考生在 1978 年 3 月份统一入学。我当时在河南，河南的高考时间是 1977 年 11 月，一共四门科目，而第一天的考试科目就是语文。我那时候在工厂工作，养成了一个非常好的习惯，就是看报纸。那时候，"两报一刊"——《人民日报》《解放军报》《红旗》杂志里面有顶尖级人物写得非常出色的社论文章，自己读了好几遍。考试的前一天晚上，顺便又读了一遍。第二天考试的时候，前半部分是基础知识，后半部分是作文，作文占总分的 70%。作文有两道题目，第一道题目是"当我走进毛主席纪念堂的时候"，虽然看报纸得知毛主席纪念堂修成后有很多人怀着崇敬而激动的心情去瞻仰，但是我没有亲身感受过。于是，我又看了第二道题目——"为华主席抓纲治国大见成效而欢呼"，而自己考试

前一天看的社论文章就是《抓纲治国，大见成效》。听我说到这里，想必大家可以估计到我高考作文的分数。那时候，高考题目也是分省出题的，而河南省出题者根本不会知道"两报一刊"的社论有这样一篇文章。当时正值二十几岁记忆力好的年龄，对于前一天社论文章上看到的关于工业战线、农业战线、科教卫生战线取得的成绩，甚至对于文章里面非常有气势的排比句都记得一清二楚，自己赶紧列出了一个提纲。那篇社论文章中，先写的是工业战线，为了不让人看出来，我就根据自己在农村的实际经历，先写了农业战线。那时候，八开大的白纸，我一共写了三页半，当然字写得也比较大。我写完一页放在桌子旁边，再写完一页又放在桌子旁边，我能感觉到当时监考老师都转到我身边，目不转睛地看我写的文章。通过讲述这份高考经历，我最想告诉大家，想让你们明白，考试，考的到底是什么？考试，考的其实就是考生学过的知识，考生的学习状态。如果一个考生连老师没有看过的东西都看过，那么考试也不过就是一件很简单的小事。而勤奋，在这一环节中就显得非常重要，唯有勤奋才会让考试变得更加容易，才会让考试不再是一件苦恼的事情，才会让考试给你带来成功的喜悦。

听到这里你们可能会有疑问，即便勤奋，也不可能每次都这样碰巧吧？那你们不妨带着疑问听我再给你们讲一件我亲身经历的事情。对于那时候的我们来说，高考会使我们从一个农民转化为一个大学生，是我们人生的一个重要转折点，而我们人生另外一个转折点就是从本科生到研究生。我们是恢复高考后的首届大学生，在毕业的时候，面临着首届硕士学位研究生招考的机会。由于是首届研究生招考，并且邓小平对于教育格外重视，所以，当时不是校长、院长抓，而是由教育部直接抓，教育部长亲自给文理科命题。首届研究生考试也不像现在考试氛围那么平和，那时，我们楼道里两边分别站着两个解放军战士，心里就会不由地紧张起来。自己在考研究生的时候最害怕的就是英语，我们在初中、高中就没学过英语，上大学以后才从 ABC 学起，那时候又严重缺乏英语老师。当时，教我们英语的老师是学俄语的，一边教我们英语一边告诉我们他自己的英语水平也就这样了。我记得，自己当时报考的专业，是国家的保密专业，那年全国就只有一个名额。虽然只有一个名额，报名的人却数不胜数，仅我们班 30 名学生就有 21 人报了名。不仅学生考，我们那里有个 1976 年留校的老师也报了名。这个老师的基础功底很扎实，他的父亲是吉林大学数学系主任，母亲是吉林大学英语系主任，数学和英语非常厉害。他们家住在朝阳区的一个小楼里，和我们学校的一个权威导师不仅是邻居，两家更是世交。无论从哪个角度分析，他都是拥有绝对竞争优势的。我的老师对我的情况的分析是，你的竞争对手就是他，超过他才会有机会考上。在考试的前两个月本来有毕业实习，为了让考研究生的学生好好复习，规定这些考生可以不去，这样就有很多时间来复习功课。然而在规定的可以在校复习的第二天，我就不能去参加复习了，因为打水的时候暖瓶爆了，烫伤了自己的腿，医生不仅让我住院，还嘱咐我不能下床，如果水泡破了，会引起败血症危及生命。别人在学习，自己却在床上看着天花板不甘心地躺了一个多月。老师和同学来看我的时候，带给我一本《伽利略牛顿传》，你们现在去图书馆还可以找到这本小说。小说分为两个部分，前半部分是英语，后半部分是根据英语翻译的汉语。我先看前半部分，看不懂再翻到后半部分参照汉语来看。那时候，我们有个很好的英语老师。和以前的英语老师不同，他不仅教我们英语句子的意思，还会教我们一些英语语法。放假前，他每周都会为我们讲课，从早晨八点讲到晚上五点，午饭就在课堂吃，他吃面条，我们在下面用地质学院的军用水壶就着凉水啃面包。大家吃完了，立马开始接着讲。那时，他讲课完全没有课时费，只是全心全意希望学生都能考一个好成绩，大家的学习劲头也很足。在这种情况下参加考试，自己更觉得压力很大。考试前一天，一个年轻的老师来看我，给我带来了苹果，并对我说："明天要好好考啊，这个水果不能白吃，你要给我考上！"我却直接对他说："躺了一个多月的病床，有点儿不想考了。"老师听完脸色立马变了，提起水果就走了。不一会儿，他又转身回来，把水果往床上一放，指着我的鼻子说："你如果不考试会后悔一辈子的！"他走了以后，我自己进行了一番思想斗争：考试，一个多月没有复习，和别人差距太大；不考试，自己又不甘心。最后，终于下定了决心，要去考试，最坏的结果也就是考不上。医院护士人特别好，专门给我准备了拐杖，我拄着拐杖就去考试了。现在想想，要是当时没有参加考试，肯定会很后悔，今天也不能坐在这里和大家一起沟通交流了。那次考试，第一门考英语，也是两部分，前一部分是基础知识，后一部分是英译汉。英译汉，我想你们应该也做过。不过我可能和你们不太一样，由于我在农村社会大学学习了四年，工作就是要学会抓重点。所以，我在考试的时候也一样，先抓重点，就是抓分数最多的来做。当时，一道英译汉就足足有 40 分。我记得当时八开大的纸，题目就有两页。我十分清楚地记得，第一页讲的是英国伊丽莎白皇家的一段历史，对此我并不清楚。又看了第二页，第二页讲的是伽利略造了一个望远镜观察太阳黑子。我一看这个

题目就非常激动，我大概用了不到30分钟的时间就翻译完了。只翻译完了还不够，为确保准确率，我又仔细检查了一下，觉得40分的题至少能拿到30分才放心。我们班21个报名的，真正上考场的只有8个。当时，可能是由于报考的考生人数太多了，教育部在考前一周发布了一个通告，我至今还记得三条：第一条，首届硕士学位研究生命题的难度标准是使优等生能够达到及格；第二条，录取的标准是各门功课都要达到及格；第三条，如果英语不及格，一定要接近及格线，并且相关的专业课要考得非常优秀，才可以考虑录取。也许正是由于这个通告的原因，才造成了当时我们班21个报名考生只有8个考生上考场的局面。英语分数下来的时候，我考了65分，那道英译汉得了38分。考上研究生以后，我问我们当时判卷子的英语老师，为什么扣了我两分，他说："其实你翻译得已经特别好了，那两分本不该扣的，但是总不能给你满分吧。"我又和英语老师说："如果我不及格，你再扣两分我离及格就更远了。"他回答说："就是考虑到你及格了，所以才会商量着扣了你这两分。"和大家分享这段考研究生的经历，其实还是想告诉大家，作为学生，只要你勤奋，下足功夫，考试就不是件难事。考试只是检验你的学习状态，检验你对知识的掌握程度。如果你掌握得足够好，那么任何考试都会给你带来成就感。关于勤奋，我想和大家讲得也够多了，就先讲到这里。

下面我跟大家分享一下我关于科学研究的感悟。作为致力于科学研究的学者或学生，我们共同的责任是科学创新。科学创新是我们要追求的人生价值。特别是在社会主义市场经济的框架下，我们如何建立一个共同的价值观，如何衡量我们对于社会的贡献？其实我一直在思考这个问题。为了探讨这个问题，我曾经买了本马克思写的《资本论》，虽然工科院校不讲剩余价值，但是我还是认真学习研究了剩余价值，它帮助我解决了许多我曾经苦苦思索却得不到解答的问题。比如，说资本主义是腐朽的，帝国主义是垂死的，为什么美帝国主义建设得还那么好？欧洲的社会主义不行，中国为什么还要坚持社会主义？这些问题都是对我们认识的挑战。

在种种动机的驱动下，我又买了本英文的《资本论》，如果有看不懂的地方就和中文的《资本论》对照着看。看完了以后，明白了很多道理，在认识方面基本解决了这一类问题。从2010年起，我给我的研究生讲绪论的时候都会主动和他们讲剩余价值学说，让他们了解剥削与被剥削的关系，明白帝国主义为什么垂而不死，为什么社会主义要进行经济改革，为什么社会主义进入21世纪了还没有赶上资本主义。今天在这里我把自己对剩余价值的认识和大家一起分享，希望大家再回想一下马克思分析剩余价值学说时的一个关于商品价值的经典论述：商品的价值是凝结在商品中无差别的人类劳动。商品价值一部分是资本家投入的资本，一部分是工人的劳动。商品进入流通领域表现出来的价值减去它的成本，就是利润，其实就是剩余价值。这个剩余价值是谁创造的？里面有两项，第一项是资本，而资本不能创造剩余价值；只有工人的劳动才能创造出来。那么基本的推论就是：剩余价值是工人的血汗劳动创造出来的，因此资本的每个毛孔里面都渗透着工人的血汗。而工人创造的剩余价值是由资本家占有的，资本家在剥削工人。因此，马克思预见，随着大工业生产，被剥削的人越来越多，农业社会里被剥削的是农民，到了工业社会，随着工人的增多，原本享受着财富的资本家相对于广大劳动者来说越来越少。面对社会不公平的现状，越来越多的工人认识到自己创造的财富没有被自己占有，就会起来闹革命。一闹起革命，就会革掉那部分少数人。马克思有一个英明的论断，就是资本主义通过大工业的手段创造了资本主义的掘墓人，因此资本主义注定要灭亡。而帝国主义是资本主义的最高阶段，帝国主义也是必然要灭亡的。随着十月革命的爆发，欧洲兴起了一大片社会主义国家，社会主义阵营的兴起，吓坏了资本主义。然而，进入 20 世纪后期，虽然我们国家在不断进行经济改革，但是社会主义道路并不是一帆风顺的。这个时候，很多人就会怀疑马克思研究的东西是否过时了。而实际上，这个问题的答案是，马克思的贡献是历史的，社会主义阵营的兴起就已经证明了马克思的预见是正确的。而针对后来的变化，马克思已经不在了，并没有去研究。

因此，我们应该用新时代的剩余价值理论解释新时代的运转形态才对。马克思主义分析问题的基本方法是没有过时的。我不知道大家是否也像我这样研究过。我研究剩余价值学说并不是为了研究马克思，也不是为了研究社会科学，只是为了研究剥削与被剥削关系这个朴素的问题。后来，在2006 年，我用这个基本方法做了一个新的尝试。现在的社会形态走势彰显着现在的产品价值。它的生产过程包括国家资本投入、资本家资本投入。由于我们国家还存在着多种经济形态，所以还包括私人的投入。世界各个国家基本都存在着这种状况，同时，也包含着工人的劳动。除了这些，还有科学技术。这几项里面除了资本不能创造价值以外，人的劳动和科学技术都会创造剩余价值。在我们这个时代，工人可以用机器人代替，在这种极端情况下只有科学技术创造了剩余价值。在这里我们以比尔·盖茨的公

司为例进行分析。在比尔·盖茨的公司里，科学技术创造了无数的百万富翁和千万富翁。造成这一现状的原因正是比尔·盖茨在社会运行形态中掌握了科学技术，现今的资本家往往就是科学家，拥有资本与科学技术的同时自己也是工人。比尔·盖茨也在干活，只是他所创造的价值更多地被工人占有了。虽然资本主义是不合理的社会形态，但是科学技术创造出的剩余价值却更多地被工人享有了，自然不会再爆发革命。正是科学技术挽救了资本主义、帝国主义。由于邓小平看出了这一点，所以实行改革开放，提出"科学技术是第一生产力"。虽然我们的制度比资本主义先进，但是我们的科学技术相对落后，所以我们的综合水平低于他们的综合水平。这里面我们应该区分，不能因为他们科学技术水平高就说他们的制度是先进的，我们要非常冷静地看待。他们的科学技术是先进的，但是他们的制度落后。我们同时也要看到，我们的制度是先进的，但是我们的科学技术还很落后。有很多人说要搞资本主义，那最后会是什么？是落后的生产关系再加上落后的生产力，那岂不更完了？我们现在唯一的出路就是先进的制度再加上先进的科学技术。

我今天有幸来到中国社科院，首先要对社会科学的开创者和继承者表示感谢。因为我确确实实从我的人生经历中感受到了社会科学的用处，它帮助我解决了很多思想问题。人的思想问题一旦解决了，思想解放了，就会转变成很多物质的东西，从这个意义上说是精神变成了物质。一个人用积极的心态进行科学研究，进行科学创新所迸发出来的创造力，和在被动的、被剥削的心态下产生出来的创造力是不能同日而语的。今天和大家聊一聊这方面的体会，主要是抛砖引玉，希望能向你们学习，因为我学习得还很不够。关于自然科学的知识，我知道的还相对多一点，我今后应该去学习更多的社会科学知识，如果学得更好，能够解放更多的生产力，就会有更多的人去从事科学创新，以积极的心态进行创新，那么，这种创新将会产生更大的剩余价值，就会为社会做出更多的贡献。

今天我就讲到这里。如果有说得不对的地方，希望大家能够批评指正，谢谢！

主持人：非常感谢何老师给大家带来这场精彩纷呈的精神盛宴。何老师从自己的求学经历、治学经历出发，与大家分享了自己的人生经验和治学感悟，也是从一种新的角度为大家阐述了科学创新与人生之间的关系，相信我们在座的每一位同学都受益颇深。下面我们进入互动交流环节，大家如果有什么问题，可以向何老师请教。

学生 1：您好，何老师！我本科也是学采矿工程的，我在煤矿也工作了一年多。是西南部的煤矿，现在叫三能集团。我在工作中遇到了一些实际问题，咱们的"实用矿山压力控制"好像有点问题。

何满潮：你好！这个是有点过时了，但是它的基本方法没有过时。

学生 1：我们遇到的情况是采深较大，围岩特别短，采煤以后，空顶特别厉害。

何满潮：没错。大变形，大地压，难支护。哪里有压迫哪里就有斗争，哪里就有反抗嘛！

学生 1：所以，公司基本上无法进行生产，处于停产的状态。我们这个采矿工程现在存在的问题就是，员工挣的钱养不起老人、娶不起媳妇、买不起房子和车。您对我们采矿工程的学生何去何从有什么建议？第二个问题，您对宋振骐老师的理论有何看法或者评价？谢谢您！

何满潮：首先回答你的第一个问题——何去何从。采矿工程的学生今后的出路是什么？是学习哲学。像你这样的学生要开始学习社会科学。我绝对是负责任地讲这个问题，自然科学解决不了问题的时候，要向社会科学去请教。这个问题的解决要用到社会科学的很多原理。关于大变形、大地压，在座的你们可能不知道采矿是怎么回事，我给大家简单讲一讲。我们这个房间的空间，你们可以想象成是一个煤层，这个煤层中间全都是煤，这些煤开采时，旁边要有个过道，煤从过道里运输出去。大家可以想象，煤开采出去之后，顶板是不是要塌落？顶板不是混凝土，而是岩石。岩石虽然很结实，但是开采的面积太大了。一个采面的宽度是多少？200 米。我们这个房子宽度至多也就是 50 米。这个房子的高度大概不到 3 米，而采面最高可达 5 米，这么一个大的空间采下来，顶板是要塌落下来的。而且上面的岩层多厚啊，你们那个矿有多深？

学生 1：1200 米。

何满潮：1200 米。上面岩层的重力往哪儿压？压到旁边去了。他说支架压坏了，那肯定会坏，谁也顶不住啊。开采矿山的人想到了什么办法呢？一开始用锚杆，锚杆支不住就用钢架，钢架支不住就用钢锋，要顶住岩石，否则旁边过道的车就没办法通过。岩石要压下来，我们就要顶住它。这就是我们国家第一代采矿工程专家的办法。刚才说的宋振骐，他是我们国家的院士，在他之前还有钱鸣高，这个办法最初是钱鸣高提出来的，叫作"砌体梁"理

论。通俗地讲，就是你把它开采空了，顶板往下压，压力就会传递下来，所以必须平衡这个压力，平衡压力就需要留着立柱，不能全采，若把立柱的煤也开采了，岩石肯定就会全垮下来。这就是钱鸣高先生的理论，它解决了我们国家采矿工业实施的问题。宋振骐老师的贡献是什么？他研究了钱鸣高的理论，认为这个传过去的力有内应力场和外应力场，内应力场应力率比较低，外应力场则比较高，所以在掘夯的时候，在内应力场的煤柱可以留得小一点。他的理论贡献就是少留煤柱、多采资源。原来煤柱留一二十米，现在只留三米到五米就可以解决问题了。钱老师的理论解决了平衡问题，宋老师解决了优化平衡问题，两个理论的贡献都是历史性的。但是当开采到1000米深的时候，两个理论就解决不了问题了，为什么？因为到时候压力太大，没办法平衡得了。怎么办呢？向社会科学求助。社会科学有一个基本原则就是，解决矛盾就要转化矛盾，不要激化矛盾。那么，怎么样才能转化矛盾？要解决岩石压力的问题，若硬顶住它，就会形成强烈对抗。要认识这种客观的规律，然后运用规律来转化矛盾。这一规律运用到自然科学中怎么表现呢？煤采出来了，为什么要顶？就让顶板下来，想办法给它修条路，让它顺利地下来。比如，这里的顶板要压下来，而本来旁边要打巷道的，那么这条巷道不打了，在这里切道缝，让顶板顺着缝下来。如果不切这道缝，顶板就会产生一个强大的反作用力。这道缝应该切多高？可以切6~8米。

学生1：您说的是那种卸压槽吗？

何满潮：不是卸压槽，就是切缝。这个缝，2002年军队就可以做，而且已经做得很好。这道缝切的高度是将来要打的巷道的高度再加1.5米。当这块岩石下来了，压力也就没了，巷道同时也形成了。这样，就把"砌体梁"理论、"传力梁"理论变成了一个切断的"悬臂梁"理论，这个理论和这个方法是我们现在的采矿业要做的，我的贡献就是做了这个。运用岩层压力自动形成了一个巷道，所以就不用打巷道，所创造的效益是多少呢？这条巷道的造价每米12000~13000元，一个巷道几千米，成本就是几千万元。运用该方法还可以省掉一个煤柱，一个煤柱的价值是多少？也是几千万元。关于这个技术，上个月中煤集团大体上做了一个测算，如果推广这项技术，每年可以创造40亿元左右的效益。而中煤集团2014年全年的效益是多少？16亿元。所以，他们集团董事长非常高兴。神华集团的总经理和副总经理带了24个人到我们实验室，要和我们开展战略合作。神华集团是世界上一流的公司，公司利润全年达110亿元，如果在全国推广这项技术，该公司就会拿到 900 亿～1000 亿元的利润。回到今天的主题上，若不用这项技术，40 亿元就浪费了，而且还可能会发生严重事故，90% 的事故就出现在这条巷道上。现在可以不打这条巷道，而是利用压力、岩石自动成夯，"不战而屈人之兵"，这才是解决问题的上策。过去的"121"攻防，就是一个工作面，两条巷道，一个煤柱；现在变成了"110"攻防，就是一个工作面，一条巷道，无煤柱开采。"121"攻防变成"110"攻防是一场革命。中煤集团的董事长王安是一位院士，他到我的实验室去，他说："你的这个思想是一场革命。"这场革命给他们带来了革命性的剩余价值——40 亿元的利润。他答应给我们重点实验室什么反馈呢？他说："先给你们 200 万元继续研究，你们帮助我们拿了 40 亿元的效益，我分你们 5%，2 亿元。"所以，科学创新和剩余价值就是这样的关系，我既没出力、也没出汗，还创造了效益。这就是"科学技术是第一生产力"。谁"剥削"谁？科学家被别人"剥削"是光荣的，是幸福的，是责任，对不对？所以，采矿工程的出路在哪里？好好学习社会科学，运用社会科学解决自然科学的疑难问题。思考钱鸣高的理论和宋振骐的理论，如何从"砌体梁"到"传力梁"，再到"悬臂梁"，解决的办法从大煤柱、小煤柱到无煤柱，从中可以感受到采矿的科学创新、前进的脚步和科技创造的价值。因此，我今天给你们讲的话，绝对不是欺骗你们，是有很多经历作为支撑的。不要看不起中国矿业大学，中国矿业大学还是做了不少贡献的。

学生 2：何老师好！在民国时期，中国曾发生过多次科学论战，是关于科学和人文观的论战，大家在探讨科学能否解决人文观的问题。还有近代的人文社会学，我认为人文学的基础学科应该是美学，而社会学的基础学科应该是伦理学。无论是美学还是伦理学，好像都和情感有很大的关系。在自然科学的进攻下，人文社会学节节败退，现在都改头换面，唤作科学，人文社会都号称是科学了。我认为这制造了很多混乱，大家对科学的定义是不清楚的，因为科学一定要讲求精神性，我们对科学的描述都是特征，还需要有精神性的论述。何老师是著名的科学家，所以，我想听一下何老师对科学的定义，这是我的第一个问题。第二个问题，胡适先生引入了西方的科学，当然其主要讲的是科学精神，他提出了"大胆假设，小心求证"，就是您刚才讲的怀疑精神、实证精神，是"笃实科学、回归真理、价值中立、平清利眼"的科学精神。而中国文化的核心主要侧重于人生观和价值观的论述，中国人秉持一

种事理通达的处世哲学，那么，科学精神与处世哲学之间又怎么进行很好的平衡？我是学法律的，法律非常注重的是公正，这就会和中国的人情关系发生很大冲突，请问求真务实的科学精神和这种人情通达的关系之间应如何进行平衡？谢谢。

何满潮：你说了一个非常有意思的问题。在人类追求真善美的过程当中，我们追求的是什么？其实不管哲学也好，人文科学也好，自然科学也好，都是人对社会的认识和追求。这些科学，无论是社会科学还是自然科学，对它都是一种描述，真、善、美是我们追求的最高境界。科学追求的是什么？科学追求的是真。要有精神描述，有很漂亮的公式和非常有逻辑的推断。这是科学的追求，它一定要真，一定要能给大家创造实实在在的剩余价值。那么，谁在追求美呢？文学。你看李白写的那首诗，"白发三千丈"，谁的头发能长三千丈？但它却是一句不朽的名句，谁都知道他说的肯定是假话，但是人们觉得很好。为什么？因为文学追求的就是一种美。那么，善是谁追求的？宗教。这三种学科实际上各有各的追求，不能够因为它是假的就不追求了。但是，如果追求科学，就不能够是假的。各学科有各学科的边界，厘清边界，这些追求就都是好的。不能说文学里面有假的，它就是不好的，也不能因为追求是假的，比如宗教追求上帝，就不允许追求。这是我想回答你的第一个问题。

第二个问题，关于自然科学和社会科学之间能不能建立一种平衡，相互尊重，达到高度和谐统一。我不可能从定义来回答这个问题，但是我可以根据我的真实体会谈一谈。煤矿有大变形、大地压这种特点，我们现在的材料一拉就会变细，然后就会断掉。还有一种材料，这种材料可以造飞机，也可以造楼房，但是做大变形的采矿工程就不行了，反而会造成很多灾害。怎么解决这个问题？我看武侠小说《笑傲江湖》，其中有一门独到的武功叫"吸星大法"。它有其基本原理，但显然不是自然科学的范畴，它是什么范畴，我也解释不清楚。但是，我觉得很有道理。我在采矿现场遇到伤人的种种灾难，就开始思考，如果有一种材料具有"吸星大法"的功能，这个问题就解决了。"吸星大法"的基本原理是什么？如果你的功力没有人家好，你就打不过人家，但是如果你的功力比人家厉害，你也打不过，为什么？你们一交手，你的功夫就会被吸收掉。后来，我们根据这个原理设计了一个 NPR 新材料，我不是研究材料的，但是我们把很多材料做成了一种最佳的组合，这个材料具有所谓"吸星大法"的功能，这也算是一次技术大跃进。我的实验室现在可以做到，把这个材料拉到 1 米，仍然可以不断，它最多可以吸收 170 万焦耳的能量。170 万焦耳相当于什么？大家知道 3 级地震的能量吗？大概是 10 的 7 次方到 10 的 8 次方焦耳。170 万焦耳就是 1.7 乘以 10 的 6 次方。如果有 10 个这种材料，就是 10 的 7 次方，如果有 100 个就是 10 的 8 次方，能抗 3 级矿震。这个例子说明，我们科学工作者不应该摒弃任何一门科学，不管是什么科学都要去学习，然后打通它的关节，建立起和谐统一的关系。从事法学也好，从事文学也罢，最终目标都是要给社会创造价值。同样的生产力，这个法学工作者创造的价值大，是因为把生产关系搞好了。换一个法学工作者，创造的价值可能就小，为什么？因为生产关系没搞好。

学生 2：老师讲的自然科学的定义就是一定的、必然性的规律，它可以称为科学。但是人文社会学不必标榜为科学来证明自己学科的合法性、合理性。我的第二个问题其实想问的是，科学精神一定要求真务实，不能虚假化，但是在很多情况下，人文社会学在处理人际关系的时候会讲一些言不由衷的话。

何满潮：你这个问题是一个很难回答的问题，但是它又是一个实实在在的、必须面对的问题。如果能把你这个问题回答好，必须拥有一定的社会体验。我这样回答，看看你能不能从中体会到一些东西。我从 17 岁到 21 岁一直给一个公社的党委书记做秘书，那时候从事的绝对不是自然科学，在这 4 年中我总结出了 4 句话，是关于一个秘书和领导之间如何建立和谐统一关系的。我总结的这 4 句话，大家听完以后可以批评指正。第一句，当领导批评你的时候，你要知道哪些批评是表扬；第二句，当领导表扬你的时候，你要知道表扬当中有哪些是批评；第三句话和第四句话你可能更难掌握：当领导让你办很多事的时候，你要知道哪些事是坚决不能办的；当领导不让你办的时候，你要知道哪些事是必须办的。你办完这些事情以后，领导可能还会批评你："不让你办，你为什么还要办？"最后他一定不忘说一句："下不为例啊。"此后他会对你更好。如果我们对社会都能建立起这样的一个高度的理解，对对方言不由衷的事都能想得到、做得到，这个社会就会很和谐。法学应该帮助社会建立这样的理解与和谐，虽然我对法学不太了解。我想，建立起这样一个相互理解、高度和谐的社会，需要我们每一个人增强理解力、提高执行力。这是我在 4 年社会大学中体会到的 4 句话，送给你们，希望大家慢慢去领会。

主持人：非常感谢何老师的耐心解答。下面我们为何老师献上"笃学讲

堂"特意准备的一份礼物。

何满潮：好，谢谢！

主持人：本次"笃学讲堂"到此结束，让我们再次感谢何老师的光临，同时也感谢同学们的热情参与！

（初稿整理：李为人）

千年文化的回响

艺术篇

国乐零距离——方锦龙带您漫游千年的响声

方锦龙

主持人　黄晓勇（中国社会科学院研究生院院长）：各位老师、各位同学，大家下午好！今天我们期盼已久的方锦龙大师终于来到我们学校。我们"笃学讲堂"以前主要是"讲"，而没有"演"，所以还不能称得上是真正的演讲。今天这一讲不仅要"讲"，而且要"演"，"演""讲"相互辉映。

方锦龙大师既是一名国乐爱好者，也是一名国学爱好者。十几岁就加入军队文艺团体的方大师最擅长的是琵琶的演奏。在演奏乐器的同时，方大师非常热衷于中国民族乐器的收藏。据了解，方大师现已收藏3000多种乐器，并能演奏其中的300多种。对一般人而言，要记住300人的名字估计都不可能，而要演奏300多种乐器，比登天还难。但是在方先生手下和方先生嘴上，这些都显得易如反掌。

方先生不仅热衷于乐器收藏，近些年以来，他还致力于中国民族乐器和民族音乐的推广。与此同时，还致力于国学的讲解和推广。因此可以说，方先生的讲座既是一个演奏会，也是一个国学的课堂。

为了让中国的国粹文化能够得到更好的发展，方先生把自己珍藏的一些乐器拿出来进行拍卖，所筹得的款项成立了文化发展基金。可见方先生对于国学和国粹音乐，是何等的投入。我想今天下午我们不仅能够非常幸运地欣赏一场会演奏300多种乐器的音乐大师带给我们的精彩演奏，而且能从方先生的演讲当中收获到很多国学知识。下面我们就以热烈的掌声欢迎方先生给我们做演讲。

方锦龙（中国著名琵琶演奏家，"国乐四大天王"之一）：各位领导，各位来宾，老师们、同学们，大家下午好！我非常荣幸能走上这个讲台。我看

到之前很多重量级的嘉宾都在此进行了演讲，而我本人给自己的定位是：五无人员。第一，没文化，小时候正赶上"文革"没能好好上学；第二，没文凭，没怎么上过学当然没文凭；第三，没职称；第四，没党派；第五，前不久身份证掉了，所以没身份。但我觉得这些都没关系。没文化，咱们就追求文化；没文凭，咱们就追求能力。

现在国家搞一级演员，分等级，我说他们都是一级的，我是无极的。无极就是太极，太极就是八卦，无极才是最高级的。呵呵，先跟大家开个玩笑。

大家可能不会相信，我每天只睡两三个小时。一般凌晨三点钟睡觉，五点钟起床赶飞机。肯定在座的很多人想知道我的年纪，本人已经50几岁了。为什么有这样的精力？我觉得是中国古老的东西给了我智慧。

中国人讲琴棋书画，琴是老大，排在第一。我每天在玩音乐的时候，实际上是给我自己在调理。我的觉睡得不够不要紧，我可以打坐，我可以弹古琴，我可以玩西洋乐，我可以喝茶。所以我们古人非常厉害。繁体字的"药"是由一个"草"字加一个"音乐"的"乐"字构成。"草"是什么？就是茶啊。喝好茶，玩好音乐，你就可以不用去医院了。还有中国音乐讲"宫商角徵羽"，"宫商角徵羽"是与"心肝脾肺肾"联系的，所以我们在弹音乐的时候，实际上是在给我们的五脏进行按摩。这个就是我们老祖宗的智慧了。

我们现在把很多老东西给丢掉了。我最近突然悟到了，实际上中国人非常讲究"和平"的"和"。繁体字的"和"是怎么写的呢？"龢"：右边是"稻禾"的"禾"字；左上是一个"人"字；然后一横，中间三个口，底下像一个"册页"的"册"字。所以这个"和"（he 二声）又叫"和"（he 四声），又叫"和稀泥"的"和"（huo 四声），又叫打麻将"和了"的"和"（hu 二声），这个字很厉害。日本人一看，拿走了，自称"大和民族"，韩国人也向我们学习，他们的国旗正体现了道教的八卦。我们老祖宗还有很多宝贝，像中国传统的建筑就是非常有特色的，北京的四合院、安徽的马头墙，江南的园林都非常有特点。

我最近一直在反思，总结了中国人要找到的六个"jing"字。首先是"安静"的"静"，现在整个社会太浮躁了，大家都静不下来。就像你们做学问的，静不下来是做不了学问的。

第二个是"干净"的"净"，我们的心浮动了，也就不干净了。大家都想成功，都想挣钱，把道德底线丢了。

第三个尤其重要，我们要照照"镜"子，反思自己的行为准则。人类现在在过度消耗地球的资源。我经常跟很多人开玩笑说有钱是你们自己的，但资源是大家的。很多人一点就是一桌菜，吃不完就浪费了，我认为这是一种犯罪。因此，我们要反思自己的行为准则。有些官员为了体现他的政绩，一上任就搞大拆大建，但很多时候方向比速度重要。方向不正确，走得越快，越背道而驰。

第四个也很重要，就是对老祖宗要"敬"仰。我现在到马连道的茶城，很多人都像模像样地放一个古琴，或放一个古筝，但上面一层灰。我就跟他们开玩笑，我说："你这个琴就显示出现在有些人把文化作为门面，来人了，赶快擦干净，平常不管它。琴是给别人看的，不是弹的。"

第五个就是"曲径通幽"的"径"。从"安静"的"静"，"纯净"的"净"，"照镜子"的"镜"，到对老祖宗敬仰的"敬"，再到"曲径通幽"的"径"，前面五个都有了，第六个就产生了，是什么？"境"界。我们做什么事都要有境界。

我先做了一个开场白。我这个人是这样子的，我讲不过我就吹，吹不过我就弹，弹不过我就拉，拉不过我就打，中国乐器分吹、拉、弹、打嘛。最后实在不行我就唱了。

下面我们就开始做千年之声的演讲。我手里拿的这件乐器是竹子做的。第一眼看起来肯定像笛子或者箫。这个是什么？就是刚才我讲的"和平"的"和"的一半，叫"龠"，这个字念"龠"（yue 四声）。它其实就是一根竹子，通体没有任何风口，就是古人的吹火筒，已经有八九千年的历史了。我们的古人很有智慧，钻木取火，他可以拿这个把火吹大。这样吹就会发现它有声音，（老师开始演奏）吹着吹着，怎么有声音啊，就开始钻孔，最早就钻了3个孔，叫"三孔龠"。（老师开始演奏）再把它多加几个孔，就变成了现在的样子了。它是一种失传的乐器，下面我带大家进入9000年前的音乐。（老师开始演奏，曲毕，大家鼓掌）

什么叫古典音乐？这就是古典音乐。古典音乐在东方，不是在西方。钢琴有多少年历史？300年。中国古琴有3000年历史。所以说我们老祖宗在音乐、文字方面远远超过西方。但这些年我们不自信了。现在大家到国家大剧院，可以看到，所有的海报都是交响乐、歌剧、芭蕾舞，中厅摆的是一架钢琴。有一次我就跟他们调侃，我说这个是法国国家大剧院，还是美国国家大剧院？他们几个领导就开玩笑说方老师什么意思？我说我感觉那个中厅应该放古琴、放瑟，琴瑟才能和鸣，这些东西才能代表中国文化啊。我又跟他们

开玩笑说："钢琴是玩具，机器人可以弹，把程序编好了，那个钢琴就会弹了。但机器能吹这个吗？能弹古琴吗？弹不了的。"所以克林顿访华的时候曾经讲了一句话，他说西方的乐器看似比较科学，但实际比较机械；中国的乐器看似简单，但更具有人性。克林顿本身就是一个萨克斯演奏家。

好了，我们现在从 9000 年前进入 7000 年前。有个成语叫"巧舌如簧"，就是这个"簧"，据说这个乐器是女娲那个时期创造的。女娲那时候创造了"笙"和"簧"，所以世界乐器的鼻祖在这儿。口琴、管风琴、手风琴，只要有簧片的，都是根据这个演变过来的。前年我在英国参加国侨办的海外春晚，台下有十几万人听我演奏这个，英国人说："哎呀，这简直太像我们的电子音乐了，就像现在的 DJ 机，还像我们的摇滚乐。"我说："你们的摇滚乐、电子乐我们老祖宗早玩过了，但我们中国人讲环保，不通电的。你看，就是一个嘴，一片簧，像不像一个女人的发卡。"（老师开始演奏，曲毕，大家鼓掌）就是这么一个小东西，能有这样的能量。这是低音的、高音的，还有很多复合音的。听上去好像有好多乐器在演奏，这就是老祖宗的智慧。（老师开始演奏）当时也有很多美国人问我："这个'巧舌如簧'表现的是什么？"我说奥巴马竞选的时候就"巧舌如簧"。很多成语都跟音乐有关系。

接下来，我们把一个簧片装到竹子上，又变成另一种乐器，叫巴乌。上了年纪的人可能听过，20 世纪 70 年代有一首非常著名的巴乌的代表作曲叫《渔歌》。（老师开始演奏）你肯定认为这是吹出来的，但其实刚才是弹出来的，所以那个乐器的俗名叫"口弦"，是用口弹出来的。这个就是把簧片装到这里面，鼓气去吹。

还有一种叫葫芦丝，大家可能都知道了。每个乐器都是有故事的，葫芦丝是怎么产生的呢？葫芦丝的原理，跟它一样，只不过是把它装到竹子上再通过一个葫芦传过去。据说，当年有一对恩爱的青年，女的种葫芦，男的种竹子。有一年发大水，男孩儿就用竹子绑了一个木筏，可是那个只能坐一个人。那个女孩儿为了救那个男孩儿，自己就跳水了。男孩儿后来每天以泪洗面。因为葫芦长时间没人管就被虫蛀了，风一吹过来就有声音了。后来小伙儿灵机一动，心想："哎，我是种竹子的，我把竹子插到葫芦里面去，这样两个人就在一起了。"所以就产生了今天的葫芦丝。

以马头琴为例，马头琴的来历是一匹战马被杀，主人为了纪念战马，做一些马头琴，把马尾做成弓子，虽然战马牺牲了，但他还是能天天跟战马在一起。所以马头琴是很苍劲的，有时候也很悲凉。

每个中国的乐器都有一段故事。一个乐器产生于一段历史，同时也负载了一种文化，更诉说了一个故事。

从全世界来看，哪个国家民族乐器最多？中国最多。我知道的就有300多种乐器。这些年我一直沉迷于此。因为我觉得我们这一代人不能不了解中国文化，不能光会弹钢琴，为什么？钢琴是人家的东西啊，不是我们的东西。就像现在很多人都不去做饭菜了，都吃三明治、汉堡包。那些东西其实都是一样的味道。从味觉来讲，西方人没法跟我们比。我们四川人的口味是麻辣，上海人的口味是酸甜，到了广东就是生猛海鲜，每一个地方都有自己的特色。这些本来是我们的强项，但我们把位置颠倒了，迎合西方人，得不偿失。

接下来的一种乐器，叫"篪"，一个竹字头，上面一个"广"，下面一个"虎"。（老师开始演奏）中国的古代乐器里面包含了很多"礼"，繁体字的"礼"（禮）左边是一个"衣"字，像我们穿衣服一样，表示仪表；右边下面是一个"豆"字，表示我们吃的是五谷杂粮；上面捧着一个"曲"字。我们现在很多人把这个"礼"丢掉了，没有"曲"，没有这种仪式感了。

说到这里我又想到一个字，就是我们经常讲的"正能量"的"正"。"正"字上面一横，代表天，下面一横代表地，中间一竖代表人。所以我们做人一定要顶天立地，做事要横平竖直，这个就是"正"。如果把横平竖直搞歪了，就变成了"巫"。我们还要懂得节制。把"正"字上面的一横拿掉就是"止"。我们的国画也讲究留白。我们的泼墨画是没法被临摹出来的，油画是可以临摹的。

西方人是吹长笛的，一位大师就说："我发现你们那个竹笛不够高档，我们的长笛是非常高档的。"我这个人是有民族情感的，我想人家长笛的工艺确实很漂亮，但是那一刹那，我突然想到了西方的上帝，我就说："对不起，你那笛子可以做成一万只一样的，我们中国的竹笛做不出一样的，那是上帝创造的。竹子自然生长出来，不可能有一模一样的纹路。中国叫'物以稀为贵'，我们的比你们的珍贵。"那哥们儿一听："你讲的有道理。"（大家鼓掌）

1985年我在日本学过日本民谣，我也穿着和服跟他们一块儿演奏。有一天演出之后，日本有一个公司总裁握着我的手，特别激动地说："你今天的表演太棒了，太具有我们大和民族的气质了。"我一听，有点不对劲，我说："对不起，我是大汉民族。"他说："你穿的服装是和服啊。"我说："和服又称吴服，是从我们那里传过来的，我在体验我们先祖的感觉。"所以说了解传统文化很重要，要不我就稀里糊涂说"谢谢"了，我就成大和民族了，我就

成了日本人了。最后我就跟他开玩笑说："不好意思，第一我不是科技学家，第二我不是经济学家，我只是一个文化使者，我们的文化比你们的文化厉害，因为你们是我们文化的一个小支流而已。"那哥们儿没办法了，竖起大拇指说："你是真正的中国人。"日本人有个特点，你讲的有道理，他绝对佩服你。对待这个民族，你讨好他是没有用的，你要比他厉害。

同时，我们要找回自信。我觉得不管我们是干什么的，首先要有文化。我是没有文化的人，所以这一辈子都在追求文化。大家知道文化是什么吗？我有一个自己的理解。"文"一定要懂得"化"，这就叫文化。不懂得"化"，就不会应用，不懂得应变。读死书就会读书死。我认为，读书和学习不一样，"学"是经过消化的，读完了不学习，没有消化，就没有变成自己的东西。

我们接下来再玩乐器。刚才这个"篪"大概有 4000 多年，"篪"和"埙"是一个时期的乐器。下面就到"箫"了。（老师开始演奏）这个声音一出来是不是有文人的气质，有一种一下子把你带到园林的感觉？有个成语叫作"吹箫引凤"，在战争时期箫起过很大的作用。"十面埋伏"里张良吹箫吹得楚国军心涣散。因此有时候打仗不用武力，音乐就可以解决了，这个就是智慧。还有就是古琴，诸葛亮一张古琴打败千军万马。音乐在中国各个阶层、各个时期都起到过很重要的作用。所以我今天跟你们说，从生到死都需要音乐。如果这个世界是一个没有声音的世界，那是多么可怕啊！

这是一个印度的笛子，它是拿芦苇做的。每个民族都有自己的特点，印度也是有几千年历史的。（老师开始演奏）你听这声音一出来就是咖喱饭的味道，音乐太有意思了。这个来自爱尔兰，它能把你带到爱尔兰去。（老师开始演奏）每个乐器都有它的个性。

还有最后 1000 多年的，叫尺八。为什么叫尺八？因为它是一尺八寸。日本人叫"sakuhaqi"，这是在中国唐代从杭州传过去的。现在这个乐器变成日本人寄托精神的东西，你只要看日本的电视剧、电影，一定有它的声音。（老师开始演奏）中国的好东西太多了，我们不把它当作宝贝，人家捡回去全是宝贝。在尺八里面也能发现老祖宗的智慧。它一共有五个孔，五个孔能吹什么音乐呢？五个孔不就五个音吗？（老师开始演奏五个音）那半音怎么解决呢？变换一个角度就是半音了。（老师示范演奏）就五个孔，所有西方乐器能吹的它全能吹。

在乐器里面找到了老祖宗给我们留下的智慧，才知道"琴棋书画"中"琴"为什么放第一位。现在反了，"画书棋琴"，画最值钱，再就是书法，然后是围棋，最后才是琴。我们现在老说民乐，其实不对，应该是国乐，就像国学不叫民学，国画不叫民画。它不光是老百姓玩的，也是皇帝玩的，如唐明皇是作曲家，宋徽宗是古琴家。

中国很多俗语，像"失败是成功之母"，现在都不一定对。老失败不总结那怎么能行呢？总结才是成功之母啊。很多东西我们要重新反省。现在很多人说："传承中国文化。"我说："又不对了，应该是承传，你先继承下来再传，你都没有继承下来怎么传？传什么？"

我是一个很喜欢钻牛角尖的人，凡事要有"道"。日本人有琴道、花道、茶道，我们老提武术、书法，老进不了"道"啊。"道"很重要，有"道"才有德，有"道"才有路。"道"还有一个说法，是我自己的理解，就是心先想到，脚就要动。很多人问我："方老师，你怎么会搞这么多乐器，哪有那么多时间啊？"我每天会把事情安排得非常好，没时间看书，我可以在飞机上看书；我没有时间练琴，我用心在练。心法很重要。

接下来我要讲古琴。最近古琴很热，这也是一件好事，起码人们关注到古琴了。可能今天在座的很多人不是学音乐的，我们要深入浅出。古琴是什么？是天地人的乐器，就像"正能量"的"正"字一样。什么叫天？（老师开始演奏）古琴分三音，这个泛音就是天音，往上走的。（老师示范演奏）散音是地音，往下走的，（老师示范演奏）入地三尺的感觉。人音就讲感情了。（老师示范演奏）

有一次我跟一个钢琴家比一个音，我一个音变成七个音。第一个音是这样；（老师示范演奏）第二个音，上滑音；（老师示范演奏）第三个音，下滑音；（老师示范演奏）第四个音，小颤；（老师示范演奏）第五个音，大颤，悲愤地；（老师示范演奏）第六个音，泛音；（老师示范演奏）第七个音，一个音对称两个音，（老师示范演奏）那个钢琴家听后很佩服我。

很多中国的音乐就像中国的绘画一样，只能意会不能言传。很多人问我琴难不难，我说："说难也难，说不难也不难。"我跟他们说："当然，易学难深。就像写毛笔字一样，谁都会写，写到一定功力那就难了。"所以我经常说，古琴跟绘画一样，它有工笔。（老师示范演奏）琴里包含的中国传统文化太多了，它就跟绘画一样，有些是工笔画，有些是写意画。这就是古人为什么说"琴棋书画"，懂了琴以后，其他就通了。中国还有一句成语，叫"触类旁通"。你触动得多了，就能分类了，你再把旁边的文化吸收过来，你就通了。所有的国学大家，没有一个是只会一种的。所以我希望在座的各位，千

万别说："跟我这个专业没关系，我不要去听。"我们现在都"偏食"，营养肯定不均衡。我觉得一个人要想成功的话，要能做他不喜欢的事情。谁愿意大早晨起来学习啊？大家都愿意睡懒觉，尤其是冬天。这就是我这些年的一些体会，跟大家分享。

人在这个世界上是很短暂的，三万多天吧。我经常跟他们开玩笑，我说将来是以什么为寿命的，是你的知识量，是你得到的见识，是你的感悟，还有你的觉悟。

这些年我觉得我悟出了很多人生道理。很多人问我这琴卖不卖？我说老的东西肯定是不卖的，包括这次我的拍卖，都是一些大师新做的琴，当然也是很有价值的。为什么卖？这个我还可以再做回来。但是那些古董都不是我的，我只是保管者而已，那是国家的，是人类的。如果我把它变成我的私有的东西，那我就太自私了。

很多人问我："您主要从事哪方面的工作？"我说："我就是一个琴多的人，还处处留琴，而且我是调琴高手。我要在全国十几个城市做我的小型博物馆，叫'处处留琴'。"

我们每天的生活都特别不容易，因此要每天找到一种快乐，要经常反省自己。我现在真的很愿意跟大家分享一些想法，哪怕有一点点东西你们得到了，我也会深感欣慰。

现在整个社会都浮躁了，每天大家都想怎么成功，怎么样去获得更多的利益，买好的房、买好的车。我觉得这些东西还是要靠机缘，该是你的就是你的，不是你的拿来也不是。"贪"怎么写？"贫"怎么写？"贪"是"今"字底下有个"宝贝"的"贝"字，"贝"是过去的钱币。你拼命地贪，最后就分掉了，也就"贫"了。所以很多国学的东西，很多老祖宗的智慧，如果我们知道了，就知道应该怎么去做。但好多人不知道。人很简单，就需要一张床，三餐饭，是不是？什么是快乐？知足者常乐，人一定要知足。

我不要跟别人比，我跟自己比。大概在十几年前我就出过演唱专辑，后来我去盗版市场一看，我的专辑还挺火。那时候我用的笔名，没用真名。如果当时我要成歌星，可能就没有今天的方锦龙了。所以一个人要懂得自己的定位，定位很重要。

大概两年前我在深圳做了一个"东方音乐走向世界"的研讨会，当时有很多音乐界的大腕，他们都讲怎样走向世界。我听完了以后，就说了一句话："什么叫'走向世界'，应该叫'世界走向我们'。"你要听京韵大鼓到北京来，听广东粤剧到广东去，听秦腔到西北去。我们还是不自信，还有什么民族交响乐，民族乐不需要交响。一把琵琶弹《十面埋伏》，千军万马，十把琵琶一块齐奏，就成了刷马桶。一个二胡拉《二泉映月》，小泽征尔感动地说："我都没有资格坐着听，我要跪着听。"十把二胡一起拉就是另外一个效果了。小提琴有直板，它的音高可以控制。二胡是没有直板的，用力，高了；不用力，低了。

中国民族乐器就是单个的，就像我们民族的方言一样，那么有味道。这就像北京人讲北京话，上海人讲上海话，安徽人讲安徽话，一起讲就听不懂了。音律不一样，西北有西北的音律，广东有广东的音律，河北有河北的音律。中国民族音乐是什么？就是方言。音乐跟语言的关系太密切了。我们的音乐很多时候是根据方言产生的，中国人如果把方言丢掉了，中国的各种文化艺术也就没有味道了。所以一定要保持方言，既要懂普通话，也要保持自己家乡的语言。

刚才古琴弹了一半，现在给大家完整地弹一首最有代表性的曲子，叫《酒狂》。（大家鼓掌）这个曲子叫《酒狂》，可是现在很多人把它弹成"酒赖"了，太文静了。（老师示范演奏，大家鼓掌）你要了解古人的风采，大杯喝酒的那种感觉，包括他们挥衣袖子的那种感觉。了解了当时的那种背景，才能把那个曲子弹出来。这就是音乐。所以音乐来自于生活、高于生活。

前面的乐器都不是我的强项，我的强项是琵琶。（大家鼓掌）大家有没有念过《琵琶行》？这个是经典啊！《琵琶行》里有一句叫"寻声暗问弹者谁？"可以想象当时他们对艺人的尊重，寻着声音暗暗地问："你来自哪儿啊？"这里面还有白居易对音乐的那种追求。"举酒欲饮无管弦。醉不成欢惨将别，别时茫茫江浸月。"月亮在水中冷冰冰的，因为没有音乐。那个时候喝酒，有音乐才有感觉。下面一转"忽闻水上琵琶声，主人忘归客不发"。主人也不想走了，"添酒回灯重开宴"，把灯芯调高一点，全换掉，重新喝，这种感觉，就是过去文人对艺术、音乐的追求。

唐诗宋词里面太多经典的东西了。还有白居易的"浔阳江头夜送客，枫叶荻花秋瑟瑟"。我再考一下大家，"荻花"是什么花？是芦苇的花。枫叶是红色的，荻花是白色的，白居易的每一句都在对比啊！"枫叶荻花秋瑟瑟"，秋天的风吹出来，吹动红叶和芦苇的花，两个声音合起来，就像"瑟"弹出来的声音，多美啊！（老师示范演奏）

大家知道的琵琶是四根弦，但我的琵琶是五根弦。这又是一个故事。我在20世纪80年代去日本参加一个音乐会。当时走了30多个城市，南到冲绳，

北到札幌，中间去了奈良，这些都是日本非常古老的地方。当时看到日本收藏的唐代的一批乐器，其中就有唐代的五弦琵，这是我们的皇帝送给圣武天皇的礼物。五弦是一种智慧，中国人讲究五行、五化、五方、五音，中国人吃饭讲究"五味俱全"，中国人书法讲究"墨分五色"，"五"是最能代表中国人的一个数字。所以当时我一看五弦琵琶就觉得是好东西，但这 3000 年中国没有人去做这件事。我从 20 世纪 80 年代起就为了这一根弦，一直做到今天。我把千年的绝响变成现实，搬到舞台上来了。后来我继续研究，为什么五弦失传了？原来它是皇族乐器，五弦琵琶只在皇族里有。

还有一次我到科威特去采风。大家都知道科威特这个地方特别保守，基本上见不到一个美女，见到的就是一双眼睛，一层黑衣就飘过来了。我待了半个多月实在无聊，就跑到沙漠上一个人走走，我想体验一下当年丝绸之路的感觉。我在沙漠上打坐了大概半个小时。当时我脑子里老是出现琵琶上的四个"王"，什么意思呢？突然我悟出来了。这四个"王"是四种语系、四种乐器。阿拉伯有一种乐器叫乌德，它被称为中东乐器之王；传到中国就是琵琶，两千多年历史；传到欧洲叫鲁特琴，中世纪的；再传到西班牙就叫吉他（音译）。这四个"王"就齐了。

我们古人很有智慧，琵琶是什么？过去古人讲"推手前曰琵，引手却曰琶"，一个弹，一个挑，就叫琵琶。琵琶的"琵"底下是什么？"比"字，即文化的比较；"琶"下面的"巴"代表融合。这就是我对琵琶的诠释。

有人问我五弦琵琶和四弦琵琶的区别在哪里？语言碰到文字有时候显得很苍白，我就带大家看看五弦琵琶的魅力。（老师示范演奏）先从北京出发。北京最有代表性的是京韵大鼓、三弦。（老师示范演奏）接下来我们到哪儿去？去阿拉伯，记住，所有离弦的乐器都是从阿拉伯传来的。（老师示范演奏，大家鼓掌）还有一个国家，就是我刚才提到的印度。印度这个民族非常有意思，它的民族性很强。它的电影，从来不受别人影响，就保持自己的风格。英国人统治了很多年，想把乐器弄到他们那里去。印度人很聪明，引进了小提琴、吉他、钢琴，但都渗透了自己的风格。再到日本，三弦。（老师示范演奏，大家鼓掌）还可以到越南，看看越南的独弦琴。（老师示范演奏，大家鼓掌）亚洲走完了，我们到欧洲去。古典吉他，（老师示范演奏）民谣吉他，（老师示范演奏）电吉他。（老师示范演奏，大家鼓掌）这就是我们五弦琵琶的魅力。（老师示范演奏）

我突然又想到一个很有趣的事。小提琴只有上下和进退；大提琴也只有上下，（老师示范演奏）全部都是这样。中国的乐器不一样，左右一拨，拨动心弦。（老师示范演奏）这首曲子大家听过吧？是一首彝族曲。男女青年谈恋爱的时候，女孩要展示她的舞姿，在跳的过程中，发现一个帅哥，有触电的感觉，（老师示范演奏）是这种感觉。（老师示范演奏，大家鼓掌）

上下和左右差得太远了。我们东方人的智慧是什么呢？我们的音乐就像橡皮筋一样，是有韧性的。有一次北京台的田歌来听我讲课，我当时在玩广东的一种乐器，叫"五架头"，五个人一起演奏。她说："方老师，这个是不是和西方的弦乐一样？"我说既一样也不一样。我们的音乐是活的，就像我们的泼墨画一样。我们每天在创造，我们每天在创新，这就是我认为的最大的区别。这就是我们文化最大的特色，这就是中国文化的一些底蕴。

最后我献个力气活给大家——《十面埋伏》，（大家鼓掌）一般这个曲子我不愿意弹的，太累了。

今天的主题叫"千年响声"，我们就暗扣主题，回到千年。这个曲子大家听得多，我再给大家做一点小小的解释，你们就更清楚了。我们大部分听的是四弦琵琶，它的低音在这儿，（老师示范演奏）声音单薄；五弦琵琶的低音在这儿。（老师示范演奏）这是布阵，（老师示范演奏）这是战马叫声。（老师示范演奏）世上有没有一个乐器可以这样，所以我们要有这个自信，我们一个琵琶就是千军万马。

1980年我在欧洲芬兰参加世界艺术节的时候，在我的前面是一个芬兰交响乐团，100多人，弹了一首现代派的曲子，结果乱七八糟的，从头到尾都是噪声。我接着弹了一首《春江花月夜》，整个气氛都不一样了。《春江花月夜》是绕梁三日。（老师示范演奏）演奏完《春江花月夜》，就演奏《十面埋伏》，千军万马，二者差距很大。他们就琢磨不透了，这个乐器有这么大的能量啊？（老师开始演奏《十面埋伏》）

好了，我今天的演讲就到这里，谢谢大家！

主持人：让我们再一次以热烈的掌声感谢方锦龙先生的演奏和演讲。谢谢！

（初稿整理：阎沭杉）

刚柔相济，雕塑之魂

吴为山

主持人　黄晓勇（中国社会科学院研究生院院长）：各位老师、各位同学，大家好！今天我们非常荣幸地请到了我国著名的雕塑大师——吴为山先生来给我们做讲座。下面请允许我隆重地向大家介绍一下吴为山先生。吴为山先生现任全国政协委员、中国艺术研究院美术研究所所长、中国雕塑院院长、全国雕塑指导委员会副主任兼艺术委员会主任，同时他也是中国美术家协会副主席，享受国务院特殊津贴的专家，是一位具有重要国际影响的中国雕塑艺术大家。吴为山先生的一些重要雕塑在国际、国内都获得了广泛的好评和赞誉，荣获了众多大奖。其中，吴先生创作的"睡童"获得了英国皇家"攀格林奖"，这是亚洲艺术家第一次获得这一重要奖项。

吴先生力倡中国精神、中国气派和时代风格的融合，给我们中国哲学社会科学研究者树立了一种典范。由于作品中所包含的非凡的感染力和深厚的思想和内涵，吴先生在创作风格方面也获得了诸多赞誉。他提出的"写意雕塑论"和"中国雕塑八大风格论"等充分体现了吴先生在实现他的文化理想和艺术追求方面的独特风格。在艺术理论研究方面，吴先生著有《视觉艺术心理》《雕琢者说》《雕塑的诗性》等著作。

所以，今天能够邀请到吴为山先生来研究生院为我们做讲座，可以说是一件盛事，这对于我们的读书、学习、生活和艺术鉴赏力的提高无疑都是一次难得的机会。在此我谨代表中国社会科学院研究生院、代表我们全校的教职员工向吴为山先生表示最衷心的感谢和最热烈的欢迎。下面就请吴为山先生为我们做讲座。

吴为山（全国政协委员，中国艺术研究院美术研究所所长，中国雕塑院院长）：非常感谢研究生院的邀请，也非常感谢黄院长对我的介绍，我觉得介绍得越多我的压力越大。头衔很重要，你没有那么多积累就拿不到这么多头衔，但往往头衔多了，人的精力就会分散。

我们处在一个加速发展的时代，各方面都呈现蓬勃的气象，我们今天的机会很多。但机会多了人就很难选择，因此很多人都处于亚健康状态。一个人出了名之后，就像山桥一样，有很多绳索拉扯着你。中国文联名誉主席、《志愿军军歌》的作者周巍峙先生曾经对我讲："为山，你现在是最好的时候，你既有自己的努力，又有天赋，取得了这样的成绩。如果你不选择、不放弃，你将会被淹没在洪流之中。"我觉得讲得非常有道理。

现在很多找我做讲座的地方，其实我都很想去，特别是到边远地区的一些大学，但是我必须要有所选择，为什么呢？中国有很多学校，如果都去，一年365天最起码有300天我都在讲课。讲课就是放电，但我们还要充电，任何一个人都不可能总是放电而不充电。刚才黄院长介绍的很多头衔都是过去的，要想名副其实地把这些头衔撑起来，就要好好学习。我今天到社科院研究生院来最主要的目的还是跟大家做个交流。

之前请我来这里做交流的时候，我觉得在社科院，这样一个高等的学术殿堂，谈谈艺术是一件非常有意义的事情。人文社会科学与艺术本来就是一体的，艺术的发展离不开其成长的土壤。这个土壤有两个方面：生活的土壤和文化的土壤。离得最近的文化土壤应该是社会科学。

我从4岁左右开始学习美术，到今天已经有40多年了。在这个过程中，我对社会状态的演变，对个人如何与一个国家、一个民族、世界、生活、文化融合在一起，有一些思考。这些思考最终会用雕塑艺术的形式表现出来。所以说"诗以言志，文以载道"，艺术的根本还是在于表现它的思想、表现它的精髓。

今天很多人关心雕塑，当下城市规划、城市建筑、城市雕塑都成了热门话题。对于一个家庭来说重要的有两点，一是要看房子是什么样子的，是茅草房还是楼房；二是家里的摆设，桌上放什么，墙上挂什么，这就是一种价值观的表现。从城市层面来讲，城市里面立什么样的雕塑，一个大学里面立什么样的雕塑，体现的是一种品位。

我去过一个大学，他们在70周年校庆的时候，立了一个雕塑：两屏风帆，一把虎剑从这个风帆上升起来。我当时问学校的人怎么用这么一个很像起义的雕塑？他们说是来不及了，马上就要校庆了，就到厂里去买了这个雕

塑。这一放不要紧，把整个大学的品位全都拉低了。就像现在很多暴发户的房子很漂亮，走进去一看，红红绿绿的，都是那种成批生产的油画，一看就很庸俗。

城市文化建设当中，很重要的一点就是雕塑。当然建筑也很重要，但它更多地强调的是实用功能。雕塑艺术则完全是一种精神的载体。外国人到中国来，他看到你这个城市放了什么，就认为这代表着中国的形象、中国的价值观。同样的，每个中国人出去，也都是一张名片。你选择的去向很大程度上代表着你的价值取向在什么地方。如果去牛津大学、剑桥大学，你哪怕不在那里读书，你走到图书馆，看看那里的柱子、被无数人踩过的地板、被无数人摸过的桌面和坐过的椅子的时候，你都会在那里找到一种文化的感觉。

刚才我也到研究生院图书馆看了看，这是你们标志性的建筑。我觉得图书馆里面不仅仅要有书，还要有好的、有价值的艺术品。这些艺术作品会不断散发一种能量，高尚的艺术品一定能释放出正能量。一件艺术品之所以好，正是由于每一位艺术家都是用心去创造的，而这颗心本身就是一颗爱心，一颗包容之心，所以这样的艺术作品会给你力量，会给你鼓舞，也会给你情感上的一种享受。

我在南京很多高校做过一个调查，很遗憾的是，4 年的本科生、3 年的研究生，其中很多人没去过南京博物院。当今的学生，如果不去关注历史，不去敬仰、研究历史上伟大的创作，并在这个过程中解开美的秘密、解开情感的秘密、解开心灵的秘密，那么，我想这样的学生是不合格的。

我认识不少科学家和人文学者，比如诺贝尔奖获得者杨振宁先生，大家都知道他是物理学家，其实他对艺术的研究也是很深入的。费孝通先生大家都知道，他也是社科院的。有次我到他家里去，他就跟我谈道："把做中国历史人物的雕像作为追求的目标，很不简单。一个人一生当中把一件事情做好，就不容易了。"费孝通先生勉励我要把一代知识分子的精神风貌给塑造出来，包括孔夫子时期的、苏东坡时期的、鲁迅时期的和我们这个时代的知识分子。他们有不同的状态、不同的风采。专注于一代知识分子的精神风貌而不是说某一个个体的表情，不仅要得其貌，还要得其神。

今天我要介绍的就是我如何通过雕塑来反映这些历史人物，来反映一个时代、一段历史。我从 20 世纪 90 年代初到现在 20 多年来，做了将近 500 件人物雕塑。这些人物雕塑都是有名有姓的，散布于世界很多国家和中国的很多城市的博物馆、图书馆。

20 世纪 80 年代末至 90 年代初，中国掀起了经商热。当时我是一名大学教师，亲眼看见了整个过程。我想我是不是落伍了，要不要也去经商呢？但是我有一个想法，我觉得尽管当时中国经济落后，但如果一个国家没有灵魂，那也没办法实现长远的发展。就像一个人，即使浑身都戴着珠宝，丢了灵魂照样会空虚。所以我觉得文化建设很重要。从那个时候起，我开始塑造历史人物，我要用雕塑的艺术来感染他人，来展示我们的文化史。这就是我最初的想法。

开始的时候还是比较困难的，因为我没有名气。要去雕刻那些历史人物，特别是一些健在的人物的时候，是不会那么容易得到机会的。后来雕塑了费孝通、吴作人等获得了一些成功，就有了一些资本，然后就这样不断地做下去，做到了今天。通过这 20 多年的努力我达到了当时期望的一个目标。当然艺无止境，在艺术的道路上还有很多的要求，我现在用图文兼备的形式给大家介绍一下。

梁思成先生在《中国雕塑史》的一篇文章里面有这样一段话："艺术之始，雕塑为先。盖在先民穴居野处之时，必先凿石为器，以谋生存；其后既有居室，乃作绘事，故雕塑之术，实始于石器时代，艺术之最古者也。"

2006 年我在中国美术馆举办了一个雕塑艺术展，那个展厅有个规定，要 60 岁以上老艺术家的作品才能进入。我当时 40 多岁，年龄上与规定还相差不少，但我的作品还是进去了。在中国美术馆展览之后，我在江苏美术馆做了一个展览。这是在长春雕塑公园，你们看最右边这个背影，这是马三立。这是我在联合国的一个展览，把孔子和老子等 30 多个中国历史人物雕像带到联合国。当时联合国秘书长潘基文先生写了"上善若水"送给我，他说这些作品不仅是一个国家，而且是全人类的灵魂，并说儒家思想对他的影响很大，孔子教导我们修身、齐家、治国、平天下，这番话是真理。这是在意大利国家博物馆的一个展览，主题是"达·芬奇与齐白石的对话"（见图 1）。

现在经常讲中国文化"走出去"，什么叫"走出去"？不是说简单地把自己的东西放在人家的架子上。"走出去"的时候要综合考虑到对方的文化、社会、语境等因素。我们中国文化走出去以后，要让人家能跟你对话。要不人家跟你谈到一些最起码的事情你都不知道，就会很难堪。那么你要怎么才能跟对方对得上话呢？很重要的一点就是要读历史。我们研究历史不要站在高处，只看到那些巨人头顶的光环，而要深入其中，与他们对话，在各种生活的情景中来获得对历史的认识。

这是在意大利国家博物馆展厅里的一个情景。罗马博物馆的馆长写了一段字，把我的雕塑和意大利一个雕塑家的作品做了一个比较，他说"这种跨世纪的艺术比较和艺术对话使我们确信艺术是醒着的《圣经》"。

图1 达·芬奇与齐白石的对话

这是我的作品在意大利的公共汽车上的广告。上面是我用书法写的四个字"文心铸魂"。艺术不仅仅要好看，也不仅仅要在艺术形式上做一个创造，它还要淳朴，让世界通过你的艺术能了解一个国家的历史。

1999年我30多岁的时候，南京博物院为我建了一个雕塑馆。这是南京博物院里的一些作品。这个是韩国仁济大学建的我的一个雕塑公园。这个公园里面最重要的作品就是老子、孔子的雕塑。这是在无锡的一个雕塑公园，里面全是我的雕塑品。这个是长春世界公园里的一个老子雕像，有6米多高。这个是在英国剑桥大学的孔子像（见图2）。现在剑桥大学里有两个中国符号，一个是我的《孔子》，另一个是徐志摩的诗。

这两个柱状的孔子与老子是为联合国创作的（见图3），作为传统文化的两个支柱立在那里，强调的是"礼"。老子与孔子两个雕塑的塑造手法不一样，孔子强调人与社会的关系，强调社会的伦理，所以塑造得比较方正；而老子强调人与天的关系，强调道法自然，所以"上善若水"，线条充满流动感，它们分别表现了不同的哲学思想。

图 2　英国剑桥大学的孔子像

图 3　孔子与老子

　　这是秦始皇，这是张仲景、祖冲之（见图 4）、王羲之、王宪之、顾恺之、李白（见图 5）。这是鉴真、郑和、史可法、曹雪芹（见图 6）、吴昌硕、辜鸿铭、张謇、詹天佑、冯志凯、鲁迅，这些作品都安置在城市的公共空间。刚才我在图书馆也看到一个鲁迅雕塑，中国做鲁迅雕塑的人很多，但做得好的极少。做名人雕像特别难，因为名人身上承载的东西很多。你不能把一个非常有文化气息的大师做成一个凡夫俗子，所以这个立像很重要。这里面还包含着创造者对这个对象的理解。

图4 祖冲之

图5 李白

这是阿炳。不同时期我对同一题材的理解和认识都不一样。这是冯友兰先生，在北大的图书馆里。冯友兰的像立了以后季羡林先生去看时评价说："'他'看起来形神兼备。"

照片也很重要，照片能抓住历史的瞬间。大家都知道有几张经典的照片：尼克松访华，从飞机上下来，跨前一步跟周恩来总理握手，周总理站在那里非常从容；乔冠华在联合国哈哈大笑，那时中国人扬眉吐气；还有一张照片是希望工程的，有一双大眼睛的小女孩，很有名的。因此做学问也好，搞艺术也好，都要把握住那个关键点。

对于冯友兰先生的雕像，我把握住的是什么呢？我把握住头颅，他的眼睛高度近视，眼镜一圈一圈的，像个酒瓶底一样。还有这些毛发，这里面都有很深的学问。一个人的长相、外形固然对表现他自身起着很大的作用，但更重要的东西只有在他的眼神里面才能找到。所以有一句话讲，眼睛是灵魂的窗户。

这是梁漱溟，这是钱钟书，这是我的一些感怀、一些诗歌。这是黄宾虹，水墨大师。我是美术研究所第八任所长，黄宾虹是第一任所长。黄宾虹代表了中国现代水墨画的最高峰。这是黄宾虹在写生，刚才的这个是在国家博物馆，这是在中国美术馆前面，这里面有一段故事。

图6 曹雪芹

我去法国访学，他们这个学院的轮任主席给我拿出一个素写本子来，他说中国的雕塑很好。他把本子打开，我一看这是我的作品，很激动，我就告诉他这是我的作品。这个老先生听到以后突然就站起来了，眼睛发光，说以为是一个100多岁的大师的作品。然后他就跟我讲要跟我一起搞个展览。这个才叫平等的对话。

在和世界对话的过程中，我国20世纪70年代是"乒乓外交"，我国与美国的外交就是通过乒乓球打通的。为什么要用"乒乓外交"？因为当时篮球还不是人家的对手。这个小小的乒乓球体现了中国人的精神。

辜鸿铭先生用六个字来概括中国人的精神，其中有一个词是"温良"，意思是天性的善良。孔子、老子也都在谈"仁"，中国文化的核心是"善"和"仁"。还有一个词是"灵敏"，东方人灵敏。中国人之所以用"乒乓外交"，是因为我们乒乓打得比较好。在与世界对话的过程中，如果水平低是不可能对上话的。

大家都知道，西方人做的维纳斯和大卫风靡全世界，全世界都认可这两个人。大卫是文艺复兴之光，维纳斯是古希腊的美神。那中国人到世界上立什么呢？曾经有人问我："你能不能做个中国的维纳斯，把中国的美做出来？"我说我暂时还没有这个心情，为什么呢？因为维纳斯所有人都知道，她的美已经定性了，所以我没法做。

一开始我也没有信心，特别是到国际上办展览的时候，大家对中国的历史文化名人都不了解。中国在世界上最有名的就是孔子，其他人像王羲之也好、顾恺之也好、颜真卿也好，世界都不知道，但达·芬奇、米开朗琪罗、毕加索大家都知道。中国没有这样的名人，你做一个文化名人到世界上的时候，你不能得到人家的认可。

我前年在意大利做展览展出的是弘一法师的雕像（见图7），许多人都站在那里看很长时间。不要认为外国人都看不懂中国人这张脸，他们其实能看懂中国人的黄皮肤、黑头发背后的文化。如果真正把一个中国人的脸做好，从他的脸里做出中国人的精神来，西方人也一定能看得懂。

这是徐悲鸿，这是马三立，这是林风眠，这是潘天寿，这是费孝通。下面有一段文字——"从乡村调查到人民大会堂议政，费老走的是一条'富国强民'的道路"。杨振宁先生写了一篇文章评价说：吴为山做的费孝通比费孝通还像费孝通。

这是熊为民先生，这是杨振宁先生。这一张照片被一个著名的记者抓拍到，他是饶宗颐先生，这上面写的是选堂*。我给他做像，他给我写诗，这就是交往。

这是袁隆平，这是为英国金融街做的一个雕像，这是罗

图7　弘一法师

格。这是《睡童》（见图8），获得了英国皇家"攀格林奖"，获奖之后在展览会上就跟19世纪雕塑巨匠达鲁的作品《农民》放在一起。这是西方人对你的一个奖励，假如你是这个展览的最高奖，他就会在上个世纪或再上个世纪找到一个大师的作品，从博物馆借出来，跟你的作品放在一起展览。就像假如你的国画获奖了，在博物馆里面借一张齐白石的作品跟你挂在一起。这个展览里面全是当代人的作品，但是把齐白石的作品跟你的挂在一起，那就会很显眼。《睡童》这个作品很小，汉白玉雕出来的。

图8　睡童

---

* 饶宗颐先生号选堂。——编者注

每一个雕塑都有很多故事。我在这里主要讲几个雕塑，一个就是齐白石，刚才已经讲了达·芬奇与齐白石。这是在 1996 年，《新华日报》当时登的文章，那时候每一个礼拜我都要给报社写一篇创作感受。这是齐白石拿拐杖，这是齐白石刻章，这是齐白石老年后拿着芭蕉扇，这是齐白石的一个侧面照。这张照片叫作《谢幕》。这张照片拍得很好，这个题目也起得很好，走过人生的道路，演完人生的戏以后谢幕了，开始走向后台。这是我在中国美术馆前面做的齐白石的雕像，最出神入化的莫过于他的眼睛，非常锐利。齐白石的身体就像瀑布一样铺下来，这里面有一个对比，细与粗的对比，大与小的对比。

夏威夷大学的一个研究哲学的教授叫作安乐哲，他在南京看到我做的齐白石以后一定要找到我，想了解一下我为什么愿意做那么多齐白石，跟齐白石有什么关系？我告诉他我跟齐白石的关系就是我们都流淌着中国文化的血液。

这个是齐白石雕塑在中国美术馆的展览，跟齐白石的画放在一起。这是在南锣鼓巷齐白石故居里面的齐白石雕像，基辛格访华的时候我请他到那里去看，我跟他讲，中国有个传说，摸过齐白石的手回去就会画画。

这个是齐白石与达·芬奇共同游览威尼斯水城的一种想象。把齐白石和达·芬奇送到一条船上，下面有一段文字：我在船的这头，你在船的那头。

弘一法师的照片很动态。在 20 世纪初期，对于中国人来说照相是个很奢侈的事情。很多人到照相馆去照相，总是把头发擦得很油、很亮，身上穿着西装。但是你说他好不容易有个机会照相，却照自己的侧面，而且是逆光之下的侧面，可见这个人的与众不同。他不在乎自己的长相，更重视的是通过照片来体现自己的内心世界。

这是他饰演茶花女，这是他画的人体模特，这是弘一法师既在红尘浪里，又在孤峰之巅的一个形象写照。他的似笑非笑，他的悲欣交集，就像八大山人。徐悲鸿画他的时候对自己的画很不满意，他认为自己并没有理解弘一法师。有人在文章里写道："看到吴为山先生做的弘一法师，一看就是弘一法师。"把弘一法师的传记看一看，再看看弘一法师的绘画，再看看弘一法师的书法，你就会真正领会弘一法师的内心了。

这是林散之先生，就是黄宾虹的学生，被称为当代的草书大师。这是林散之先生在看一个书法展。林老很高、很大，长得像一个罗汉一样。林散之先生这样一位具有佛教情怀的大艺术家，跟许多人有一种心灵上的沟通，是

一个很善良的人。

这个是我在 20 年前做的林散之像，有 9 米高。这是他写的"春天"的"春"。书法的用笔用墨讲究要达到两个阶段，一个是润含春雨，另一个是甘立秋风。这是林散之拿拐杖的照片，这个是拿拐杖的雕塑。

有人说吴先生所做的老人是从中华五千年文化里走出来的。如果一位老人从他出生到 99 岁一直在深山里面，从没出过那座山，那么他到 99 岁的时候就是个 99 岁的老人。但是林散之先生活到 90 多岁，却是一个 5000 岁的文化老人。这个雕塑曾经在中国美术馆和他的老师黄宾虹的雕像放在一起。

如果有人对书法有感情，愿意研究书法，你们看到林散之这个雕像的时候是有感触的。林散之手拿着拐杖，就像一个艺术家拿着笔，在大地上写字一样。林老有一首诗，"不学张长史"，"张长史"就是指张旭；"不画大涤子"，"大涤子"是指石涛，石涛是清代一个和尚，也是一位大画家。另外两句是"自写胸中山，纵横千万里"。这是他 91 岁时写的一首诗，一个艺术大师的那种创新精神，那种勇于突破前人的勇气，在这首诗中都体现出来了。

这是高二适与林散之。林散之是比较平坦地坐在那里，高二适是跷着腿坐在那里。其实一个人的长相、一个人的坐相都是一个人内心的反映。这是高二适先生拿拐杖的样子，跟刚才林散之先生拿拐杖的样子是不一样的。同样的，高二适书法的风格与林散之先生也是不一样的。高二适的书法像高山流水奔腾不息，体现出一种高昂之气；林散之的书法表达的则是一种情谊。我就是根据这些做了他们的雕像。同样是书法家，也是好朋友、诗友，但他们在一起从来不谈书法，都谈诗歌。就像梁漱溟先生，有人叫他写字，他说"雕虫小技君子不为"，他是有他的道理的。

光写书法是不行的，但凡从历史上留传下来的书法家的作品，没有一件是脱离了他的文化素养的。所以说"文以载道、书以载道"，书法家没有文化是不行的。同样，我们所有研究社会科学的人，不管研究经济学也好，研究马克思主义哲学也好，如果对深厚的历史文化、艺术文化不了解的话，也是会缺少养分的。

下面再谈谈我做的孔子和老子。孔子和老子长什么样子没有人知道，但是他们的哲学思想大家都知道。如果能通过雕塑把他们的哲学思想进行一种阐述，大家就能透过雕塑挖掘到人物的内心。

这个雕塑有 18 米高，立在江苏淮安的钵池山，内部刻满《道德经》，所以叫作《满腹经纶》。这个雕塑在 2002 年获得过卢浮宫的金奖。

这是在意大利展览的老子。为什么要创作这个老子？文字是人与人之间沟通的最好的桥梁。文化的表现形式有很多，其中有三种是比较鲜明的。第一种是造物文化，我们这个时代制作的各种器具与新石器时代和旧石器时代是不一样的，我们可以从这个器具的造型等方面来判断是哪个时代的。第二种是文字记载，如司马迁的《史记》，从那里面可以了解历史。第三种方式是行为文化，就是你的言谈举止。通过行为文化可以看到你所处的时代和国家。宗教国家与自由民主的国家每个人的动作、气象都不一样。在意大利展览的时候，当时要把老子请上台，他们有一种升降机，可以很轻易地把这些小的雕塑弄上去。但是他们知道这是老子以后，几个人把他抬到了架子上去。这是一种文化心态。

下面再谈谈孔子。国家博物馆北广场的孔子像是我的作品。后来因为各种各样的原因，孔子雕塑从国家博物馆北广场移到了博物馆里面的庭院去了。但是这与我本身没有太多的关系，我只是创作。

我当时做孔子的心态是把他作为一种文化的作品，不是把他作为孔子这个人来做的，他是一个立在历史时空当中的文化丰碑。对一个人的价值评判往往要推远到一定时空，看他给这个世界带来了什么。对于孔夫子，我们可以说他伟大，他的道德伦理对后世产生了深远影响，他就像一座山。孔子雕塑的最大特点就是把人体和山体融在一起。所以从上而下来看的话，中国文化有山脚、有山腰、有山顶，层层递进。从左而右横看的话，一线而下，纵横万里，或峭壁奇凸，或峰壑互生。孔子满面春风、满怀仁爱这种文化与自然的双重影响使得他与现在都市环境互相交融，这是自然之法。

春秋时期的孔子在历史不断的发展过程当中得到了新的解释，为各种文化所阐述。老百姓心中的孔子、圣人孔子、知识分子所研究的孔子，每一种对孔子的解读都是不一样的。我做孔子以后，写了四句话，叫作"法古之法始成法，变法求法我为法，法由有法至无法，方得法中之真法"。

有人问我："你做那些大雕塑的时候，是不是你自己画个图，别人去做啊？"我说："不是。"他又问："你是不是做个模型，让人去放大，你就不管了。"我说："也不是，都是我自己去做的。"雕塑的创作是非常自由的、快乐的，同时也是艰苦的，但最终会达到一种心灵的自由。所以我不会把这种自由让给别人。我告诉所有的人，只要是我吴为山的作品，每一个平方毫米都有我的指纹。这就是我的一个承诺。

一个人既要建立自己的价值标准，也要有自己一种不可动摇的力量，只有这样才能把事业做好。这个与在饭堂排队买饭是一样的,这个队人少,大家马上就会站在这个队,那边人少大家又排到那里去,排来排去最终也没能节省时间。有时候人固执一点、傻一点、呆一点反而比较好。学问上没有什么讨巧的,只能是一点一点积累,一点一点收获。

做社会科学就像腌咸菜一样,腌了以后还要去晒,晒了以后要盖,盖了以后要变成菜干子,然后再把它跟那个咸肉放在一起蒸,最后那时候味道香得不得了。自然科学不是这样的,杨振宁先生35岁获诺贝尔奖,有的人13岁就上大学了。我在政协写过一个提案,就是要延长人文社会科学学者的退休年龄,因为人文社会科学越老越有思考。

这个是我做的孔子像(见图9),如何把孔子满面春风的样子,把孔子隐藏的深邃的文化通过一个纪念碑的形式表现出来,是我这么多年所研究的一个方面。截至目前,我做了大大小小几百尊孔子像,散布在世界各地。

图 9　孔子

下面谈谈南京大屠杀纪念馆。国家把12月13日作为国家公祭日,南京大屠杀纪念馆的扩建工程从2006年开始,2007年完成。有一大组雕塑来表现这个历史时期。我们如何看待这个历史事件,如何通过雕塑艺术来表现这段历史，让人们看到后有一种对历史的反思，同时对邪恶势力进行鞭笞，对正义、和平进行伸张，是需要我们思考的问题。在国家和平发展的时候，我们这种居安思危的思想一定不能松懈，要"安而不忘危，存而不忘亡，治而不忘乱"。这个雕塑如何来做，我想绝对不能做日本人屠杀中国人那样直截了当的场面，这种场面照片里已经有，它已经是个历史事实。我们要通过雕塑艺术唤起一种人性深处的最本质的那种善、那种正义感，而不是通过这件事情来激起一种仇恨。对于这组雕塑，我在世界很多地方做过演讲，引起了社会各界的广泛关注。一个中国艺术家走出去，他不仅仅是个艺术家，更是一个中国人，代表着中国的价值观。从文化上来讲，日本在大唐时期派很多人到中国来学习，中国对日本文化的贡献应该是很大的。南京大屠杀纪念馆有一个主基调是"和平"。这个主基调是设计者所要遵循的主题。

这是一组通向纪念馆路上的主题雕塑，所有的人走进来时跟他们相遇，走进去以后就不可能在能看到这些死难同胞后再笑起来了。前面有一个近 12 米高的雕塑《家破人亡》，有个立像的母亲抱着死去的孩子，这个母亲也是中华民族母亲的象征。它昭示着人类的残忍和屠戮。当时我设计的是 12 米，但建筑师不同意，他认为这个雕塑只能做 5 米。但是我想室外雕塑最重要的是它的尺度，你该做到 8 米高的，你做 2 米高，它就不行；你该做 2 米的，你做 8 米也不行。雕塑不一定要大，但是该大的也不能不大。后来经过协调说让我做到 9 米。我说这个也不是买青菜，可以讨价还价，这是一个艺术，就应该这么高。然后又经过协调，认为这个雕塑最低要 11 米，这个尺寸基本跟我的吻合。后来我在做的时候砥柱加了 50 厘米，变成 11.5 米。（听众笑）这个作品做好之后，建筑家何镜堂先生也认为这个尺度做得很好，跟他的建筑特别吻合。所以说，一个"大家"在关键时他会坚持自己的真理，他发现自己错了的时候，或者说他没有那么正确的时候，他能够承认，这也是很不简单的一种勇气。

后来这个雕塑成了一种标志。我们不用在外交场合当中用多么尖利的语言去刺伤对方，或者在写文章的时候写得那么剑拔弩张，我们可以通过一个艺术作品来展示。日本友人看到这个作品后，他们会为他们的先辈犯下的滔天罪行忏悔。

这个就是那个母亲的雕塑，她的脚立在大地上，腿微微下跪，但是她仍不屈地立着，脸仰向天空怒吼着。孩子的身体还软软的，带着体温，但是已经遍体鳞伤，已经死了。这件作品跟写实主义不一样，它里面具有一种想象，

跟山河、大地连在一起，所以它具有更深刻的历史含义。有人建议我塑造一个母亲跪在那里抱着孩子的形象。我说这个不行，作为一个典型性的符号，一定不能跪下来。

这个反映的是求生，表现的是普通老百姓逃难时候的状态。他的手是求生的一种方式，手的语言就是雕塑的语言，我们要在艺术当中把这种心理状态体现出来。

这些都是从大屠杀遇难者中提炼出来的。每个下面都有文字，这里写着的是"恶魔"。当时还有人反对，说不要写这个字，写了不好。但是这些字却点题了，使所有人都能感受到想表现的主题。"恶魔"的飞机又来轰炸了，失去双亲的孤儿在尸横遍野的街巷里受到惊吓。这些都是细节的描写，看原作会看得很清楚。大家到南京去的时候，一定要去南京大屠杀纪念馆。

这是一个13岁的少年和死去的奶奶。这组是表现逃难的。要抓住最根本的人性，因为最感人的实际上就是人性。为什么日本人到那里会掉眼泪？就是人性，他只要是人，他都有自己的母亲，有自己的国家，有自己的同胞，你抓住这一点，抓住死亡，抓住生存，抓住求生等这些关键，它就会具有巨大的感召力。

这是一组逃难者在高墙之下；这是一个女子被强奸以后跳井自杀；这是一个母亲，日本人冲进了她的家。这个孩子现在还活着，已经80多岁了。当时日本人冲进他的家，刺刀刺向他的母亲，他母亲手一抓，日本人又把刺刀拔出来，然后又是一刀，他母亲倒在地上。这时候这个母亲就叫他把他的弟弟抱过来，给这个婴儿喂了最后一滴奶，最后这个母亲和孩子在血水、奶水里融在一起。这是一个真实的故事。

这组雕塑不仅是艺术还是历史，是铁证如山的屠杀史。艺术在表现最深刻的东西的时候，那种感人的力量比一切说教都有作用。

这是一个老爷爷抱着一个3个多月的小孙子，也被"恶魔"杀了；这是一个和尚给一个死不瞑目的少年蒙上眼睛；这是冤魂的呐喊。

最后走进大屠杀纪念馆。到这个门的地方，长长的雕塑就没有了，消失了，我是根据这个建筑的感觉设计的。所有人都必须进入这个门，这是屠宰之门、逃难之门。一只手指向苍天，在发问：这是为什么？

（播放了一个短片，音乐哀缓悲伤）

这些雕塑里最重要的是刚才讲的那个冤魂的呐喊，三角形的那个碑上面我刻了这么几句话：

"我以无以言状的悲怆追忆那血腥的风雨，

我以颤抖的手抚摩那三十万亡灵的冤魂，

我以赤子之心刻下这苦难民族的伤痛，

我祈求，

我期望，

古老民族的觉醒——精神的崛起！！！"

谢谢大家！

主持人：非常感谢吴为山先生给我们做了一个十分精彩的报告。我想很多老师、同学肯定有一些特别想向吴为山先生请教的问题，下面请大家提问。

学生1：对一些与古罗马和古希腊雕塑相关的问题我始终搞不清楚，由此造成我的一种知识上的隔阂。今天听了老师从中国的艺术、历史、传统等方面的讲解，让我突然明白了一些东西，明白了复制和创作、技术和艺术的一些区别。纯理论方面的问题通过书本是可以查到的，但是吴老师这种身体力行的讲解给人带来的收获是通过任何书本都达不到的。谢谢吴老师！

有句话叫作"生活总是和伟大的作品之间存在着某种古老的敌意"。我想问一下您怎么看您的生活和您的作品之间的关系？您的生活和您的作品之间是否存在这种敌意？

吴为山：对于我来讲生活和艺术是融在一起的。尽管我现在比较忙，有很多社会工作要做，但是我会把我的社会工作作为我的一种文化资源。有人问我："你那么忙哪有时间做作品，哪有时间写文章？是不是这些作品是找人代做的，文章是找人代写的？"因为我不会用电脑，所以我所有的文章都是用钢笔或者毛笔或者是铅笔写出来的。有很多手稿都是在飞机上写的，飞机上有时没有纸了，我就把垃圾袋撕开，在里面写。很多时候都是这样的，有感觉就写，然后装订起来交给助理协助做整理工作。

我觉得平时在跟所有人的交往过程中，包括管理当中存在的矛盾，这些实际发生的是最人性化的、最有温度的。这种温度传递到艺术里面去，做出来的作品就不会只是强调学习西方的某个大家的，学习历史上某个大家的这种形式主义的东西，而是在生活实际、在艺术创作当中符合我思想情感和生理状态的那种作品，所以在我看来它是不矛盾的。谢谢。

学生2：我做了很多关于底层人物的作品，也思考了好多问题，今天我想向吴老师提一个我思考的问题。在创作过程中我发现人性本质这个精神性角

度有时和我们所接受的政治意识形态之间是相互干扰的，我想问一下您是怎么来处理这个问题的？

吴为山：我觉得最好的政治应该符合社会发展的规律。我就抓住两点：一是中国传统文化的优秀精神；二是今天的社会生活以及我们对未来的理想。这两点之间要找到一个平衡点，只有找到这个平衡点，你才不会扑空，而且也不城府。所以我做的这些重要的作品都是具有普遍意义的，带到全人类的任何一个地方他们都是认可的。

比如说齐白石这样一个画家，你把他推向世界，大家都认可，这就是一种政治、文化。展示一个民族文化的时候就把这个国家、民族展示出去了。所以作为一个艺术家应该在这方面多做一点工作。我不知道我这个问题讲清楚没有，如果没有讲清楚可以继续探讨。

学生 2：现在我们有些人有一个问题，就是见到日本人就要骂。其实日本这个民族身上有非常多值得学习的东西。包括您做的南京大屠杀的雕塑可能有意无意地也会加深两个民族之间的仇恨，我们很多人有意无意地都会受到这种干扰。但我觉得好东西就是好东西，不管是谁的，我们都要学习。

吴为山：你讲的这个观点就是要学习啊。其实学习他们好的东西和我们记住这些历史史实、让我们居安思危是不矛盾的。你不能说现在只记住它在历史上对中华民族的欺凌，包括在第二次世界大战中犯下的这些滔天罪行，就不去学习它的优秀的、科学的东西了。

日本有不少诺贝尔奖获得者，我也去过日本多次，我跟日本人打过交道，也有很多非常好的日本朋友。中国近代史上很多伟大的人物都是从日本留学回来的，像郭沫若、鲁迅、弘一法师等。我们今天来创作、来打造这样一组雕塑，它的立场实际上是记住历史，记住历史主要是立足历史，而不是说记住历史我们就不去向它优秀的科学技术学习了。

学生 3：吴老师您好，我有三个问题想请教您。第一个问题，您的雕塑已经形成了自己的一种雕塑风格，我比较感兴趣的是您在形成自己雕塑风格和雕塑语言的过程中受哪些雕塑大家或者哪些流派的影响较大？第二个问题，您能不能给我们介绍几个您最欣赏的古今中外的雕塑大师？第三个问题，您的雕塑基本都是一些政治人物、文化名人等，我想问一下您为什么要集中在人物雕塑这一块？

吴为山：首先谈我的雕塑风格的形成，最早受到西方雕塑的一些影响，一方面，因为那时教我的一些老师都是留学苏联或者是留学法国的，所以从他们身上我学习到了很多西洋的传统，包括素描、写生等。另一方面，我在十几岁的时候接触到了民间艺人，民间艺人个个都是高手。他们用的都是中国的传统方式做泥人的，通过这个手一摸一刮，出来的东西就非常圆润、非常饱满了。我觉得民族的文化在与世界的对话过程中要有自己的文化身份，同时世界文化是多样性的，你只有把自己的这一块强化，它的价值才能得到最大的发挥。但是我们强调，自己的民族文化一定是在不断地创造当中发展的，所以应该吸收很多西方的传统。

我的人文雕塑跟古代的那些俑不一样，因为古代那些俑不是做某一个具体的人，所以不强调个性，都是一个模子做出来的。秦始皇兵马俑基本上都差不多，它不像西方的写实主义雕塑，做出的伏尔泰就是伏尔泰，巴尔扎克就是巴尔扎克，做出的人都惟妙惟肖。东方的雕塑基本上是符号化的、概念化的。所以我如果要塑造中国人，就要借鉴西方的写实主义。

我1996年出国的时候最大的梦想就是看西方大师如何做雕塑，看他们的原作。我去了以后如饥似渴地到各个国家去看，到博物馆去看，看他们眼睛怎么做，耳朵怎么做，头发怎么做。但我也不能说用这个方法去做所有的中国人，比如孔子、老子，只有用古法才能塑造那个时代的人。中国古代绘画不是写生，而是默写，是靠记忆、靠想象去画这个古人，已经形成了一种古意。所以还要看现代人画古人怎么画。这样两者结合以后，这个方法就比较综合了，既能表现出中国的古人，也能表现出中国的现代人。

所以从我个人来讲，像米开朗琪罗，像古希腊雕刻，像古埃及的雕刻，包括巴洛克以后、罗丹之后的，还有现代主义的，对我都有很大影响。我的作品形式感比较强，这就是从西方现代主义吸收的营养，不但吸收它的古代，还吸收它的现代。

另外，中国传统的写意雕塑也是我学习的对象，像兵马俑甚至民间的泥娃娃手法我都有学习。更重要的是，我在中国的书法、绘画当中学习了很多的方式，包括它的文化理念，我把这些东西也都融入我的雕塑里面去了。

要谈到我对这个学科做的一点事情的话，就是如何把中国这种无形文化精神融入雕塑当中去，把有形的书法、绘画的造型方式，包括中国古代的造型方式融到西方写实主义当中去，来创造自己写意风格的雕塑。

我对中国传统的雕塑有一个"八大风格论"，以前没有人这样总结过。要在传统当中去学习，而不仅仅是把学院主义这种方式作为唯一的学习标准，或者对象，或者进行创作的一个母本。我是在东西方的对话和启悟当中来发

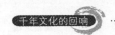

展自己的艺术的。

　　主持人：今天的讲座就到这里，感谢吴为山先生给我们做了一次非常生动的、丰富的关于雕塑的讲座。我个人理解雕塑就是历史一瞬间的凝固，也是雕塑者本人的文化背景、思想理念的一种凝固，这里面的内涵是极其丰富的。我们之所以通过一个雕塑就能够有很多的收获，原因就在于雕塑家有非常丰厚的文化底蕴，有非常丰厚的艺术造诣。让我们再次以热烈的掌声感谢吴为山先生。我们这里有一个讲座的纪念品，送给您。

　　谢谢大家，谢谢吴为山先生！

（讲稿整理：阎沐杉　图片整理：徐芳）

艺术之路上的体悟

濮存昕

主持人　文学国（中国社会科学院研究生院副院长）：今天上午我们非常荣幸地请来了北京人艺的国家著名表演艺术家濮存昕老师。北京人民艺术剧院和中国社会科学院研究生院基本上是齐名的，不同的是：我们搞的是学术，他们搞的是艺术，而事实上学术和艺术之间又有许多共同之处。

我本人也是人艺的忠实观众，《茶馆》的各个版本我都看过，当然也看过濮老师的那个版本。濮老师是深受广大人民群众喜爱的艺术家，从小孩到老人，都特别想和他见上一面。今天由我院韩老师与濮老师对话，一个是美女、一个是帅哥，这个搭档应该不错！我们热烈欢迎！

主持人　韩育哲（中国社会科学院研究生院团委书记）：今天是个特殊的日子，不知道濮老师在来的路上有没有注意到，校园里有我们团委的同志们制作的展板。今天是 12 月 9 日，一个非常值得纪念的日子，在这个有着重大历史意义的日子里，我们能非常荣幸地请濮老师来到"笃书讲堂"，又为这个不寻常的日子增添了浓重的一笔！

大家是否有同感，坐在我面前的濮老师与电视荧屏上的濮老师不太一样，用文院长的话说，能跟这样资深的帅哥面对面地近距离接触，非常荣幸。我跟濮老师还很有缘分，据我所知，您是 1953 年出生的，咱俩都属蛇。

濮存昕：对，我是 1953 年出生的，都有点儿秃顶了。平时头发比较爱立着，得把它压下来，没想到它今天见到社科院研究生院的同学们也知道注重形象了。

主持人：大艺术家不但如此平易近人，而且非常幽默。濮老师今天做

客"笃学讲堂",演讲的题目叫"艺术之路上的体悟",可想而知,讲述的是艺术家一路走来的心路历程,还有对人生的一些感悟。我想还是从您最早当知青的时候说起吧。因为大家都说,艺术源于生活、高于生活,我想,您肯定是在丰富的人生经历中汲取了养分,并且以此来滋养您的艺术创作的。

这位老先生大家认识吗?这是濮存昕老师的父亲——苏民老师(见图1)。据我所知,苏老师是人艺的元老,下面有同学疑问:为什么姓苏呢?

濮存昕:苏民是他的笔名。我父亲1946年入党,后来做地下工作,是城工部刘仁的手下。当时他们做"进步戏剧",就是用戏剧团结学生那样的活动,他们的剧团叫"祖国剧团"。有个话剧叫《最后一步》,讲的是北平地下党的剧团要撤退到解放区,写的就是他们的事。当时中转的人中有我母亲,我

图1 苏民先生(北京人民艺术剧院演员、导演,中国戏剧家协会会员)

母亲帮助地下党从天津那边转到华北大学。20世纪40年代初,我爷爷给我父亲起了个号,因为他是江苏籍,就用"苏"和"民"两个字。从此以后他就沿用自己的号,沿用到后来就叫苏民。我用的是本姓,我父亲的不是本姓。

主持人:这个名字显然是一个时代的产物,也是一个时代的标志。据我所知,濮老师自从下乡,甚至在下乡之前在学校里就酷爱艺术,经常会演一些小话剧。可能那个时候是无意识的,但事实上,好多看似偶然的经历,现在回头去想,都有一些必然在里面。当然,这也与父亲潜移默化的影响是分不开的。我知道您父子感情特别好(见图2),但是有没有因为对某些剧本或者人物的理解不同,而有过分歧和不愉快呢?

濮存昕:当然有。人和人之间怎么可能全部都一样呢?另外,我们年轻人学到一定的程度,在实践

图2 与父亲苏民

中，虽不一定要标新立异，但当我们必须融入进去的时候，一定是创新的，以一个新的生命体进入这个学科。人的思维是用自己的生命孕育起来的，用直觉，更多的是用记性去做判断。因为直觉和记性，实际就是你的学养和经历。你不把自己摆进去，你就永远是一个描红模子的人。当我们到了二三十岁，身上的肌肉都成疙瘩的时候，甚至我们看到父辈的缺陷、局限的时候，应该怎么对待他们？完全继承传统、做一个唯唯诺诺的好学生？那这辈子没有什么意思。我们必须把自己的对和错在实践中呈现出来，错了就是错了，现在不明白没关系，五年后，事实可能证明我是对的，也可能证明我是错的。但是如果没有这种真诚，你的生命会一塌糊涂，就混混沌沌地过去了，没有意义。我的父亲曾经干革命，后来他做戏剧，我爷爷很不喜欢，怎么干这个呢，不是下九流吗？我父亲喜欢，所以他坚持做，事实证明他是对的。

今天的我们成长起来了，时代属于我们了，在我们生命的一个轮回中，有发言权的时候不要唯唯诺诺地只按照老先生的话做。

主持人：您是指在艺术创作中，还是在人艺的发展问题上？

濮存昕：在关于创新和人艺发展的问题上，有时候讲着讲着，如果突然间嗓门儿高了四个八度，就不能再谈下去了。现在和20世纪五六十年代完全不一样了。现在都有胶囊列车了，去纽约很短的时间就到了，到上海好像也就几分钟的时间。再过段时间，我们的思维方式又要发生变化，特别是学传统文化的人，对这个世界的变化会有一种恐惧感。和当年蒸汽机出现的时候一样，我们要面对很多调整，怎样才能认识这个天地，认识这个世界，认识这个社会，认识我们面对的那些人？我们需要认识很多和我们已有的认知不一样的人，而且这些人在左右着我们，这个时候我们应该怎么办，这是一件很纠结的事情。

同样，在艺术上也是这样，艺术和你们所学的人文学科是一样的。怎样才能两全？我想起《哈姆雷特》的台词：世界上没有对错二字，都是每个人的思想把它分辨出来的。思想是怎么形成的？一定是生活、生命以及经历多年慢慢形成的一种东西，把它确立起来的。

当一种非主流思想成为主流的时候，我们就会想怎么会这样？似乎有点儿道理，但是仔细分析绝对是谬误。我们经常要面对这样一种思想的纠结。比如很多东西处在创新初期时还不太完善、很稚嫩，但是我们知道它将来可能是对的一种状态。可是前辈们不同意你的做法或想法，那你就放弃吧，能够有办法自己出去做事就出去，没有办法就回来做一个老实人，就是要容忍。

就像我容忍刚才堵车的困境，不用生气、着急。不管怎样，最后我还是到这里来了，只是时间的早晚而已。我就打个比方，我们生活中天天遇到这样的事。

主持人： 濮老师您是什么时候结束知青生活的？

濮存昕： 1977 年 1 月结束的知青生活。

主持人： 结束知青生活就考入空政话剧团了吗？我觉得您刚才说的人生有很多无奈，包括在艺术道路上也有很多。为什么您进入人艺之后大家对您更有共识的是"人艺长子"这个称号？这个称号是怎么来的？是因为苏老师是第一代的艺术家，所以您就是第二代的，还是说您是人艺招的第二批成员，同时又是从事艺术的老大哥？

濮存昕： "长子"这个词是前几个月何冰写的一篇文章里说的。一个刊物约我谈剧院的事，谈着谈着就谈到"濮哥"，弄了一个标题到网上就成了"长子"，我不敢当。人艺的基因里面，剧院子弟就认这个剧院，他对剧院有着一种遗传的认同。有人说"我是人艺的儿子，我是正宗的，是世袭的，我只排演那样的话剧，只忠于中国所谓的话剧学派，我们要用中国的艺术去抗衡西方的艺术"。但我不敢说我是人艺的儿子，虽然我爹是，但是我不敢说。你们是不是也面对这种困境，不敢说呀？而且人艺是他立的这个规矩，就是子女不许走后门进剧团。比如有一位同学来考试，说这是剧院里某某的儿子，希望能"照顾一下"，肯定行不通。我是剧院里唯一一个剧院演员的子弟，但绝不是靠关系。

主持人： 这是精神的传承。

濮存昕： 人艺培养了好几批学员，从高中毕业就开始培养，像宋丹丹、梁冠华、何冰、徐帆、陈小艺，他们一走进社会就到了人艺，是人艺把他们引领到艺术道路上来的。他们是很感恩的。现在学院毕业的孩子，跟剧院就是雇佣关系，没什么感情，这将来可能就是一个很大的问题。当然北京人艺这种作坊式的建院发展模式也有问题，将来也得走向非常细化的管理状态。因为随着商业社会和市场化的推进，我们不能老是"戏比天大"，老是奉献文艺事业去做事情，很多东西要改变。我在脑子不清楚、最痛苦的时候就喜欢背台词。

主持人： 您的意思是相对于人艺副院长来说，您可能更愿意做一个纯粹的演员在台上尽情挥洒？

濮存昕： 社会学科太复杂，我没学过。管理学科也太复杂，我只会把自己弄好，当教练都不行。有人说："那你当导演啊，你看你这么能说。"不行，我也不知道我为什么就不行。而且到这把年纪了，我该守关了，我锐气越来越少了。我也知道在这些方面自己有些问题，但我最没问题的就是面对观众。我面对所有的人，眼睛是平易近人的，跟大伙在一起相处，这是最没问题的。

主持人：这是作为一名出色演员的本色，无论何时都能保持一颗纯粹的赤子之心，对待观众平易近人，让我们非常钦佩。在座的同学们也任重道远啊！我们在求学的道路上也要学习濮老师，像他那样既努力探索又不忘初心。您从1986年到人艺至今已经有二三十年的时间了，您算过自己演过多少角色吗？

濮存昕：以前数，跟自己家有多少宝贝似地数，现在已经不数了。

主持人：以前是如数家珍，现在也许是因为演的形象太多，数不过来了。

濮存昕：嗯，五六年前数过，这两年就懒得数了。大概有40来部吧。

主持人：濮老师出演过很多像《雷雨》（见图3）、《窝头会馆》（见图4）、《茶馆》（见图5）这样的人艺看家大作，对于这些作品，话剧迷们是一定要看的。

您作为人艺的副院长有没有某种忧患意识，就像您刚才说的，原有的体制可能存在一些问题。另外，面对大众口味的多元化和意识形态的不断变化，我们的话剧又应该如何推陈出新、与时俱进呢？

图3　《雷雨》剧照

濮存昕：不要忧患，有多少先闲们都是忧患而去的。鲁迅先生说过，真正的知识分子是能够从天上看到深渊的。因为知识分子凭借其洞察力一下就能看到结果。

没必要杞人忧天，总有人吃饭，所以饭馆不用担心，也不用担心饭馆。中国人有口福，现在的饭馆都混搭了，有人喜欢坚持自己的口味，有人就喜

图4　话剧《窝头会馆》中饰演前清落魄举人古月宗

欢混搭。总有人看书，总有人想问题，总有人看戏，当然不是所有人都看戏。

文是雅，艺是俗，我相信永远有人在阅读，所以肯定需要社会学科；演戏也肯定有人看，所以只要你演好了，就没必要担忧。因此我一点儿也不担心。但同时，我想起了俄罗斯的一名芭蕾舞演员，他说过一句话。他说："我不担心没有芭蕾舞团，我只关心有没有芭蕾舞教育，只要有'一嗒嗒、二嗒嗒'的严格教育，就永远有芭蕾舞。但如果这个动摇了，芭蕾舞可能就没有了。"他说的这句话使我特别有感触。我们的艺术教育在什么地方？如果我们的艺术教育也跟着市场化、

图 5　话剧《茶馆》中饰演常四爷

商业化，追求"效果化表演"，那么表演艺术跟着也没了。我甚至有点儿像从高空看到了深渊，我看到了可能出现的灾难是什么，就是一个泛娱乐化的社会。真正的艺术品质在意大利文艺复兴时期出现过，在中国唐宋时期出现过。20世纪三四十年代有一个中西合璧的非常特殊的时期，中国文化出现了非常了不起的一个闪光、一个展示。那么今天还会不会有？如果教育被干扰的话，真才实学给不了孩子，那可能就会有问题。现在的艺术教育就是这样。

专业是什么？专业的精神是什么？专业的系统是什么？这个东西不能够被利益动摇，要从小到大老老实实地接受教育。我们要形成一种品质，形成我们专业的、不为所动的精神。

主持人：濮老师所言极是。

濮存昕：我是幸运的，像割麦子一样每天演出，一天900个观众，我演100场，就有9万名观众。我要出去拍个电视剧，一集至少十万块钱，这都是很寒碜的价钱。但是，我觉得我不缺那个了，我拍过一个《来来往往》就够了，我拍得倍儿好，我自己都觉得谁都没演过我呢。开个玩笑哈！

我现在在剧院里做行政工作，如果天天指手画脚，那麻烦死了，做出个样儿给大伙儿看就行了。

主持人：这就是榜样的力量！

濮存昕：于是之老师年初走了，是之老师是我的榜样，当然我不会学他，就像我们不会学鲁迅一样，但是鲁迅的精神和感召，我们要传承下来。你学他你就要死，毛主席都说了，"鲁迅要活着的话不是进监狱就是被打成右派"，

他是发牢骚的人，就是出问题捣乱的人。但是社会在发展，哪儿能没问题呢？

当年我演弘一法师的时候，是在灵隐寺的大雄宝殿拍摄的。演到他出家剃度，刀子把头发一缕一缕地往下刮，我泪流满面。当时我想要不要也像他一样，遁入空门？但是我没做到。我还想演戏，我又回来了。但是那一刹那很重要啊！

咱们再说回北京人艺的发展，将来会不会还有人看话剧，北京人艺还会不会存在？不要想这个。1992年，老前辈们集体退休，以《茶馆》封箱义演，然后报纸上突然出现了《北京人艺的旗帜能打多久？》的报道，现在不也20多年过来了嘛，我们还演呐！我们今天成了当年的于是之，还在纠结北京人艺行不行？很多老前辈，一退休，办完退休手续，除了报销医药费，人艺的大门都不进，演的戏都不看。我们当年演的戏，其实没人看，或者很少有人在看。这没关系，我们自己慢慢地、认真努力地把话剧做出来，和同时代、同年龄的观众进行交流，当他们信任你了，就掏钱买票了。一张票挺贵的，最便宜的票也一二百，最贵的票八百多，但是人家信任你、期待你，你总是在创作，人家就来买票。

主持人：濮老师的话质朴无华，让我们向濮老师致敬。最近几年您的影视作品确实很少了，您基本上都在致力于话剧的创作。我们一起来回顾一下濮老师早些年经典的影视作品。

濮存昕：这是电影《大漠紫禁令》、《最后的贵族》（见图6）、《鼓上蚤传奇》、《清凉寺钟声》、《杨贵妃》、《云南故事》（见图7）、《蓝风筝》（见图8）、《梁山伯与祝英台》、《说好不分手》、《洗澡》的剧照。这是电视剧《编辑部的故事》（见图9）、《三国演义》（见图10）、《我爱我家》（见图11）、《一场风花雪月的事》、《英雄无悔》（见图12）、《来来往往》（见图13）、《光荣之旅》（见图14）、《曹操与蔡文姬》、《天下第一楼》、《失乐园》、《公安局长2》（见15）、《男人底线》、《闯关东2》（见图16）、《血色婚姻》、《金太郎的幸福生活》（见图17）、《推拿》的剧照。

图6　电影《最后的贵族》
中饰演陈寅

图7　电影《云南故事》中饰演军官夏沙

图8　电影《蓝风筝》中饰演李少龙

图 9　电视剧《编辑部的故事》中客串诗人田乔

图 10　电视剧《三国演义》中饰演孙策

图 11　电视剧《我爱我家》中客串阿文

图 12　电视剧《英雄无悔》中饰演公安局长高天

图 13　电视剧《来来往往》中饰演商人康伟业

图 14　电视剧《光荣之旅》中饰演军人贺援朝

图 15　电视剧《公安局长 2》中饰演刑侦队长黎剑

图 16　电视剧《闯关东 2》中饰演抗联战士魏德民

图 17　电视剧《金太狼的幸福生活》中饰演教授

　　主持人：接下来我们看一下刚才濮老师说到的《一轮明月》、《弘一法师》和《鲁迅》等作品的片段（见图 18、图 19）。

　　濮存昕：当年演鲁迅的时候，报纸上有一个豆腐块儿大的地方写着"电影《鲁迅》零票房"，我当时气愤至极。

　　主持人：这些作品的化妆技术真是太厉害了，根本无法跟您本人对应上。我们真真切切地领略了这些角色的魅力，人物刻画得层次丰富、个性鲜明。

　　濮存昕：《鲁迅》这部影片是上海电影集团做的，当时做得很艰难，最后上海电影集团和《解放日报》各注入了一半的资金才得以拍完，花费了 1700 万元，当时还是 2005 年。

图 18　于电影《一轮明月》中饰演李叔同

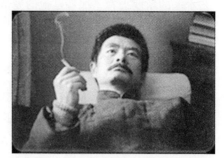

图 19　于电影《鲁迅》中饰演鲁迅

主持人：在 2005 年这也算是一个大制作了。

濮存昕：很多人期盼着《鲁迅》这部电影能拍出来，赵丹先生曾经特别想演，最终没演成。

鲁迅的《〈野草〉题辞》是知识分子的，或者说是鲁迅自己的文化宣言。弘一法师，他的艺术，他写的歌、做的曲子、画的画，哪怕他的书法，在今天看来，可能也有比他更精彩的，可为什么弘一法师到今天对于大众，特别是在知识界还有重要影响？因为他的生命境界是很多人所神往而不可及的。

主持人：弘一法师开创了很多先河，据我所知，他是中国第一个用人体模特进行艺术创作的画家，而且在日本创办了中国第一个话剧团体。

濮存昕：他和吴启梁（音译）一起画裸体画，留学日本的时候组织了"春柳社"，演《茶花女》，然后集资为浙江赈灾，这是中国国人话剧的开端，所以他也是我们的祖师爷。

主持人：所以您一定要演他，是不是也有这方面的原因？

濮存昕：对。

主持人：您演到弘一法师最后的时候，非常清瘦，除了跟化妆有一定的关系外，是不是您为此专门减肥了呢？

濮存昕：不瘦，怎么有权利去演呢？

主持人：这就是艺术家对艺术的执着和追求。弘一法师修行的属于佛教的哪个宗派？

濮存昕：他修的是南山律宗，已经失传很多年了，大概有七百年以上吧，戒律非常严格。他过着非常清苦的生活，没有人能做到。有那么多禅宗，弘一法师不学，为什么学这个呢？我觉得他是要忏悔，要克己，他必须用非常极端的办法惩戒自己。那又是什么东西让他必须忏悔？通过研究剧本人物，从一个

艺术家的角度去看，那就是他的爱情。我是这么遐想的，才能够演得那么决绝。

主持人：您 55 岁的时候写了一本书——《我知道光在哪里》，这个名字是您自己取的吗？

濮存昕：是我们一个编辑取的。取名字的时候，人们容易矫情，同时要美化、提升，要么有诗意，要么能讨好受众。他说："这是我采访您的时候，您无意中说的一句话。"当时我很担心——难道只有你知道光在哪儿，别人都不知道？"光"实际上是我们所有人都要去拥抱的事物，是最适合人生思考的事，实际上就是一个睁眼闭眼几十年的事。

主持人：您所谓的"光"是一种追寻，一种方向，还是一种感悟？

濮存昕：应该这样讲，你不可以说："真理都在我这里"，但是你要知道，你每时每刻都在寻找真理。因为你怎么样去生活、怎么样去处世、怎么样去为人，这些都是在找"光"，都是在"光"下舞蹈。舞台上"光"闪闪的，演员们都往里头跳，沾着演员这一角色就离不开了。张艺谋的电影《一个都不能少》里，农村的一个孩子沾上了拍电影，结果她现在在美国学导演专业呢。演员怎么一沾表演就离不开了呢？人生需要"表现"这种潜在的愿望，虽然我们大家都不这么认为，但不得不承认你们也有"表现"的愿望，因为你有你的精彩、你的感受，然后你想要影响别人。你有这种快感，你有这种愿望，你就有这个东西。但是，光一打，幕一开，你在台上，人家在台下，有掌声了，这个就放大了，你对自我价值的表现欲就放大了，你陶醉得就离不开了。因此，"光"同时也是名和利的陷阱，但是真正在里面有幸福感的人，一定不只是为了名和利。

我小时候，对戏剧似懂非懂。在剧院前面，我看我爸演戏，因为看不懂就天天跑后台，所以后来就让我朗诵。"为人进出的门紧锁着，为狗爬出的洞敞开着，一个声音高叫着，爬出来吧，给你自由"，这是《红岩》里的诗歌。我一朗诵，就获得了掌声。掌声是驱动你把这件事干到底的一个动力。我做公益事业，预防艾滋病，获得掌声，乐此不疲。为了掌声、支持和赞誉，当然还为了自己，因为我确实感到快乐了，那我就继续演、继续做。

人真正使自己永远都在发光，是一个什么境界？你不只在找光，并且你自己在发光，你自己就是光体。这和弘一法师一样，弘一法师不是国学老师，但他的国学比国学老师好。他不是外语老师，但他的外语比外语老师好，他的物理比物理老师好。他就是一个教音乐、教美术的，他怎么在其他方面就比别人都好？因为弘一法师修行了，他脑后有"光"，同学一见他，马上肃正。谁都害怕弘一老师，弘一老师绝对不打骂学生，他看到同学做得不对，吐痰了，他跑到同学面前鞠一个躬，扭头就走。丰子恺先生回忆录里写的就是这个，他说他脑后有"光"。我们每一个人，如果你是一个特别有力量、从里到外都对的人，你就有了"光"。这就是我为什么这么愿意把自己的人生完成好。20多年了，我特别想把自己的工作、学习和生活安排好，与别人的合作做到最好。人真正的快乐在哪儿？就在不断完善自我的过程中。

丰子恺先在纪念弘一法师的文章里说，人生不过三层楼，第一层，衣食住行、妻子儿女、荣华富贵，物质生活为第一层。第二层，不满足自己现状的人，有人生角力的人，他还有力量，他一抬头，原来还有二层楼。他跑上去一看，上面很快乐啊，二层就是精神生活。它能让你感到快乐，包括你的思想、你的感知，这些东西特别和谐温暖，并且适合生命，这叫精神生活。他把精神生活比喻成文学艺术，文学艺术是最能唤起你精神生活中所有渴求的。艺术、文学，包括文字、思想都是有快感的，我们做学问的人，一定是快乐地在想事情，快乐地接受新的思维方式。但是他又说，"精神生活往往是昙花一现的美景"。钱钟书先生说："为什么笑叫快乐呢，因为特别快就没了，所以叫'快了'，很快就没了。"但是你不可能永远傻笑，所以说精神生活往往昙花一现。第三层是灵魂生活。灵魂生活探究永恒，比如人从哪儿来，到哪儿去，这件事为什么会发生，又是怎么结束的，这也是社会科学院在研究的事情。但不可能有一个永恒不变的范式。我们今天已经形成了一些定势的逻辑、定势的社会结构、定势的人际关系、定势的利益分配格局，这些在一定的时候需要改、做些调整，哪怕改良都成，但是一定要改。永恒的往往是宗教的，在第三层楼修行生活的人，在一定程度上要远离第二层和第一层。

主持人：您说的这三层其实是三个境界，也可能是一个认识和追求的过程。

濮存昕：是的。最明显的是刚才看易卜生《建筑大师》（见图20）中的一个场景，我演的这个人叫索尔尼斯。索尔尼斯老了，他突然间觉得生活无

图20 《建筑大师》剧照

味，他曾经为宗教热情地盖教堂，为他的信仰盖教堂。突然有一天他不盖教堂了，他背叛上帝了。为什么？他认为自己的命运受到了太多的不公。有一天，他盖好最后一个教堂塔顶的时候，把花环挂到塔的风向标上，面向上帝说："我不会盖教堂了，我要去盖民居"，他就抛弃信仰落入世俗。在世俗的空间中，他成为建筑大师，有名又有利，最终成为一个霸气的国王。但是这时候他觉得自己十来年所盖的东西都是垃圾，没什么艺术价值可言。他最害怕自己的助手超过自己，时刻警惕他，不许他独立工作，不许他做创意，只能画图。他非常残酷地压制这个年轻人的能力，而同时，他那种老年的魅力，深深地把这个助手的未婚妻给迷住了，他占有了她，悄悄地跟她维系情人的关系。就在他纠结的时候，突然间，他说："我快要亡了，冥冥之中我觉得运气将要从我这儿离开，会有人来敲我的门把我赶走。"正说着呢，忽然有人敲门，是一位少女："嗨，不认识我啦？"他说："你是谁？"女孩儿说："你不认识我吗？我是你十年前吻过的那个孩子。那天晚上，只有我一个人在场的时候你吻过我，说让我当公主，给我一个王国。我想了十年，今天正好是 9 月 19 日，我来了，给我王国，我当公主。""当时你还是孩子？""对啊，我可不是一般的孩子，那时候我 13 岁，现在我 23 岁了。"索尔尼斯很紧张："你什么目的，为什么到这儿来？"他们俩开始谈话，他把自己所有的纠结向这个女孩儿倾诉，他们痛痛快快地聊完之后，他突然间知道了："我不是什么都不盖了，我要盖唯一使我相信有快乐的地方。"他这句台词，似乎是这个戏精神命题里面的一个点，即我们要快乐地生存。

王小波的《黄金时代》里似乎有这么一句话，大概意思就是，我们生活中有太多重要的事情，责任、理想、上级、同事，然后，我还要担当点儿什么，我还要信誉，我还要我的脸面。这些事儿要是过不了关，就会跟阮玲玉一样服毒自杀，即使腰缠万贯，也是一个精神贫困者。王小波说，不要忘了乐趣。当你的付出没有得到应有的回报，当你觉得付出毫无价值的时候，你会不快乐。所以演戏激动的时候，我觉得一个演员既是在塑造角色，同时角色也在塑造演员。我演李白、鲁迅、弘一法师还有索尔尼斯，有人说："你是不是也体会过其中的残酷性，是否因为人生中有过类似的经历才演得这么深刻"？

我突然间想到一句话，这句话是我得到最高奖的时候说的，那个奖给了我 100 万元，我觉得"烫手"，又把它捐出去了，那个奖就是"中华艺文奖"。当时我发表感言，不知怎么就说了那句话，我说一切都使我充满了感激，充满了对评委的敬意，因为他们都是大家。另外我觉得，得奖对于我而言，仿佛就是今天的事情。我把喜欢的一句话跟大家分享一下，叫"晓暮不因钟鼓动，月明岂为夜路人"。

我似乎是从四五十岁的时候才开始系统读书的，十几二十岁的时候，我绝对不读，我的运气特别好。传统文化也好，演的角色也罢，它们在台词中给我的这些启迪，使我今天觉得，我仿佛能解释自己，解释好自己就能解释好别人。在解释不好自己的时候去解释别人，就可能要争吵。

主持人：濮老师字字珠玑、句句箴言！一方面您外化地塑造了经典的荧屏形象，另一方面您把人物精神层面的东西都内化成自身的一部分了。您用了很多特别有价值的台词，跟我们分享了您演艺生涯里的一些感悟。我认为濮老师是一个既内在地实现了自我价值，又外在地向他人传播正能量的一个人。众所周知，您也做了很多公益，并且多次献血（见图21）。

濮存昕：我的年龄现在已经不允许我再献血了。

主持人：其实更早的时候，您还呼吁过保护白鳍豚吧（见图22）？

濮存昕：说到这个事，真的很无奈，白鳍豚已经没了。

主持人：您同时也做过艾滋病的形象大使，能跟我们分享下您的这段经历吗？

濮存昕：我是他们在找的形象大使之一，后来我就答应了。拍公益广告的时候，我得骑着自行车，看到年轻人，然后引出那句话："年轻人一定要注意保护自己啊！"拍自行车那段的时候，是在上海的淮海路，我就坐在一辆车上，然后拿一个卸下来的自行车把，放在前面假装在骑自行车，周围的人都在看我的洋相。

图21　无偿献血

保护水生野生动物

图22　保护白鳍豚

主持人：濮老师做过的公益事业很多。您总是用最平实朴素的话语、最朴实无华的艺术表达和感动着所有人。让我们用掌声祝福濮老师艺术事业四

季常青、风范长存！

主持人（文学国）： 濮老师跟大家交流了这么长时间，同学们是否有关于艺术与人生方面的问题需要向濮老师请教的？

学生1： 濮老师，我有一个关于朗诵的问题想请教您。我知道您之前经常担任曲艺节的评委，您既是一位非常出色的演员，也是一位非常出色的朗诵艺术家。您认为诗朗诵和表演之间是一个什么样的关系？在朗诵过程中应不应该融入表演的成分，或者说是角色扮演呢？谢谢您！

濮存昕： 朗诵不是自己演，是传递作品，要通过语言把情景说清楚。我们剧院的老前辈给我们讲台词时说："你们别把台词当词，演戏别演戏，演人！"台词、诗文里面写的是什么东西？它里面当然有理、有情，但它传递的东西原本是什么呢？先别说抑扬顿挫，这个不是最重要的，最重要的是传递文学本身想表达的东西。你是作家、诗人的代言人，你自己不重要。当然我也一定要向很多老师，如孙道临老师、乔榛老师学习，他们口齿很厉害，这是技术，没有技术你怎么可能把那么多充沛的情感表达出来？所以你得先有技术，得先把中国字音里面的那些字头、字音、字尾，中国语音里的四声，中国语言中传递的意图，中国文字里面的一字多意、一字多音，这些学问弄明白了，在此基础上要特别注重感情的表达。最后一点，是焦先生说的，也是我最高的一个追求，就是与观众共同创造。戏剧都是从西方来的，焦先生在20世纪50年代探讨中国戏剧民族化问题的时候，也感到了中国戏曲、曲艺艺术具有了不起的精彩，可是当时我们故步自封，就没把这个学问弄起来。

要回到原本上去想问题，回到和观众发生交流的那个点上去想问题。我们的欣赏水平决定着我们的审美水平。当我拿着剧本看，第一个直观、直感、直觉就应该是这样子的。为什么呢？当你从观众的角度去想，慢慢你就进入了；当你成为一个创作者的时候，你就开始纠结了。如果你是一个特别有能力、聪明的演员，在进入的过程中，你要时常出来，时常用审视的办法看待问题，这样就会指导你去伪存真、去繁从简。不要忘记观众，不要按照标点符号说词，不要老想着自己这么朗诵一下从而让它洋溢一下、深沉一下。作家原本是什么意思，我的直觉是什么意思，我想跟你们表达什么意思，这些才是最重要的。

主持人（文学国）： 非常感谢濮老师今天上午给我们做的精彩讲座，希望濮老师以后还有机会多跟我们的同学们交流。谢谢大家。

（初稿整理：阎沐杉　图片整理：徐芳）

后　记

　　最惹人忆是时光，笃学四载不寻常。2011 年整体迁至良乡高教园区后，中国社会科学院研究生院一直精心打造以"治学·社会·人生"为主题的高端系列讲座——"笃学讲堂"。

　　四年来，"笃学讲堂"不断地发展、进步。一是内容丰富，从最初侧重的社会科学领域，发展到如今艺术、社会人文科学、自然工程科学的全覆盖；二是受众扩大，从本校研究生院的在校师生，扩展到高教园区乃至北京市兄弟院校的慕名而来者，家人与客人济济一堂；三是传播媒介多样化，从研究生院图书馆的幽静讲堂，到研究生院外网跃然而出的"笃学讲堂"栏目，线下与线上有机交融。

　　应该说，成绩的取得，除了工作组成员的集体努力，更有赖于各位拨冗前来的重量级嘉宾的全力支持，有赖于研究生院领导乃至社科院领导的亲切关怀，有赖于研究生院各部门的积极配合。在此谨致谢忱！

　　值此"笃学讲堂"第三辑付梓之际，还要感谢社会科学文献出版社领导和编辑们的大力支持。是他们的辛勤付出，让出自大家之口的珠言玉语，变为跃然纸上的锦绣文字以及散落其中的箴言哲句。

　　欢迎社会各界朋友，通过中国社会科学院研究生院外网的"笃学讲堂"栏目，关注我们的动态，并诚邀您向我们推荐主讲嘉宾，愿我们一同携手，使"笃学讲堂"臻于尽善，趋于尽美。

图书在版编目（CIP）数据

千年文化的回响／黄晓勇主编 . —北京：社会科学
文献出版社，2015.11
（笃学讲堂）
ISBN 978 - 7 - 5097 - 7806 - 7

Ⅰ.①千…　Ⅱ.①黄…　Ⅲ.①社会科学 - 文集
Ⅳ.①C53

中国版本图书馆 CIP 数据核字（2015）第 159096 号

· 笃学讲堂 ·

千年文化的回响

主　　编／黄晓勇

出 版 人／谢寿光
项目统筹／周　丽　王楠楠
责任编辑／王楠楠　杨丽霞

出　　版／社会科学文献出版社·经济与管理出版分社　（010）59367226
　　　　　地址：北京市北三环中路甲 29 号院华龙大厦　邮编：100029
　　　　　网址：www. ssap. com. cn
发　　行／市场营销中心（010）59367081　59367090
　　　　　读者服务中心（010）59367028
印　　装／北京季蜂印刷有限公司

规　　格／开本：787mm × 1092mm　1/16
　　　　　印张：16.25　插页：0.5　字数：270 千字
版　　次／2015 年 11 月第 1 版　2015 年 11 月第 1 次印刷
书　　号／ISBN 978 - 7 - 5097 - 7806 - 7
定　　价／69.00 元